U0559263

新中国评弹的建设者与开拓者吴宗锡

1981年香港演出，正、副团长及演员合影。前排左起：江文兰、刘韵若、吴宗锡、蒋月泉，后排左起：赵开生、张如君、庄凤珠、陈希安

祝贺蒋月泉获金唱片奖

在刘天韵铜像落成仪式上发言

祝贺余红仙从艺六十周年

1996 年 4 月，第二次赴美国加州大学伯克利分校
讲学时留影，右为 Quinn 教授

2019 年 1 月，《吴宗锡评弹文集》出版

灯下笔耕

游览风景名胜

与夫人在家中合影

与两个孙女合影

与夫人游扬州瘦西湖

金婚志禧

唐明生 著

上海市文学艺术界联合会 编

绳曲弥为古有辉

吴宗锡

海上谈艺录

上海世纪出版集团 上海文化出版社

图书在版编目(CIP)数据

弦内弦外两相辉:吴宗锡/唐明生著.—上海:
上海文化出版社,2024.6
(海上谈艺录)
ISBN 978 - 7 - 5535 - 3003 - 1

Ⅰ.①弦… Ⅱ.①唐… Ⅲ.①吴宗锡-传记 Ⅳ.
①K825.76

中国国家版本馆 CIP 数据核字(2024)第 105775 号

出 版 人:姜逸青
责任编辑:黄慧鸣 张 彦
封面设计:王 伟 汤 靖
书名题写:张 森

策 划:上海市文学艺术界联合会 上海世纪出版集团
统 筹:胡凌虹 陈志强
特约编审:司徒伟智 徐牲民
编 务:毛怡芳

丛 书 名:海上谈艺录
主 编:上海市文学艺术界联合会 上海文学艺术院
书 名:弦内弦外两相辉·吴宗锡
作 者:唐明生
出 版:上海世纪出版集团 上海文化出版社
地 址:上海市闵行区号景路 159 弄 A 座 3 楼 201101
发 行:上海文艺出版社发行中心
上海市闵行区号景路 159 弄 A 座 2 楼 201101 www.ewen.co
印 刷:苏州市越洋印刷有限公司
开 本:787×1092 1/16
印 张:18 彩插:2
版 次:2024 年 7 月第一版 2024 年 7 月第一次印刷
书 号:ISBN 978 - 7 - 5535 - 3003 - 1/K·332
定 价:78.00 元
告 读 者:如发现本书有质量问题请与印刷厂质量科联系 T:0512 - 68180628

目　　录

艺术访谈

　　评弹艺术的发展史,实是历代艺人的艺术创造史,是历代艺人以其毕生心力,共同开拓耕耘于这一艺术领域,丰富了穷巧极妙的艺术手段,积累了繁茂丰蔚的长篇说部,形成了绚丽多彩的表演风格,发展了现实主义的创作方法,更构筑了独特完整的美学体系。百余年来,人才迭现,名家辈出。书坛之上,浪涌云属。犹如烨烨繁星,组成了高峙艺苑的卓荦群体。

——吴宗锡

评弹的艺术魅力

时　　间:2021 年 6 月 21 日、26 日
地　　点:吴宗锡寓所
受访人:吴宗锡
采访人:唐明生

唐明生(以下简称"唐"):吴老师,众所周知,您是评弹艺术的顶级专家,所以一直想找机会向您求教一些问题,今天终于如愿以偿。

吴宗锡(以下简称"吴"):说求教不敢当。几十年从事评弹工作,涉及管理、演出、创作和理论研究,陆陆续续写过一些文字,结集出版了《怎样欣赏评弹》《评弹散论》《听书论艺集》《走进评弹》等专著。

唐:2019 年 1 月,上海人民出版社出版了上、下两卷的《吴宗锡评弹文集》。

吴:那是在热心好友王其康先生及沪港国际集团的鼎力支持下,汇集我所有公开发表关于评弹的文章,约 100 万字。他们认为,将这些文章编成文集,可以看出我思想发展的脉络、新中国评弹发展繁荣的轨迹及开拓、建设的全面经验,将有利于这门民族文化遗产的研究和传承。尽管如此,说我是"评弹艺术的顶级专家",还是觉得有点惶恐。关于评弹,可谈的话题很多,你想谈些什么?

唐:在我的印象中,作为诉诸视听的表演艺术,评弹的爱好者特别多,江浙沪三地尤甚。与同是视听表演艺术的越剧、沪剧、滑稽相比,评弹似乎更为群众所喜爱,显现出非同一般的艺术魅力。

吴:发源于文化古城苏州的评弹,是苏州评话、苏州弹词的合称。评话有说无唱。弹词在说、演之外,还有弹唱。两者多次合流。评弹叙事语言,基本上用的是苏州方言,即使是借鉴昆曲的角色道白(中州韵),亦更多地带有苏州语言。其语言的灵活生动,清丽雅驯,机巧诙谐,加上古城文化的隽雅、博洽,使其具备

雅俗共赏的鲜明特点与文化内涵,因而与同样以方言为主的戏曲、曲艺相比,爱好者就显得更多一些。

唐: 并且,这些爱好者还超越了年龄、文化、职业、身份差异的局限,在"书迷"这一个人喜好上表现出共通之处。

吴: 就"听众"而言,解放前、后不可相提并论。解放前,评弹听众有一些劳动大众,更多的是有闲阶层。如各种交易所只在上午交易,停盘时许多人就到书场听书。那时书场说的都是长篇传统书目,每天说一段,一部书半年才能说完。因此,无论从经济还是时间角度看,劳动大众不太可能进书场,能天天下午或者晚上进书场听书的,大多是有钱的阔太太和小姐。

唐: 解放后,评弹听众发生了怎样的变化?

吴: 听众面扩大了。评弹吸引了工人、农民、职员和干部,如你刚才所说,超越了年龄、文化、职业、身份的局限,走进书场大家都是"书迷"。

唐: 听说在北京高层干部圈中也有一批评弹爱好者。

吴: 没错。中央和国务院各部委的领导干部中,有不少是江浙沪等地的南方人,他们虽然远离家乡,却始终不忘乡音,喜欢听评弹,只要有机会,不会轻易放过。曾任党和国家领导人的陈云同志,就是一位忠实的评弹爱好者,人称"老听客"。

唐: 据我所知,除了干部,文学艺术界许多大家名家也都是评弹爱好者。

吴: 我所接触的文学艺术界知名人士,评弹爱好者的名单可以开出一长串。如叶圣陶、郭绍虞、盖叫天、俞振飞、华君武、张乐平等。戏剧电影界,喜欢评弹的人也不在少数。如曹禺、黄佐临、郑君里、赵丹、于伶、谢添、陈鲤庭、陈荒煤等。谢晋曾对我说过,"文化大革命"前,他听评弹写下几大本笔记。陶情认真的程度,令我感动。

唐: 一篇有关评弹的文章中写到,于是之听不懂苏州话,后来到上海拍电影,接触了评弹,成了评弹爱好者。

吴: 确有其事。1960 年于是之到上海,参加筹拍电影《鲁迅传》,因拍摄需要到书场听了几场评弹,由此喜欢上了评弹。

唐: 解放前、后,评弹听众的巨大变化,原因何在?

吴: 因素很多。一是党和政府的文艺政策方向对头,对包括评弹在内的各种艺术形式大力扶助培养;二是劳动大众生活水平日益提高,对业余文娱生活有强烈需求;三是适应新社会听众需要,传承发扬,革新创新,书目繁荣丰富;四是评弹工作者社会地位提高,由旧社会的江湖卖艺,一变为人民的艺术家,评弹的艺术地位因此大大提升。此外,演出形式多样,中、短篇评弹样式出现,适合与满足了工作、学习繁忙听众的需要。

唐:这几点说得都没错。正因如此,解放后评弹理所当然地越来越受到大众的喜爱。但其间还有更为内在的东西,否则听不懂苏州话的于是之,不会因为拍电影,听了几场评弹就成为评弹爱好者。

吴:刚说的几点,是简明扼要地说明建国前、后评弹听众身份、数量变化的原因,并不是问题的全部。评弹是雅俗共赏的艺术,它之所以能吸引人、打动人,特别是新中国成立后,受到上至中央首长、部委高干,文艺界耆宿精英,下至教师、职员和工农大众的喜爱,关键在于它特有的艺术魅力。

唐:特有的艺术魅力,具体体现在哪些方面?

吴:解放前夕,我受命"走近"评弹,建国后担任上海评弹团团长,一步步"走进"评弹,我感到我有责任思考并回答:评弹美在哪儿?为什么那样吸引人?不只是泛泛而谈,自圆其说,而是要有理论深度,为人们所认可,为大众所接受。

唐:您这么说,我忽然想到您2000年10月出版的《听书论艺集》,全书30余万字,分三辑。第一、三两辑是对评弹代表性书目的赏析和对杰出演员表演艺术的介绍,第二辑是关于评弹艺术实质和美学特征的探索,代表性篇目是"五说",即"说理""说细""说趣""说奇""说味"。

吴:"五说",指评弹的"理""细""趣""奇""味",写时没有总题,一篇接一篇地写。2011年11月,应上海文艺出版社之约,将公开发表的旧作结集出版,书名《走进评弹》,"五说"被收了进去,加了一个总标题"审美五说"。加这个总标题,意即指"五说"一是从美学角度,对评弹的艺术魅力进行探讨;二是"五说"发表后,相关论述得到了评弹界的赞同认可。

唐:表面看是加了个总标题,实质凸显了您对评弹艺术魅力的探索研究所取得的成果——从美学角度,是一大贡献。

吴:需要特别指出的是,"理""味""细""趣""技"是清代陆瑞庭提出的"五字艺诀",并非我的发明。我是借用这五个字,对评弹的艺术魅力进行新的探索,适当调整了原有的排列顺序,并将"技"改为"奇",表示在评弹艺术丰富复杂的现实主义内容中,另有一种浪漫主义色彩。它虽然不是评弹艺术的主基调,却因有

"奇"的存在,评弹艺术因此显得格外绚丽多姿。

唐:适度调整五字艺诀的顺序排列,逐字赋予新的阐述,体现的是独立思考精神。艺术不断地发展前进,对它进行探索研究,不拘泥于前人已有定论,而是因时因势有所发现创新,给后人留下一份可供汲取借鉴的成果。套用一句时髦话,这叫与时俱进。

吴:写"五说"时,没想到你说的那么远,那么深。我所想到的是,既然身居领导、组织、管理评弹演出、创作的岗位,我就有责任思考并回答人们所关心的属于艺术范畴的问题。

一

唐:吴老师,接下来能否说说"五字艺诀"? 一个字一个字地说,简明扼要,通俗易懂,原文每一"说"都长约万余字,"五说"合计约5万余字,比较长。

吴:可以。先说"理"。写时每一"说"另有一个副标题,"说理"的副标题是"评弹的现实主义传统"。"五字艺诀"把"理"放在首位,很有道理。说书不仅要人听,还要听了使人信服,使人感动,就必须入情入理,有情有理。有情能打动人心,有理使人信服。理是客观事物的发展规律,现实生活逻辑的反映。

唐:评弹演员上场不用化装,舞台没有灯光布景,全靠以叙述描写为主的"说"与"唱",要吸引听众,难度可想而知。

吴:所以,这就要求书情内容必须具有充分的现实依据,严谨的逻辑性,必须严格地符合客观规律,入情入理。这是一个很重要的条件。听众会根据自己的生活经验来检验、领会说书人所讲的和表演的一切。

唐:听众会根据他的检验,对艺人和书目决定取舍。

吴:如果他们认为说书的内容是违反客观规律的向壁虚构,缺乏发展逻辑和现实根据的信口雌黄,那就无法博得他们的信服,激发他们的共鸣,勾起他们的想象,最终将失去最基本的艺术感染力。

唐:结果听众会选择离去。因此,评弹艺人必须十分重视书情的合情合理。

吴:对"理"的尊重,是对现实主义的尊重。现实主义是大多数评弹书目的一个显著特点。现实主义的创作方法也成了评弹艺术的一个可贵传统。这种现实主义的传统,贯穿在评弹艺术的创作和表演之中。许多经验丰富的评弹艺人都特别注意人物性格和故事情节发展的入情入理,注意并强调书情的真实可信。对于每一个情节的发展,他们一定要找出根源、原委、因果关系,以充分的生活逻辑来说服和打动听众。

唐:长篇书目中娓娓动听的穿插和说表,是否是出于这样的目的?

吴:是的。他们注意到事件发生的契机,多种复杂因素的综合,以及体现偶然因素的必然。创作方法基本上是以理为先的重视客观事物的本质真实和典型化的现实主义,由此产生出许多符合现实主义精神的创作手法,如种根伏线、细节描写、穿插衬托等。

唐:与现实主义相对应的是浪漫主义,评弹创作中有没有浪漫主义的表现手法?

吴:答案是肯定的,评弹创作离不开浪漫主义。许多根据愿望、畅想所作的夸张、虚构、假想,无不蕴含浪漫主义成分。尽管如此,评弹艺人还是遵循其以理为先的原则。浪漫主义依然是以现实生活为基础的。夸张、虚构、推想,也都不能脱离现实生活提供的依据,要符合一定的规律性和逻辑性。试举两例。其一,《大明英烈传》中"胡大海手托千斤闸",这一回目不是要表现胡大海的臂力,而是要强调其憨直和容易上当的性格,特意交代城门口一块凸出的砖头,顶住了闸门的一侧,减轻了胡大海的负担,以加强胡大海托住千斤闸,放走全场武生的可行性。其二,《岳传》中"岳飞龙门败十将",说到镖伤余化龙时,就叙说名教师周侗先教余化龙,后教岳飞的一段插曲,说明岳飞打镖接镖的缘由。

唐:《大明英烈传》年轻时听过,所举回目至今仍有印象。诚如您所说,评弹浪漫主义手法的运用,仍然注意到了其现实性和合理性。

吴:真实是艺术的生命,也是艺术的前提。评弹艺术将"理"作为主要特色,"理得而辞顺","顺理"才能"成章"。正因为说来入情入理,娓娓动听,许多优秀的长篇评弹能够长期吸引大量听众。

唐:对于评弹讲"理"的特色,一代代评弹艺人持之以恒地探索研究,以便有所发现,及时总结,促进创作,繁荣演出。

吴:有一点需要补充说明。前面所说的"理",绝不是说书人凭借人物之口所作的枯燥的理性说教,而是指通过生动的形象所揭示和展现的现实生活的本质和规律。情节的理,主要在于人物性格发展的理,而人物性格发展的合理性又必须与其境遇相结合。不少传统书目,在注重对人物性格刻画的同时,很注重对其所处的典型环境的刻画。

唐：说到典型环境中的人物性格，不禁想起长篇弹词《描金凤》选回《玄都求雨》中钱志节的性格刻画。

吴：这是一个有代表性的例子。我在"五说"中专门举此例说明营造典型环境对人物性格刻画所起的重要作用。这回书写的是钱志节误揭皇榜，被逼求雨，差点送了性命，幸而天降大雨，原来想愚弄人民、嫁祸于人的巡抚方伯年反为自己的迷信思想所捉弄，把逼来求雨的钱志节当作了真仙人。

唐：书中的"典型环境"是"夏季"，人和事都在此时出现与发生。

吴：求雨必在天旱的时候，天旱又以夏季最为突出。说书人选择干旱的夏天作为全书情节发展的典型环境，事件的产生，书情的发展，处处都与夏天、干旱这一特定环境联系着。

唐：围绕"夏季"下足了功夫，做足了文章。

吴：书情大体分为以下几个层次。其一，钱志节不是什么仙人，只是一个道士，不会贸然去揭皇榜，自愿求雨。他是去凑热闹看皇榜的。其二，由于天热，"风干热燥太阳晒，糨糊干了"，皇榜一只角翘了起来，关键性的一句话被掩盖了。出于好奇，钱志节翻开卷角看，谁知轻轻一动，只听"嘶"的一声，小半张皇榜被撕了下来。其三，这时钱志节才看清，被掩盖的那句话是："按欺君之罪论处。"联系皇榜上文"若祈祷无能者……"他的命运顿时成了悬念。其四，天气燥热，看揭皇榜的人心绪烦躁，看到有人"揭榜"，立即浮动推搡。其五，因避烈日烤晒，蹲在对面店铺阴凉处"远照"（远远望着）的看皇榜的差人，听人一喊就走来，看到钱志节道长装束，手中拿着半张皇榜，自然就认定钱是揭榜求雨的人。

唐：一系列层次，环环相扣，向前推进，非常吸引人。

吴：关键在于，这样的误揭皇榜，被逼求雨，尽管出于偶然的误会，却误会得合乎情理。书中要强调钱志节揭榜出于无心，才能使人对其被逼上台求雨，险些被当作替罪羊烧死，产生同情和感到焦虑。可是无心揭榜，偏偏揭下榜来；不愿求雨，还是被逼上了求雨台，这一层一节安排得合理，主要就表现在客观环境所造成的种种细节的合理性上。

唐：最后，为听众关心的钱志节终于因天降大雨而解脱了受烈火焚烧之厄，由被动而变为主动，由假仙人而成了"真仙人"，由受厄而转为受赏，成为这回书的高潮。

吴：全书转悲为喜，关键在于本来干旱的天气突然下起雨来。这关键性的突变，变得可信。因为在夏天常有这种突如其来的阵雨。这种特定季节的自然规律，给了这一情节以充分的生活依据，使之合理而又真实自然。

唐：特定季节的自然现象，钱志节按其性格逻辑去行动，两者之间是一种什么样的关系？

吴：概括说，是人物性格与其境遇相统一的关系，在此基础上产生的情节才入情入理，才真切生动。

唐：即在注重人物性格刻画的同时，注重对其所处典型环境的刻画。

吴：没错，是这个意思。钱志节是个玩世不恭的江湖术士。当他被逼上台求雨之时，用的不是哭诉、哀告，而是利用当时的环境，用他惯用的"江湖诀"，力图摆脱困境。这就使在最后真的下起雨来时，大、小官员都会相信这是他求雨的灵验。只有像钱志节这样的人物，才不顾死到临头，还会利用当时天旱"断屠"（不宰牛羊）的习俗，提出来要官府准备荤菜酒席，借酒浇愁，喝得醉醺醺的，还煞有介事地上台佯装求雨，后来又在烈日下昏沉沉地睡去。也只有这样的人物才能被那些昏庸、迷信的官员当作了真仙人。

唐：此外，在乌云密布、阵风呼啸之时，他怕有风无雨，为了脱身，想出了要台下大小官员身披蓑衣、头戴箬帽接雨，以致"齆鼻头老爷"把尿粪桶上的竹笠也戴到了头上。

吴：不是钱乱笺这样走江湖而又玩世不恭的机智人物，想不出这种种应对的办法，产生出这许多行动。而他的这些办法和行动，又是在天热、天旱的苏州这一特定环境之下采取的。

唐：这样，人物性格和其境遇相统一了，在此基础上的情节才那样的入情入理，真切生动。

吴：艺术来自生活。评弹中，"理"这一艺术特色也来自人们的实际生活。生活中的事物、活动的人物，都是有一定情理的。只有熟悉生活、了解生活，经过自己的体验、观察、分析、研究，评弹艺人才能使自己的书情通情达理。把通情达理作为自己说书艺术的一个标准，这就使评弹艺人透过现象中的"理"，去把握本质的"理"，在创作实践中，在演出实践中，更接近和建立起评弹艺术的现实主义传统，创造出典型化的环境中的典型化人物。若深入下去还有许多内容可说。考虑篇幅有限，暂且打住。

二

唐：围绕五字中的第一个字"理"已说了许多。五字中的第二个字是"细"，接下来说说"细"。陆瑞庭的"五字艺诀"，"细"排在第三位，"五说"调至第二位。在你看来，"细"指什么？排列顺序的这一调动出自怎样的考虑？

吴："细"指细节描写。人们都说"细"是评弹的艺术特点之一。不论是叙说的细密、描述的细致、刻画的细腻，主要都表现在精到的细节描写上。细节是文艺的细胞。具体、真实的细节组成了真切、生动的艺术形象。社会生活中的人物、事物，都有其不同的属性和个性特征，要真实地反映表现他们（包括发展和变化），就必须要反映表现他们真实的细节。

唐：印象中，恩格斯对细节真实有专门的论述。

吴：有。我在《说细》一文中引用了恩格斯的原话："据我看来，现实主义的意思是除了细节的真实之外，还要真实地再现典型环境中的典型人物。"在恩格斯看来，真实的细节也是构成现实主义的因素之一。评弹之所以能给听众强烈的感染，固然在于描述了典型环境中的典型人物，但与此同时，描摹典型环境中的典型人物，也必须依靠经过概括提炼的细节描写。作为一种说唱艺术，评弹可以突破时间和空间的局限，深入周详地来作各种必要的细节描写。

唐：评弹灵活、生动的细节描写，戏剧、电影等艺术样式似难以做到。

吴：缺乏视觉形象的评弹说唱，具有一种特殊的吸引力，使看了同样题材的戏剧、电影的人，照样津津有味地要去听书，有人在戏和书二者之间还是更爱听书。细节原是描述不可缺少的手段，而在评弹，由于对这一手段特别重视和发展，竟成了它的一个艺术特色。

唐：细细体味恩格斯对现实主义所下的定义，细节是应该和典型环境中的典型人物相结合的。细节应该反映出事物和人物的本质特征，必须有助于"真实地再现"特定环境中的特定人物。

吴：有着现实主义传统的评弹艺术的大部分细节描写，都具备这种真实性和典型性，并且和其他艺术特点之间有紧密联系。如以典型化细节来反映社会生活的本质特点及其规律性，以真实细节来概括和真切地反映生活，这是"细"和"理"之间的密切联系。再如在必然性基础上存在着不少偶然性因素，进而由这些偶然性构成了书中曲折离奇的情节,尖锐激烈的矛盾。这种偶然性的突转和惊奇,往往使环境和人物的典型性更为鲜明突出,凸显出"奇"的艺术特色。不少偶然的情节,也是由细节构成和表现出来的。这又是"细"和"奇"的结合。

唐:不同艺术特点的联系与结合,促使书情发展推进精彩纷呈,牢牢地吸引了听众。

吴:试举一例,说明细节在书中起到的关键衔接作用。传统书目《玉蜻蜓》里的《看龙船》是一回接榫书。由于豆腐店老板朱小溪的妹子朱三姐去看龙船,被金张氏发现,看到了她缚在花扇子上的扇坠玉蜻蜓,在进一步盘问中,了解到朱家保存着金贵升的遗物汗衫诗句,从而使元宰详诗,终于了解了金贵升与女尼智贞的关系,去庵堂认母。这前后的情节都是由朱三姐看龙船而衔接起来的。

唐:朱三姐看龙船怎样会被金张氏看见,又怎样从她那里查问到了能找出金贵升下落的物证的,这些都起因于朱三姐看龙船时的穿着、饰物,书中作了非常精细的描写。

吴:生动逼真的细节,一方面描写的是朱三姐看龙船时的衣着打扮,另一方面也描写了朱三姐当时的心情。她不但穿上了新衣、新鞋,而且还因为看见别人扇子上有只扇坠,也把竹箱里藏着的那只玉蜻蜓系到了自己那柄行货扇子上面。这些细节活灵活现地刻画出一个想在看龙船时出出风头的小户人家妇女。

唐:朱三姐的这一系列行动,由一连串细节描述出来,层次分明,富于逻辑性,生动真切,十分自然地引出了那只玉蜻蜓被金张氏发现的关键性情节。细节在这回接榫书中起到了关键性作用。

吴:生动真切的细节,是说书人对社会生活的深刻细致的观察和体验基础上,经过精心概括、提炼得来的。打个比方,如果说情节结构如宽阔的河床,那么,那些活灵活现的细节就像汇集进河床的潺潺细流,它们使整个书情显得那样活跃、通畅而又丰满。

唐:细节虽小,它在刻画人物、发展情节、制造气氛和增强戏剧效果上,发挥的作用是强而有力的。

吴:还有一点要特别强调,细节之为"细",并不一定是简短的。评弹长篇以长取胜,一旦抓住了应该表现的主要情节(关子),往往就不厌其烦地描述下去。这里"细"也包含着详尽的意思在内。《珍珠塔》陈翠娥下扶梯,"才下楼坪第一层,站定身躯不肯行"。十八层扶梯要分十八次走。《西厢记》张生读莺莺写来的情诗,一字一看,一字一猜,一字字地品味。这是两个不厌其烦地描述这些足以展现人物内心活动、感情变化的行动细节的显著例子。总之,精彩的细节描写能够从虚中见实,小中见大,静中显动,浅中显深。听众钦佩说书人观察得细,感受得深,倍觉有味。

唐:不仅有味,而且有"趣"。吴老师,接下来说说这个"趣"字吧。

吴:"趣"是评弹的另一艺术特点,泛指评弹艺人对评弹的文娱作用和听众的文娱要求的重视。说书人在自己的艺术实践中,和听众直接发生联系,直接感受他们的反应,十分明了自己演出的艺术效果,了解听众的欣赏要求。他们知道无论书的立意多么高,内容多么深刻,重要的是使听众想听,听得下去,乐于听。

唐:那就必须做到寓教于乐。

吴:对,寓教于乐。这体现了说书人和听书人之间应有的关系,并且听书人的文娱要求是基本的,否则他们就不如上大课去了。所以,对评弹"趣"的艺术特点的理解应该是广义的。它不仅是指的书中噱头、笑料等谐趣,还指增加听众把书听下去的情趣,培养听众把书听下去的意趣,以及引起听众听书的兴趣等各种艺术手段的运用。这包括情节中悬念的构成,对人物的刻画、描摹,各种插曲乃至知识性介绍的穿插等等在内。

唐:说到听众听书的兴趣,不得不说的是书中的"关子"。

吴:书中的关子的确是激发听众对听书发生兴趣的主要手段之一。所谓"关子",指故事发展的高潮部分和转折点,矛盾冲突尖锐,悬念性强。对此,前辈艺人说,"关子毒如砒"。意指一旦用关子把听众抓住以后,听众就像吃了毒药一样,完全受说书人的摆布了。又说"没有关子就没评弹",所以一上"关子",即使第二天刮风下雨,听众也会从几里路外赶来。

唐:情不自禁,欲罢不能,听众被说书人牵着鼻子走。

吴:《杨乃武》这部长篇,除了其对清朝社会生活和官场黑暗的现实主义的反映之外,就是对杨乃武冤案能否平反昭雪的矛盾吸引了大量听众。一堂又一堂的官司使悬念不断加强加深,直到最后密室相会,小白菜能不能吐露真情,讲出毒害葛小大的真正凶手而开脱杨乃武的被诬陷之罪,形成了关子中的关子。这是听众连续听了几个月书之后所期待的圆满结局。所以，到密室相会一上关子，即便书艺一般的艺人，也能招引到比平日更多的听众。密室相会一般要说十天左右。尽管这里面说书人为了抓住听众，在情节中加进了一些多余的延宕和曲折，有的地方甚至已显得拖沓，听众照样趣味很浓地听下去，这就是关子抓人的作用。

唐：从创作角度看，为组织好关子，增加听众兴趣，说书人要动许多脑筋。

吴：长期的演出实践使说书人深深懂得，作为一种以叙述为主的说唱艺术，绝不能平铺直叙，就连最一般的叙述，也必须调动一切手段，比如关子，比如对人和物细致生动的刻画描摹，比如有意地嵌进一些噱头笑料（"肉里噱""外插花"），增进听众听书的兴趣。他们运用对生活的熟悉了解、经验积累，运用对书情、书中人物的熟悉了解，也运用对听众心理的熟悉了解，尽可能把书说得有趣有味，力图一丝一毫都不给人寂寞、枯燥、厌腻之感。有关这方面的例子很多，不过多展开了。

唐：毋庸置疑，趣是评弹艺术的一个特色，增进听众听书的兴趣，也是应有之议，问题在于，若过分在意听众的反应，迎合听众的趣味，效果会适得其反。

吴：趣味是有高低、雅俗、文野之分的。高尚的趣味需要严肃认真的创作态度，需要较高的文化修养。评弹艺人对"趣"和"噱"，用烧菜的调味品作比喻是十分恰当的。好的调味品可以提高菜肴的香和味，劣质的调味品会糟蹋整个一只菜，过多的调味品甚至会毁坏菜的味道。书中的趣味也是如此。难怪有些听众听了低级庸俗的噱头，会说"吃着一只苍蝇"，要作三日呕的。反过来，高尚的趣味有利提高书目的品格。

唐：有人说，书目的品格高低很大程度上是由艺术趣味的高低来决定的。

吴：对待趣味不可不慎重。这里我要特到提出，对于编说新书的人来说，尤其是反映现实生活的新书，不能不考虑书的文娱作用，对"趣"的特色发挥时，更要考虑到艺术趣味的提高。

唐：您在策划组织编演新书方面取得成功与经验，有目共睹。

吴：20世纪五六十年代，上海评弹团从生活出发，创作了一批表现现代生活的书目，像《江南春潮》《人强马壮》等，都采用了喜剧甚至闹剧的手法，充分发挥了"趣"的特色。为了增加谐趣，长篇弹词《夺印》中还特地设计了一个中农鼺鼻头陆水根。他缺乏辨别是非的能力，不论人家谈什么，总是附和说"对"。这种听众似曾相识的典型性格，常常叫人笑得合不拢嘴。

唐：中篇评弹《人强马壮》中，哑喉咙、贪小利的贝留根，也为这部喜剧风格的中篇增添了不少笑料。

吴：这些都是熟悉评弹以趣娱人的特点和手法的有造诣的艺人的精心创造，才使这些现代书目格外受到广大听众的欢迎。为使评弹能吸引更多的年轻的新听众，需要我们多多研究、探索和发挥这一"趣"的特点。

四

唐：吴老师，"五字艺诀"第五字是"技"，您把"技"改为"奇"，排列从第五位提到第四位，出自怎样的考虑？

吴：陆瑞庭的"五字艺诀"是作为技法提出的，从中受到启发，我把五字作为评弹艺术的审美特色来理解，即从审美视角尝试进行新的理解阐述，赋予新的内容。陆瑞庭的解释："技者，功夫也。"我把"技"改为"奇"，表示评弹艺术丰富复杂的现实主义内容中另有一种浪漫主义色彩。有关这一点，在前面说"理"时曾扼要提到一下。

唐：您在说"奇"时，加了一个副标题：评弹的浪漫主义因素。

吴：把"技"改成"奇"，不是我一个人的主张。我和几位老艺人交换过意见，他们颇同意我的看法。实际上"技"和"理""细"等并不属于同一范畴，"奇"倒确实是评弹的一个显著的艺术特色。

唐：怎么理解？

吴：有人说："没有关子，就没有评弹。"这里"关子"不能单纯地理解为书中的悬念，应该广义地理解为戏剧结构，包括尖锐、激烈的戏剧性矛盾冲突及由此形成的情节高潮。一种叙事性的艺术，如说书，要吸引人，除了对人物性格及其思想感情、心理活动的深刻细致的描写之外，还必须有尖锐的戏剧性矛盾和生动的传奇性情节。

唐：不仅是说书，即便如影视、戏曲等艺术样式，没有尖锐的戏剧性矛盾和生动的传奇性情节，也很难抓住观众。

吴：李笠翁在《曲话》中说："古人呼剧本为传奇，因其事甚奇特，未经见人而传之，是以得名，可见非奇不传。""非奇不传"，这一点说得很好。评弹艺人通过与广大听众的深入接触和自己长期的艺术实践，深深懂得故事的情节性，以及这些情节所作的巧妙安排、合理夸张和刻意渲染的重要性。评弹说唱形式虽然简易平淡,而常以其情节的奇特之处吸引着大量听众。评弹书目大多有离奇曲折的传奇式情节,在对人物、情节的刻画中,有着不少浪漫主义的成分。若以艺术特色归结,则非"奇"莫属。

唐:您这么一说,忽然想到长篇弹词《三笑》。书中,唐伯虎见秋香三笑,自作多情,卖身华府,才子当了书僮。偏偏遇到华府的两位公子是"喽头"(弱智),唐伯虎一面陪读,一面苦心追求秋香,闹出许多笑话。终于赢得华太师的宠爱,秋香的钟情。这样的书情,离奇曲折中充满了浪漫主义。

吴:这样的例子,弹词中俯拾皆是。如《描金凤》河南书一段,徐蕙兰到河南王府投亲;《玉蜻蜓》中沈君卿长江遇盗;《闹严府》中忠良之子曾荣偏与奸臣之女严兰贞结合等,无一不是奇遇、奇事、奇情,可谓设计得巧,发挥得奇。这种"奇"的特点,在评话中尤较弹词来得显著。如传统长篇评话《英烈》《三国》《岳传》,现代长篇评话《林海雪原》,因人物与情节描写故事性强,抒情成分少,都借重于情节结构的曲折离奇来吸引、感染听众,从而获得欢迎与好评。

唐:"五字艺诀"把"理"放在首位,"五说"把"理"放在第一说,在您看来,"理"与"奇"二者之间存在何种关系?

吴:评弹艺术以理当先,凡事讲入情入理又不避离奇。这说明,尽管"奇"往往要冲破一般的常情常理,作更多的夸张、渲染,但"理"与"奇"二者是又矛盾又不矛盾。人们常说,书情要和剧情一样,既在情理之中,又在意料之外,这也可以说是"理"和"奇"的统一。奇是在理的基础上的一种发挥和夸张,奇是不能悖理的。一切夸张、渲染也还是对所反映的客观事物的夸张、渲染。人们认识还是根据自己对客观事物的认识来展开想象的。所以,既合乎情理又使人难以逆料的超出人们的一般想象的离奇情节,才具有更大的艺术魅力。

五

唐:说过了"理""细""趣""奇",最后来说一说"味"吧。

吴:我给"说味"加的副标题是:评弹给人的一种审美感受。味原指的是食觉。用在看和听的上面,所谓"有味道",只是一种通感,以食觉来形容视觉和听觉的感受罢了。

唐:有点抽象,只能意会而难以言传。

吴：虽然如此，但在看和听时，这个"味"字用得很多。看书、看戏往往都说有味道。听了好书（评弹），说有味道，听了好的弹唱，也说有味道，这就是所谓听书的滋味。可见评弹是很讲究有味的。

唐：这个"味"指的什么？从何产生，能不能具体化些？

吴：先举几个类似的例子。人们看木刻版画，结合木质纹理，能显出一种木气来。看篆刻印章，刻得好的带有金石气。从这里体现出其艺术的特性。听音乐亦如此。弦乐的味道和弹拨乐不同，交响乐又有其交响的味道。每一种艺术特性的发挥就产生这门艺术特殊的"味"，艺术特性发挥得越充分越鲜明，"味"就越浓。回到评弹，评弹以"味"作为特色，从编写到说唱表演都很注重其特性的发挥。

唐：那是否可以说，评弹的"味"产生于说表、弹唱、表演等技法的运用与发挥？

吴：不能那么绝对。形式是要和内容相结合的。所谓"编写"，就是指内容。以说唱为主要手段的叙事艺术，不能脱离对人物性格的塑造、刻画和戏剧化情节的铺排、敷陈。在刻画人物、描述情节中，发挥其特长，给人美感，才能有味。当然，无论是说唱还是表演，炼字用句，语气声调，运用得当，表演生动，形容绝倒，会生出很多味来。

唐：评弹里的很多生动语言，听来确实很有味。

吴：弹词《西厢》有一段对红娘的描述："只见对岸绿杨荫里，碧荷池边，红娘手执纨扇，在柳荫堤岸上分花拂柳而行，仿佛新燕离巢，掠水而过……现在红娘一路过来，两边垂杨，迎风飘荡。风一吹，柳丝拂面，好像有意搭（与）红娘逗趣。今朝红娘心绪勿（不）好，本来呒（无）出气处，现在柳丝齐（正）巧惹在她气眼里。看见前面又是一条柳丝掠面而来，红娘就拿手中纨扇一掸：'讨厌得来！'"寥寥数语，有景有情，有动有静，色彩鲜明，形象生动，听来就很有味。

唐：不仅说表，好的唱词写得优美动人，听了也很有滋味。

吴：评弹的主要手段说、噱、弹、唱，包据表演，运用得好，技巧性高，艺术性强，便能生味。再有，评弹运用说唱，形成了理、细、趣、奇等特色，这些特色也是体现了说唱艺术的特征，这些特色在发挥中又形成另一个特色——味。理、细、趣、奇本来也是互相联系，比如说由细见理，由细生趣，由细托奇等等。它们和"味"的关系更密切。大凡书情越可信合理，曲折离奇，噱而有趣，听书的兴味就越浓越足。这方面的例子很多。

唐：那能否因此说，只要掌握好评弹的艺术特点和各种手段、技法，就有了书味？

吴：内容还是主要的。"味"体现着真实感和美感的结合。此外，还要以真实的感情去打动听众，才能有味。不过，话要说回来，在强调了内容、感情之后，有必要谈一下形式、技巧、风格给人的审美感受，以及由此产生的"味"。也就是说，既有在表现和体现特定内容中产生的味，同时技巧、形式、风格等也有其相对独立的审美价值，由此也会产生"味"。

唐：一代宗师蒋月泉是特别追求形式、技巧与风格美的。

吴：正巧要举他的例子。蒋月泉是非常注重追求艺术的美的。他的说表、弹唱韵味醇厚、隽永。听众说，他在台上说什么都是好听的。此即所谓"有味之言，可以饮人"吧。他的弹唱更是以其在唱法技巧等高深的造诣和独到的发挥，产生幽美醇厚的韵味，引人陶醉入迷的。这里便有着技巧美、形式美、风格美相对独立产生的审美感受！

唐：说"味"是一种审美感受，一般听评弹的人，偏重于听故事，并不太感觉和体会到它。

吴：是的。味不但是一种审美感受，更是一种深层次的审美感受。深切地接受和感知它，需要具备一定的审美经验。有时，味是含蓄的、细腻的，它是逐渐渗泌和透现的。有人论及对诗的赏析，说："要这样读，才有味道。"其实，聆听评弹也要调动自己的理解力、鉴赏力、想象力等去感受它的各种滋味。有时，味是凭经验直觉地感受到的；有时，却需要慢慢地咀嚼，细细地辨析，心领神会地品尝。这种深层的味，往往出自艺术的品位、素质、质地、特色和个性。品味它，多少需要一定的修养。味，常常是给知音人、钟爱者、老听客的一种回报。

唐：吴老师，前面就您的"五说"进行了探讨对话。"五说"每一说都涉及多方面内容，刚才所谈仅是择其要者，并非全部。尽管如此，还是能从中领会到作为雅俗共赏的评弹艺术，何以会受到来自社会各阶层听众喜爱与欢迎的内在原因。在结束对话前，我想说的是，时代的变化发展，像许多其他说唱艺术一样，曾经的辉煌已经过去，时下及未来发展，说不景气是轻的，实事求是地说，是面临严峻考验，前景堪忧。

吴：其他说唱艺术情况如何，我不好说，仅就评弹的现状而言，确实比较严峻。具体表现是，随着老艺人逐渐离世，演员群体出现很大断层，"人亡艺绝"的现象日益严重。保守一点估计,已有七八成优秀传统书目及其表演艺术,随着老艺人的去世而被"带走"流失了。

唐:面对现状,重要的是要有切实可行的应对之策。

吴:我认为,当前评弹事业的首先要任务是抢救艺术,传承经典。令我感到遗憾和忧虑的是,评弹艺术的新生代正日益远离评弹的传统和原生态。许多青年演员没有机会亲眼看到老艺人当年演出的盛况,也没有真正接触过老艺人的精彩绝活,他们很难发现自己和前辈大师之间的差距。他们更多只能依赖于学习文本和录音资料,虽然从小学起也很努力,但传授他们技能的老师,本身也没有得到很好的传承。

唐:说到传承,有人认为评弹的传承主要在于文本的传承。

吴:我不同意这种说法。评弹的传承绝对不止于文本的传承。过去,老艺人对于文本是十分重视的,不肯轻易把脚本交给学生。文本有一定的文学性,但毕竟只是艺术的载体。学生长期跟老师听书,在接受文本的同时也接受艺术。如果没有艺术的传授,只靠文本难演出,也难吸引听众。老艺人对照着文本说书,叫"照黑而断","像背书一样",意思是指演出缺乏艺术含量。评弹演员要想获得成功,光凭文本是远远不够的。举个例子,杨振雄的长篇弹词《西厢记》文本是传统书目中比较优秀的。虽然出版了,但能唱《西厢记》,达到杨振雄水平的几乎没有,可以说杨振雄的艺术没有得到很好的传承。

唐:还有一种说法,评弹的传承关键在于书目故事的曲折精彩,能吸引听众,尤其是年轻听众。

吴:对此我更不能苟同。若仅仅想听精彩故事,大可去看电影或电视剧,现在的电影、电视剧,情节曲折离奇的太多了。评弹的传承远非这么简单。它是一门视听艺术,是口头和非物质文化,是活的艺术。评弹生存于艺术中,也生存于传承中。说到传承,不能不提的还有创新。好的传承包含创新,全面的传承需要结合创新,而创新又必须以传承为基础,两者不能偏废。就当前来说,更需要的是对优秀传统的忠实传承。一段时间来对此没有足够重视,现在应该毫不犹豫地提上议事日程。

(注:因吴宗锡老师年事已高,不能长时间对话交流,上述访谈内容,有些直接从"五说"文章摘录而来。特此说明。)

艺术评传

序章

公允中肯的评价

往事追溯。

2011年2月28日，吴宗锡接到时任上海评弹团团长秦建国的电话，电话中秦建国告诉老团长，原国务委员、外交部部长唐家璇有事来上海，指名邀请他去碰碰头。听罢电话，吴宗锡愉快地接受了邀请。

邀请并非突如其来，乃事出有因。

一个月前，吴宗锡将数十年间与当代优秀评弹艺术家朝夕过从、共同切磋艺术，进行书目建设、艺术革新创造，同时为总结艺术经验、探索评弹艺术特性和发展规律、向广大观众推介评弹而撰写的有关评介与论述文字，以《走进评弹》为名结集出版。全书分"评弹谈琮""名家品评""审美五说""唱词赏析"四辑，系他投身评弹事业，系统研究评弹取得丰硕成果，奠定他在中国评弹理论界翘楚地位的一本重要专著。拿到样书，按例签赠诸多知音好友。考虑到唐家璇热爱关心评弹，是评弹的忠实听众，加之有过数次欢谈之缘，吴宗锡也给他寄赠了一本。

唐家璇收到书回信表示感谢与祝贺，说有机会到上海，一定要和吴宗锡见面畅谈。没想到一个月后，他果真发出了邀请。放下电话，吴宗锡为其真诚待人、一诺千金深受感动。

后来的碰头轻松而愉快。除上海市委宣传部副部长陈东等个别领导外，陈希安、余红仙等评弹老艺人，秦建国等中青年评弹演员也一起参加。大家先是说说笑笑，话题离不开评弹；然后是弹弹唱唱，轮流亮嗓献艺，唐家璇也不例外。吴宗锡虽是苏州人，又掌舵上海评弹团三十余年，却不会开口唱，在一旁品评欣赏，兴奋不已。

说笑弹唱结束是简单聚餐。席间唐家璇端起酒杯向吴宗锡敬酒，笑吟吟地说："你是评弹的开拓者和建设者。"

吴宗锡一听，端着酒杯的手在半空中僵住了，心中不甚惶恐。评弹的历史很长，说他是"开拓者和建设者"，他承受不起，忙回答说："不不不……"意思是不敢当。

见此情景，唐家璇仿佛意识到什么，依然脸挂笑意，补充说："是新中国评弹的开拓者和建设者。"

对于这一评价，吴宗锡没有拒绝，他觉得对新中国评弹，他是尽了力的。于是，举起酒杯回敬唐家璇，真心实意地表示感谢。

没有特定主题，临时相约的这次聚会，气氛欢快温馨，主客十分满意。

评弹发源于苏州，是苏州评话、苏州弹词的合称。评话有说无唱。弹词在说、演之外，另有弹唱。但除弹唱以外的说、表、演，乃至穿插、放噱的语言、技法，与评话基本相同。

评弹的发展历史可追溯到唐宋，然真正意义上的评弹则兴起于明末清初，与苏州市民社会的兴起与繁华同步。其从简朴的说唱发展为成熟的表演艺术，将表现力、艺术性发挥至极致，使万千听众兴味无穷，心醉神迷，视之为民族文化的瑰宝，江南艺苑的奇葩。国学大师俞大纲誉之为"中国最美的声音"。究其原因是它有中华民族数千年文化积淀为基础，又得苏州人文精神的哺育。

评弹的演出者基本为一人或两人，少数有三人或四人，演出活动的组成单位行话称"档"，一人谓"单档"，二人谓"双档"，三人谓"三个档"。具有一定艺术水平，在听众中有较大影响的演员（档子）称"响档"。反之，上座率低，对听众吸引力弱，仅勉强维持的档子称"温档"。而听众稀少，被迫提前结束演出的则称"漂档"。因是个体化形式存在，评弹艺人不需要大型的戏班子，评话艺人只需一块醒木，一把折扇；弹词艺人肩背一把琵琶或弦子，游走于各县镇。演出场所极其简单，村落空地，集市茶馆，设一桌一椅或两椅，便可开口说、唱。江南水乡水网密布，从一县镇到另一县镇，无须车马劳顿，搭船可成行。根据书目内容，一个地方演出周期少则十余天，多则数月。

传统社会是熟人社会，人口少，流动小，演完要变换场地，数年内不会再来。如此演出形式，俗称"走码头"。借着这"走码头"，评弹从苏州这一江南城市中心向吴语地区扩散，渗透到江南社会的每一个细胞，在传播历史知识、娱乐大众的同时，深刻影响江南人的性格、社会风尚、价值伦理，成为江南人日常生活的一部分。至乾隆年间，评弹已趋成熟，有了一批取材演义小说、男女情爱、家庭纷争、冤狱诉讼为主的书目和知名评弹艺人，评弹文化圈日渐形成。

然而，近四百年的历史，评弹虽几度繁荣，却始终局限在"南抵嘉兴，北达武进"的狭小范围，囿于小范围、低层次的水平，谈不上登上真正意义上的艺术高峰。

19世纪中叶以后，社会急剧变迁，评弹的中心开始由苏州向上海转移，从传统的熟人社会转入现代都市社会，面貌焕然一新。其间，太平天国战争引发的动荡，造成大批江南缙绅逃到上海；租界的飞速发展，上海不再是松江府的一个普通县城，而是成为最大的贸易中心和远东国际商港。前者使上海人口剧增，挥之不去的故乡、故土和故人，聆听以吴语演唱的评弹，成为寄托相思，忘却离愁别绪，获得心理满足的最好娱乐。后者相对宽容与自由的社会环境，为评弹的生存发展提供了前所未有的新天地。

据《申报》报道和广告，20世纪20年代前后，"上海的书场业有一个疯狂时期，三四马路、大新街附近一带以及南市城隍庙等处，简直是五步一家，十步一处，到处悬挂着书场灯笼和招牌"。30年代后，电台广播也争相开办空中书场，吴侬软语因此飞入千家万户，评弹的商业化一发而不可收。那时，"响档"评弹艺人通过书场和电台演出，收入极为丰厚，成为先富起来的一部分人。

由此种种新气象层出不穷。譬如职业女弹词队伍形成，男女评弹艺人可同台献艺，尤其是男女双档演出形式的出现，丰富了评弹的表演力，刚柔相济更受听众的欢迎。还譬如男女听众可共坐一书场听书。"楼外楼"书场在报纸刊登广告，招徕男女听众：欢迎"中外伟人、富商巨贾，及闺阁名媛联袂皆来"。"本楼益加奋勉，精益求精，特聘姑苏名家，每晚八时起十一时止，演说古今全传，不另加资，以酬惠顾。诸君之雅意，堂倌小账，不取分文。"再譬如用苏州话做广告，彰显江南人在租界的人气。游乐场纷纷推出加入海派文化要素的苏州弹词歌剧。知识精英撰文为评弹定位造舆论："说书取值廉而听众多，颇可引人入胜，实系民众文学之一种，苟能利用之以针砭末俗，匡正人心，其效力之伟大，远非寻常演说所能望其项背。"受此舆论影响，上海市民认定评弹是高雅艺术。

评弹进入这一新兴都市，在20世纪30年代出现了更大的繁荣。名家"响档"成批涌现，有所谓"三大单档"（夏荷生、周玉泉、徐云志）、"三大双档"（蒋如庭、朱介生，朱耀祥、赵稼秋，沈俭安、薛筱卿）及多个版本的"三大评话"之说。新编演的长篇《杨乃武与小白菜》《张文祥刺马案》《啼笑因缘》等，从书目及表演艺术，对传统长篇作了丰富和发展。今天广泛传唱的流派唱腔也都始于这一时期。

在此情况下，同是"响档"，上海的响档优于苏州的"响档"。著名评话艺人唐耿良在其回忆录《别梦依稀——我的评弹生涯》中谈到："因为上海是中国南方的经济文化中心，戏曲的名角，说书的'响档'都云集上海。一个说书人只有在上海书场受到听众欢迎，走红了，才能称为上海'响档'，他到码头上去，人家会说他是'上海先生'，从而号召力倍增。"

评弹中心由苏州转移到上海，在上海这一移民城市中，受众始终居于诸多地方戏曲首位。但一切并未就此止步，伴随社会翻天覆地的转型，评弹迎来了新的转折点。当这一新转折点尚未正式起步之时，吴宗锡已提前介入。

上海解放前夕，为有利新中国成立后对旧民族艺术形式的改造提高，根据中共中央领导指示，地下党上海文委决定抽派一批党员文艺工作者联络并参与戏曲工作，沉浸在诗歌创作美妙世界的吴宗锡为此受命"走近"评弹。三个月后的5月27日，上海解放，第二天吴宗锡以共产党员身份第一次接触上海评弹界人士，受到欢迎。10月1日，中华人民共和国宣告成立。

新中国的诞生不同于以往历史上的任何一次改朝换代，它是由共产党领导的、人民当家做主的、社会主义的全新社会，人民大众的学习、工作、生活、娱乐，必将发生深刻巨变。

1951年11月20日，上海市人民评弹工作团成立（1958年改名上海市人民评弹团，1979年改名上海评弹团），原本个体化单干的评弹艺人跨入了组织化行列，标志着一个有别于传统时代的新时代开始了。

上海人民评弹工作团成立初始，吴宗锡任团教导员，专事政治思想教育工作，属党务工作者范畴。1954年5月，吴宗锡任团长，掌舵上海评弹团，以"五四"新文化和党的文艺政策为指导，提倡评弹艺术为人民服务，为社会主义服务，改人改书，推陈出新，繁荣创作，开展理论研究，因此至20世纪50年代末60年代初，诚如夏锦乾教授在为《吴宗锡评弹文集》撰写的《序言》中所言："无论在听众面的广泛程度、评弹演员的动员和组织程度，还是评弹名作数量之多、评弹名家的不断涌现、评弹形式的百花齐放、评弹艺术流派纷呈出新，以及国家对评弹艺术的高度重视、国家级评弹剧团组织的形成等，都把评弹艺术推上一个前所未有的艺术高峰。而与这一艺术高峰相互呼应、彼此推动的评弹理论高峰，便是以吴宗锡评弹观为代表的新中国评弹理论。"

谈起艺术与理论的这两座高峰，吴宗锡认为是得益于天时、地利与人和使然。"天时"者——新中国成立,"地利"者——上海的艺术环境,"人和"者——一批"响档"演员。他没有说自己的贡献,但熟悉和了解吴宗锡的人,包括忠实的听众一致公认:吴宗锡把毕生心血献给了新中国的评弹事业!

因此,唐家璇的评价,"你是新中国评弹事业的开拓者和建设者",公允而中肯。

第一章

书香门第之后

苏州,古称吴郡。从公元前514年吴王阖闾建城算起,至今已两千五百余年。因城西有山名姑苏,隋开皇九年(589)改名苏州。

苏州历史悠久,人文荟萃。典雅园林,小桥流水,枕河粉墙,昆曲评弹,使其声名远播,民间赞之为"上有天堂,下有苏杭"。

吴宗锡祖籍苏州,出身于名门望族——桐泾吴氏。

封建社会以科举取士,自隋朝至清末,苏州就出了进士三千余名,其中文武状元51名,遥遥领先于全国各地。远的不说,仅明清两代,苏州就出了状元35名,被称为"状元之乡"。

吴宗锡太祖父吴廷琛,字震南,号棣华,1773年生,嘉庆七年(1802)连中会元、状元。三十年后,其堂侄吴钟骏中道光壬辰科状元。"叔侄状元",名闻遐迩,享誉一方。时至今日,在北塔寺往南的第二条大街白塔西路100号,依然可见吴廷琛的宅第,人称"吴状元府第"。

时光荏苒,又四十年后的光绪元年(1875),五月殿试,吴廷琛的孙子,吴宗锡曾祖父吴宝恕,大考翰詹第一名,由编修(正七品)升至侍讲学士(从四品),外放广东学政。由此族中有"祖孙叔侄,殿试第一"印一枚。有关吴家祖孙科考殿试,及第上榜,职务升迁,《清史稿》中均有记载。

吴宝恕的父亲吴思树,道光五年(1825)乡试中举,任乐昌县(今属广东)知县,鸦片战争前夕调任香山县,奉林则徐之命,在海上监督收缴鸦片。鸦片战争打响,英国舰队侵入中国海域,吴思树奋而抗御外侮,保境安民,恪尽一个地方官的应尽职责。为此,道光年间的江苏名士彭蕴在《无近名斋文抄》中记载:"英夷逆命,(官兵)不战而溃,官吏望而逃遁,民人遭其涂炭。唯有广东香山县,孤悬海外,为英逆首觊之区,城中兵不满三百,竟能自全,非知县吴侯(吴思树)练兵防御、预塞海口之功不能。"然战后吴思树非但"有功不录,且核减军用,责令赔补",

遭遇与林则徐相似,被撤职查办了。

官场腐败黑暗,愤慨于父亲有功反遭诬陷查办,吴宝恕辞官回到苏州,把通和坊住宅"太史第"堂名改为"树滋堂",潜心钻研学问,教导子弟,著有《洁斋老人遗稿》。后太平军起,避难途中大儿子和二儿子乱中走失,了无音讯。再生的四个儿子,分别取"号"为观澜、闻潮、味泉、承露,均与水沾边。水济万物,既从水德,大到排空激扬,小到润物细无声,从中既寄托了他自己的意趣,又兼及对儿子们的期望。

吴宝恕三儿子吴曾沂,20岁中秀才,小儿麻痹症导致两腿瘫痪,整天念佛写字,书法极好。他也曾生儿育女,仅有的一个儿子不幸中途夭折。为承继香火,四儿子吴曾湛的长子、吴宗锡的父亲吴传泽过继给了他承嗣。所以,吴曾沂是吴宗锡的嗣祖父。

君子之泽,五世而斩。

辛亥革命后,至吴宗锡父亲吴传泽,家道日渐衰落。感受到家中经济压力,中学毕业后,吴传泽决定考北京税务专科学堂(后称北京税务专门学校)。在北京,吴传泽深受"五四"新文化运动和《新青年》杂志影响,加之诗礼之家清正廉洁门风打下的烙印,思想趋向左倾而不激进,平时阅读老舍、林语堂等当代作家的小说,尤爱读狄更斯、大仲马等西洋作家的作品。除认真学习业务课程之外,另学习英文和法文。

一个从封建士大夫家庭走出的年轻人,逐渐成为一个具有新思想、新文化的新知识分子,其思想与行为日后深刻地影响着吴宗锡。

从税务学堂毕业,吴传泽应聘到上海海关任税务员,端上了金饭碗,月薪45两关平银,另有储蓄金若干。一两关平银折合当时银元一元五角,45两关平银,外加储蓄金,一个月有近百元银元进账,借用今天的话说,是高薪阶层中的一员了。如果没有不良记录,在海关一直工作到退休,到时还能获取一笔养老金和累加的储蓄金。这是一份多数人羡慕期盼的工作与待遇。

学成立业,收入不菲,家里张罗为吴传泽成亲。家道虽已大不如前,然大户人家的气象还在。门当户对,吴传泽娶了苏经丝厂经理汪存志的四小姐汪葆柔为妻。

汪葆柔毕业于苏州女子中学,属于旧时代的新女性。她知书达理,擅长书法,常有人求她题写扇面。结婚后,夫妻二人入居通和坊祖居"太史第"。

1925 年 3 月吴宗锡出生，不是生在苏州祖居"太史第"，而是生在上海梅白克路（今新昌路）的鸿庆里。

1924 年，隶属直系军阀的江苏督军齐燮元与隶属皖系军阀的浙江督军卢永祥，为争夺地盘，剑拔弩张，准备兵戎相见。消息传开，吴、汪两家长辈心神惊慌。汪葆柔此前怀头胎流产，眼下二孕在身。为确保分娩安全，两家商量，决定由吴传泽护送汪葆柔到上海待产。上海有汪家管理的丝行，还有汪葆柔的两个弟弟，日常起居和坐月子方便照顾。再说，上海有租界，比较安全。

所幸齐、卢战事很快结束，吴传泽又带着妻子和儿子回到苏州。所以，吴宗锡是生于上海，长在苏州。

名门望族，男丁问世起名是大事，依谱系论资排辈，名、字分开，各有深意，马虎不得。按吴家家谱，从 15 世开始的谱系排列，分别是生、曾、传、宗，吴传泽的儿子当为"宗"字辈，再从《离骚》"锡余以嘉名"句中取"锡"字，得名"宗锡"。另字永元，小名敦元。名与字读起来朗朗上口，意皆美好深邃。

长孙的降临，祖父吴曾沂格外高兴，殷殷嘱咐家人勤加照看。吴宗锡母亲更是百般疼爱，处处用心，不容有丝毫疏忽。她相夫教子，恪尽孝道，尽心侍奉公爹。老人病瘫，常请郎中上门扎金针，她在一旁照顾，观察询问，一来二去，学会了扎金针。随着技术日臻娴熟，开始给家人邻居扎针治病，受治者口身相传，吴家少奶奶会扎金针，信佛行善，上门求治者络绎不绝。她不论贫富，一律尽力施治，不收取任何报酬。母亲的善良大度，给吴宗锡留下深刻印象。

母亲常带吴宗锡回娘家。娘家兄弟姐妹原本不少，无奈大哥早逝，二哥夭折，三姐患肺结核没有婚嫁，吴宗锡成了汪家的第一个（外）孙辈，在外公家特别受到垂爱。两年后，母亲为吴宗锡添了

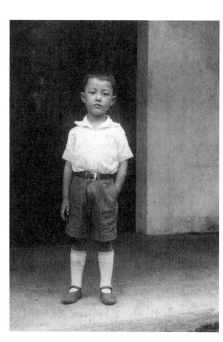
5 岁时的吴宗锡

一个妹妹吴宗铨。此时,舅舅、姨母的孩子先后出世,叔叔、姑姑的孩子也争相来到人间。加上"太史第"其他各房的孩子,总数不下三四十人。吴宗锡年长,在吴、汪两大家族的孙辈中成了"众家哥哥"。他小名永元,"元"者,首也。"众家哥哥",名副其实。

一大帮孩子,家境富裕,无忧无虑,整天三五成群在通和坊的"太史第"、在外公汪辛孜的洋房里追逐嬉闹。骑在高门槛上"拍大麦",玩"洋画张",在角门、备弄间窜进窜出,演"官兵捉强盗"。老宅的庭院、假山、小楼、长巷,乃至花厅、轿厅,成了吴宗锡和小伙伴们童年玩耍的地方。

当然,跟着大人们进书场、上戏院也是常有的事。进书场听评弹,因为年龄太小,吴宗锡兴趣不在听书,在于可以吃零食。上戏院看戏比听书热闹多了,尤其是京戏,给年幼的吴宗锡留下较深的印象。父亲新派,喜欢话剧,不爱看京剧。母亲偶尔看点京剧。外公家的人都喜欢京剧,舅舅、舅妈喜欢京剧到了入迷的程度。他们不但上剧场看,还和京剧演员交朋友。六舅在上海交游广阔,与不少京剧名角有交情。周信芳到苏州演出,曾受邀到外公家做客。吴宗锡至今还记得,4岁那年,家族长辈带着他坐火车,特地赶到上海看梅兰芳、王凤卿的戏。

童年的记忆刻骨铭心,无法抹去。构成吴宗锡童年生活记忆的是故乡的风景美食、人文掌故、世态语音,还有老宅的花草树木、日常起居、人际交往,所有这一切,或片片断断,或琐琐碎碎,或浓浓淡淡,汇合而成一轴由千姿百态的画面组成的水墨长卷,印入吴宗锡的脑际,稍有闲暇,上下眼睑一合,那长卷便会在眼前流动浮现……

无法抑制的创作冲动,20世纪八九十年代,吴宗锡写下一组感情诚挚、文字凝练的散文,发表在著名作家陆文夫主编的《苏州》杂志上,抒发对故乡与童年生活的怀念,受到陆文夫的赞赏。

——写苏州的塔:"瑞光塔的古朴,双塔的雄丽,北寺塔的峻拔,虎丘塔的韶秀……没有一座城市像苏州那样,有那么多的塔。它们从各个方面增添着这座江南古城的幽美。"所以,想起苏州,也就会想起它的塔来。每到苏州,一望见北寺塔,心头就喜滋滋的,有一种远游归来的欢悦。而离去时,也总还要望几眼北寺塔,在心里向它道一声再见。

——写苏州的桥:苏州城里有许多河,于是有许多桥。可以说没有一座桥和别的桥是一模一样的。每一座桥保持着它独立的个性,有它自己独特的美。发挥各自的个性,避免重复和雷同,这大概是人们在生活中追求美的本性的自然流露。"爱苏州,也必然会爱苏州的桥。它们使这个城市的景色,也使它的生活,既不浮浅,也不平直,而是那么多姿多彩,差落有致。"

——写老宅的小屋长巷、轿厅、备弄、假山、花厅、书房、家庵,如花厅:"花厅是长方形的,大小只有大厅三分之一。放着长的条桌,两旁中间及靠墙是两排红木大靠背椅和茶几。厅的两侧放着两面立地的红木穿衣镜。后墙两旁是雕花的窗棂。窗外的小天井里种着两丛细竹。厅前的天井略大些,有两株白玉兰,沿墙角则是芭蕉与红枫,阶下一排书带草,显得紧凑、精致。当初对花厅的设计是颇费一番心思的。但我那时见的花厅已经破败……像一个头童齿豁的垂暮老人了。"

这些文字看似质朴平淡,实质情真意切。字里行间除了对故乡美的无限眷恋之外,还有岁月的积淀,历史的沧桑,以及因岁月变迁改变一切而无奈的感叹。

这些散文不仅写建筑,而且写人。

《小屋》里的孙少奶,20岁不到一点,丈夫就生病去世,也没有孩子,年轻守节。她悄然地来,悄然地死,一生孤独。"从此以后(孙少奶去世),每当我听到'封建'这个词时,就会在思想里添上这样一个内容——孙少奶和她的小屋。"

《长巷》里的居根生,隔着两张课桌的小学同学,家住同一个方向,放学同路回家,一起每天穿过长巷,他总有说不完的话。一天,居根生忽然说,要离开学校不上学了,在靠近上海不远的小镇上,家中给他找了个学生意的地方。幼年时的同学就这样说离开就离开了,从此再没有见过他。"在很长一段时间里,我走过那条放学时同行的长巷,总会有一种惆怅的心情油然而生。"

此外,还有《小楼》里的矮小清瘦陪嫁侍女四姊,《后园》里看园的矮老头阿培,等等。

这些篇章,文字均不长,所写对象全是些那个时代社会底层的小人物。作者以饱含同情的笔墨娓娓道来,每个人的故事,每个人的悲欢离合跃然纸上,读而让人唏嘘难忘。

童年的生活是那样的欢愉快乐,但诗礼人家,后辈的读书教育历来被视为头等大事,不容有一丝一毫的马虎松懈。在这方面,母亲汪葆柔是吴宗锡的第一位老师。吴宗锡两三岁时,她给儿子讲解(缙)学士的故事。她买来连环画《杨家将》,指着图画上的人物讲故事。她教儿子识字,用正楷抄写的课本不是《千字文》，也不是《三字经》。吴宗锡依稀记得，那是一本讲述历史的书，每句六个字，第一句是"盘古开天辟地"，再后面是什么想不起来了。接受过新思想熏陶的汪葆柔，处世行事不循常规，别具风范。

一转眼吴宗锡 5 岁了，到了该入学读书启蒙的年龄了。20 岁考中秀才，因小儿麻痹症导致两腿瘫痪，整天念佛写字的嗣祖父吴曾沂要孙子先读私塾。其时新学堂开办了几十年，私塾早已关门歇业。拗不过嗣祖父的坚持，家里人只好托人寻找，好不容易找到一位姓马的老塾师。巧的是马先生的家就在吴家斜对门，读书上课就在马先生家，学生就吴宗锡一个。按苏州风俗，上学前舅家送来"盘"（礼），内有书包、笔墨、书本等读书用品，另有"定胜糕""粽子"等寓意吉利的食品。

正式上学第一天，舅舅把吴宗锡送进马先生家，举行拜师仪式。书房中点了红烛。舅舅先拈了香，然后吴宗锡向贴于墙的纸上所写的"大成至圣先师孔子之位"叩头，一切按老规矩行事，不省略，不走样，极其虔诚。

马先生 50 岁左右年纪，平时讲话声音不高，很平和，上课却非常严厉。他手边放一把红木戒尺，看到吴宗锡心不在焉，拿起戒尺碰碰，吴宗锡一吓，不敢东张西望了。

马先生用的课本和吴宗锡母亲用的课本一样，是每句六个字，专讲历史的书。吴宗锡每天上午去，中午回家。马先生每天开讲四句。第二天去时先从头背一遍，接着再讲下面的。为了引起吴宗锡听讲的兴趣，马先生会结合正句夹杂讲一点历史上的人和事，大致是"伯夷叔齐不食周粟""鲁仲连义不帝秦""文天祥柴市成仁"之类的故事。一个 5 岁左右的孩子，能听懂的着实不多。因此，每当马先生摇头晃脑，半张半闭着眼睛大讲特讲之时，吴宗锡的眼睛往往从书本上游离开去，不是望着窗外的芭蕉，就是瞟着室内的白垩墙和墙上挂着的一副对联。

久而久之,课本没有记住,对联上的"室雅何须大,花香不在多"反深深印入他的脑海。

对马先生讲课虽然不感兴趣,但懵懂无知的吴宗锡怎么也不会想到的是,这位看似古板耿直、严厉执着的老塾师,在外来侮辱面前却大义凛然,视死如归。

那是"八一三"事变之后不久,苏州沦陷,日军士兵到处杀人放火,奸淫掳掠。马先生老伴先已去世,留下他和做绣娘的女儿芸芸相依为命。受经济窘迫所困,父女俩没有外出逃难。一天傍晚,两个日本兵撬开马先生家大门,闯进来嚷嚷着找花姑娘,边嚷边扑向芸芸。接着,烈性赢弱的姑娘和刚直衰弱的老人,一个拿着绣花剪刀,一个握一把柴刀,和残暴的野兽展开生死搏斗,从客堂扭打到了小书房。最后,两个日本兵一个重伤,一个轻伤,父女俩惨死在敌人的刺刀之下,鲜血溅满小书房的四壁。那一年,芸芸刚满 20 岁。

多年后,吴宗锡回到苏州才知道马先生与芸芸的凄惨结局,特意去马先生旧宅探看,屋子已住进别的人家。征得主人的允诺,踏进小书房……又数十年后,前文提到抒发对故乡与童年生活的思恋,吴宗锡写下了一组文情并茂的散文,其中《小书房》是最长的一篇,着墨的人物就是马先生。文中写给马先生叩头拜师,写马先生一丝不苟地讲课,写马先生课间歇息吸一筒水烟兼做一点家务,写马先生胃出血病倒几次,写芸芸用彩色丝线绣出美丽的花鸟……当然,马先生与芸芸和日本鬼子拼死搏斗,倒在血泊之中是不会遗漏的。文末最后一段写道:"我默然地站在小书房里,耳边似乎又听到了马先生讲解课文的干涩的嗓音,芸芸有节奏地刺破缎面和抽拽丝线的做绷子声……"

啊,师恩本就难忘,何况是不畏强暴,以死捍卫尊严的师长呢!所有的感叹与怀念尽在不言之中。

苏州自古就有尊师重教的传统。春节到了,嗣祖父一定要请马先生吃饭,还特别关照要马先生把芸芸一起带来。临到马先生上门坐席那天,嗣祖父撑着病躯亲自相陪,以示崇敬。不久,嗣祖父的病越来越重,家里打电报给调任重庆工作的吴宗锡父亲吴传泽,催他赶快回苏州探视,以备不测。从重庆到苏州,当时只有长江轮船,需耗费一段时日,家里人给老人服用野山参汤,以延迟大限。老人喉中一口痰吐不出咽不下,呼上呼下,让人看了特别难受。吴宗锡母亲想帮助老人把痰吸出来,老人摇头拒绝,说这是"命痰",不能吸。他强忍病痛的折磨,实是等待千里之外儿子的到来。待看到急匆匆赶到家的儿子吴传泽,老人不肯再喝一口参汤,没几日便紧闭双目告别人世。全家人没有呼天抢地的号啕,有的是默默无声的心丧。

嗣祖父去世后,吴宗锡的私塾生涯就此结束,重新开始了家学。母亲再次教他识字读书,族里的三伯伯吴绍章教他算术。吴绍章早年留学日本,学习船舶制造。20世纪30年代,他在苏州开办农场,引进番茄种植,常带一点回家给吴宗锡母子尝尝新,介绍番茄营养好。那个年代,番茄属稀罕之物,寻常人家别说吃,连看都很难看到。

这一次家学时间不长,吴绍章托人介绍,让吴宗锡去考苏州纯一小学,直接读二年级。

苏州纯一小学,由苏州百年老店雷允上总经理雷兹藩创办,教学质量一流。入学考试以《纳凉》为题,用文言写一篇文章。

吴宗锡考完回家,大人问,考得怎样?

吴宗锡回答道:"兄与妹,夏夜在庭中纳凉……"

吴宗锡刚说了第一句,大人们喜不自禁地说道:"哦,蛮好蛮好。人物、时间、地点、事体(事情)侪(全)写到唻。将来作兴(可能)嗄(也)是会写文章格(的)。"

夸赞吉利之言,出发点无可厚非,大多属随口一说,当不得真。不过,末了那句"将来作兴嗄(也)是会写文章格",十余年后果然应验成真。

多事之秋,时局混乱,常有意外之变。

1932年初,吴宗锡在纯一小学刚上学不久,"淞沪战争"爆发,日本鬼子的飞机不仅轰炸上海,还把炸弹扔到苏州。局势不稳,恰巧吴宗锡父亲、外公、舅舅都在上海,母亲便带着吴宗锡赶到上海,一家人在租界躲避战乱。

难得祖孙、郎舅与父子短暂团聚,战乱中求一丝安宁,意想不到的是吴宗锡大病一场。先是发痧子,后转成肺炎,连续发高烧,烧得口中津液全无。连夜请医生上门诊治。当时抗生素还未普及,只好服用枫斗石斛之类的中药调治。幸好并无大碍,中药调治一段时间,吴宗锡慢慢缓过劲来,各种症状日渐好转,等到痊愈康复,局势也趋向平稳,全家人重新回到苏州。

1933年,吴宗锡在纯一小学读了一年,父亲由重庆调回上海,举家一起跟着迁往上海,在华龙路(今雁荡路)元昌里租了一幢房子居住,吴宗锡转入华龙小学读三年级。

父亲的工作总是调来调去,上海定居不久,又被调往杭州海关。母亲觉得与一子一女三人住一幢房子太大,让原住公寓的五弟和八弟搬来一起同住。如此,一则生活上能互相照应,二则孩子教育有人可助一臂之力。于是,在继续学校学习的同时,吴宗锡再一次在家接受长辈传授的知识,其中五舅汪葆桂给予的影响最大。

母亲汪葆柔有五个弟弟、一个妹妹,汪葆桂是大弟弟。感受到甲午之战的惨痛,同时受张之洞等洋务派的影响,父亲汪辛孜觉得要民富国强,就要兴办实业,重视教育。他设法凑了一笔钱,送汪葆桂去美国读大学,接受西洋教育。数年后汪葆桂学成回国,在爱国实业家刘鸿生的公司里当英文秘书。汪葆桂惯用英文写作,和上海《密勒氏评论报》(Millard's Review)总编鲍威尔及后来的代理总编辑、《西行漫记》的作者埃德加·斯诺是好朋友。《密勒氏评论报》是一份具有资产阶级自由主义色彩的英文周报,以报道、评论中国和远东时事政治经济为主,读者既有在外华侨,也有众多外国读者。国内政界人士和知识阶层也喜欢阅读该报,在读大中学校学生则把它作为练习英文的教科书。

20世纪20年代末,汪葆桂撰文抨击汪精卫是妓女政客,毫无操守。汪精卫手下派人警告,汪葆桂不予理会继续写,威胁风声越来越紧。公司老板和同事劝他犯不着与政客纠缠,汪葆桂方才收手,改写小品文或散文发表。

住在姐姐家,汪葆桂经常把《密勒氏评论报》带回家给吴宗锡看。晚饭后聊天,指导吴宗锡兄妹读英文。八点钟一到,他立刻上三楼回到自己房间看书写文章,一分钟不差,雷打不动。吴宗锡很佩服五舅,觉得五舅有本事,受其影响,从小对看书写文章、发表文章萌生浓厚兴趣,养成了守时惜时的良好习惯。

八舅汪葆楫负责教吴宗锡兄妹国文,选用的教材是《古文辞类纂》《纲鉴易知录》。寒暑假中,他每天从这些书中选定一篇文章,为兄妹二人分析讲解,规定第二天要背诵,背不熟受罚。刻板严厉的教学方法,让吴宗锡感到压力很大,每当临近寒暑假,他心中就忌惮会受到八舅的处罚。

汪葆楫是律师,早年在上海东吴大学法学院专攻法学,晚上读书,白天工作,与同是苏州籍的沙千里是同学兼好朋友。沙千里与人组织"蚁社",邀他一起参加。1936年11月23日早晨,汪葆楫接到沙千里亲戚电话,称凌晨两点多,沙千里被抓走了,请他赶紧了解情况。汪葆楫匆忙赶到法院探询,原来是南京国民政府以"危害民国"罪在上海逮捕了沈钧儒、章乃器、邹韬奋、史良、李公朴、王造时、沙千里七位救国会领导人,将他们移送苏州江苏省高等法院羁押。这就是当时轰动中外的"七君子事件"。汪葆楫很快受托成为沙千里的辩护律师,上海、苏州两地跑,忙得不可开交,再无时间辅导吴宗锡兄妹学习国文。偶有空闲回上海,有关"七君子事件"情况,汪葆楫会像说新闻一样说给姐姐听,吴宗锡睁大眼睛在一旁听着,似懂非懂。年龄太小,他无法理解八舅所讲的一切。虽然如此,有关国民政府的黑暗腐败,在他幼小的心灵里留下了无法磨灭的印象。

官宦大户,诗礼人家,父、舅两族长辈多有涉外求学、工作经历。得天独厚的优越条件,使吴宗锡自幼受传统文化包括吴文化浸润的同时,比一般同龄人更早地领略了西方人文、自然科学知识,开智启蒙,为其日后思想解放、视野开阔、善于接受新生事物,奠定了思想文化基础。

1937年暑假,不用再学国文,母亲带吴宗锡兄妹去杭州看望父亲。一家人刚刚团聚,"七七"事变突然爆发,父亲接到命令,随海关撤退到温州。情急之下,父亲托朋友送妻儿三人绕道宁波,乘坐"太古轮"回上海。船进黄浦江,正值南市遭日军轰炸,大火燃烧,黑烟蔽日,飘向市区。母亲一手拉着儿子,一手牵着女儿,进门一看,家里大人叫小孩跳,好似住进了七十二家房客。原来,在苏州的外公汪辛孜和几位舅舅,带着家属孩子来到上海避难。过了一段时日,局势渐趋稳定,舅舅们各自租房另住,外公留下和女儿、外孙同住。

汪辛孜1870年生于苏州昆山巴城,高祖从安徽迁到巴城经商,曾富甲一方。后因太平天国战乱,家道衰败。凭着徽州人的血性,16岁外出谋生。先在湖北藩司印务所做校对、排印及庶务。后经人介绍,到时任台澎道的苏州人顾缉庭手下当幕僚,不久转到台东直隶州知州胡适父亲胡传手下当幕僚。

胡传是安徽人,他见汪辛孜祖籍是安徽休宁,与自己是大同乡,出生地苏州,那是自己恩师吴大澂的故乡,双重的巧合,加之汪辛孜勤勉肯干,故对汪有一种特殊的信任感,视其为左右手。汪辛孜先任台东直隶州驻台南办事员,再纳粟入监,授予"府经历"职衔,后又受命任军械局收发委员,负责枪械弹药的接收发放,可谓身系要职。

未几,中日甲午战争爆发,台湾首当其冲。台湾军民修筑工事,储备枪械弹药,积极备战。两江总督张之洞通过上海洋务局,将大批火药送往台湾。在胡传的直接指挥下,作为军械局收发委员,汪辛孜日夜忙碌,累得吐血。

甲午之战,最终中国战败,屈辱地割让台湾,致使日本殖民占领台湾五十年。

汪辛孜目睹台湾民众和官员对战败与割让的愤懑、抗争及社会的混乱,无奈一切已成现实,无力回天,赴台湾一年零八个月后,怀着无以言说的沮丧心情,撤离台湾回到苏州。

汪辛孜在台湾的履职经历与能力,给张之洞留下良好印象。时隔不久,张之洞奏准成立苏州商务局,延聘刚从台湾返乡的汪辛孜担任商务公司的出纳会计。光绪二十二年(1896),苏经丝厂开工,汪辛孜从商务公司调到苏经丝厂任会计。光绪三十三年(1907)春,任经理,直至1928年。

汪辛孜住在底楼客堂,每天晚饭后,吴宗锡和外公聊天,喜欢听外公讲历史掌故、逸闻趣事。汪辛孜生活阅历丰富,知识积累广博,经史子集、书法篆刻,乃至医卜算命、风水罗盘,无所不知。外孙喜欢听,他也愿意讲。

汪辛孜说得最多的是对日本侵略者的愤恨,他去台湾一年零八个月,切身感受到国家战败的屈辱和民众生活的痛苦,痛心疾首地对吴宗锡说:"亡国奴的日子不好过啊!"

汪辛孜任丝厂经理,收入比较宽裕,日常生活却十分简朴,穿的内衣补了又补,有用的东西绝不丢弃,针头线脑等零碎物品随手收集起来,以备不时之需。祖孙俩闲聊,他常对吴宗锡背诵《朱子治家格言》《幼学琼林》中的警句。诸如"一粥一饭,当思来处不易";"半丝半缕,恒念物力维艰";"木屑竹头,皆为有用之物";"牛溲马渤,可备药石之资",等等。

外公的正直爱国,知识渊博,勤勉善良,言教身教,播撒在吴宗锡的记忆中,抹不了,忘不掉,及至年届耄耋谈起外公,过往的点点滴滴,如同发生在昨天一样,一一再现于眼前。

第二章

文明的洗礼

　　迁居上海三年后，吴宗锡小学毕业，该报考中学了。公立的、私立的，中国人办的、洋人办的、中外合办的，众多中学，报考哪家呢？

　　踌躇斟酌之际，观念开放的父亲亮出了看法：工部局办的格致、育才、华童、聂中丞四公学，实行双语教育，教学水平高，是培养重点人才的学校，可予以重点考虑。尤其是格致公学，采用英语教育，校规很严，离家较近，应列为首选。

　　格致公学的前身是格致书院，始建于1874年，根据李鸿章倡议，由当时的著名化学家徐寿和英国驻沪总领事麦华佗联合创办，是近代中国最早开办的中西合办、传授西方自然科学知识、培养科技人才的新型学堂之一。从格致公学毕业的学生有机会直升香港大学，或到工部局、巡捕房，或到电灯公司、电话公司、自来水公司、电车公司、煤气公司及各家银行、洋行等身份体面，薪酬优厚，发展前途良好，号称"金饭碗""银饭碗""铁饭碗"的行业工作。

　　吴宗锡听从父亲的建议，报考格致公学。目标选定，却不能直接报名投考，因为格致等四公学，只对居住在租界内的纳税华人子弟开放，吴宗锡不属于这一限定范围内的报考对象。既然是自己的主张，儿子又愿意接受采纳，父亲忙拜托居住在新闸路的一位朋友帮忙，由他提出申请，使吴宗锡顺利报名，考入格致公学。是故，入学后吴宗锡每学期的学习成绩报告都寄到新闸路，而不是华龙路。

　　吴宗锡如愿进入格致公学，因小学不在格致附小就读，按学校规定，必须在附小再读半年后升入中学。华龙小学吴宗锡读的是春季班，到1936年进格致公学成了秋季班。整个年级分四个班，吴宗锡被编在C班，尽管多读了半年书，在同年级同学中年龄还是偏小的。

　　中西合办的格致公学，着装有统一要求。每天上学，吴宗锡戴着鸭舌帽，帽子上别一枚用黄丝线绣的PPS组成的盾形校徽；身穿蓝布长衫，贴身穿的白衬衣袖子翻出一截，挽在长衫袖子上；手拎的书包是一只小皮箱。穿戴不规范不整齐,不许进校。

在格致公学,吴宗锡开始系统学习西方自然科学知识,接受西方文明的洗礼。

课堂学习之余,父亲有意给吴宗锡看狄更斯、大仲马等西方著名作家的小说,希望儿子在学习自然科学的同时,多接触一些西方文学名著,使其知识更加扎实全面;通过阅读翻译小说,还有利英文读、写能力的提高。

关于阅读翻译小说,父子俩有如下一段对话。

父亲:"(这些小说)阿(是否)好看?"

吴宗锡:"好看格(的)。"

父亲:"原著加二(读乩尼,更)好看。"

吴宗锡:"吾(我)看勿懂。"

父亲:"倷(你)要好好叫读英文,读好仔(了)就好看原著哉。英文勿懂格(的)地方,可以问吾(我)搭(和)倷(你)舅舅。"

定居上海的外省市人,家人间的私下对话,一般习惯用家乡方言。上述吴宗锡父子的对谈交流,说的就是苏州话。

小说故事引人入胜,吴宗锡对英文学习特别投入。格致公学课程设置本就与一般中学不同,英文课的设置更细,所有课程除国文外,几何、代数、化学、物理、生物等科目,全由英国老师用英语讲课,由此吴宗锡打下了极好的英文底子,能用英文记课堂笔记,学校英文会考得"优秀"。

小说越读越多,从外国延伸到中国,吴宗锡渐渐喜欢上了文学,爱读充满人性情感的名篇佳作。如欧阳修的《泷冈阡表》、归有光的《先妣事略》,喜欢《浮生六记》中的芸娘、《红楼梦》中的晴雯等人物形象。

渐渐地,想当一名作家的愿望悄然滋生,并日益清晰。

父亲吴传泽怎么也没有想到,推荐儿子看西方翻译小说,本是为了丰富知识,学好英文,结果自己反成了儿子文学梦想的"播种人"。在他看来,当时的社会,靠文学谋生是要挨饿的。

注重学生学业的同时,格致公学对体育也非常重视,规定课间休息学生不能留在教室里,必须出去活动。学校有大操场,可以踢足球、打排球;有室内乒乓球台,可以打乒乓球。受父亲影响,吴宗锡爱看足球比赛,经常参加乒乓球、排球等体育活动。只是从小家里长辈禁止他下水,所以他一直不会游泳。

战乱年代,平静的校园常不平静。"七七"卢沟桥事变,抗日战争全面爆发。

格致公学的学生爱国热情高涨，以各种形式表达对侵略者的愤慨，宣泄心中的强烈不满。校长、英国人佩雷迫于形势，不准学生在教室黑板上方悬挂中国国旗，这激怒了同学们，引发格致公学历史上破天荒的第一次，也是唯一一次的罢课事件。

"今天下午我们不上课！"那天上午，班级中年龄最大的同学大声喊道。一则平时大家比较团结，二则为了抗议校长的武断与压制，所以一有人勇敢地站出来振臂一呼，全班同学便齐声响应——离校罢课。走出校门，吴宗锡没有回家，他怕家里人追问不上课的原因，不好回答，转而和几个同学到离校不远的天妃宫做作业，做完作业后一起疯闹玩耍。

15 岁时的吴宗锡

学生们年少幼稚，无政治斗争经历，不懂政治斗争目标策略，罢课以失败告终。事后学校当局勒令，发起罢课的同学必须在家长陪同下向校长认错，否则将开除学籍。个别同学坚持不肯低头就范，被迫离开了学校。

一切照旧。教室黑板上方不准悬挂中国国旗。

1942 年秋（民国三十一年），吴宗锡中学即将毕业。数年同窗，朝夕相处，在知识的海洋如饥似渴地吸吮；校内校外，操场马路，欢声笑语中结下深厚友谊，有人提议做点什么，留资纪念。吴宗锡和大家商量，可否以"三一秋"为题，编一本"级刊"，这一提议获得大家的赞同。吴宗锡自告奋勇，当起"级刊"的"主编"，一边约请同学们写稿，一边为《级刊》撰写《发刊辞》和《三一秋级级歌》歌词。稿件准备就绪，大家一面寻找企业赞助，一面把零花钱积攒起来，送印刷厂印刷，学子们笔下的文字，第一次变成了铅字。

名为《三一秋》的级刊，32 开本，漆布精装。打开封面，扉页献辞赫然入目：谨以此册献给爱我们的人们。无疑，这里的"人们"当是指学校师长和父母亲人，感恩之情尽在其中。

紧随"献辞"之后是已故校长、代理校长、任课老师、全班同学介绍及校园风

《三一秋》级刊中教师对吴宗锡的评语

景、课余生活剪影照片,外加《三一秋级级歌》。另有校领导祝辞与师长们的"序"与"题诗"之类的文字。

主体文字部分是全班二十二位同学分别为级刊写的诗、散文、随笔、感悟、随想与寄语。一篇篇优美典雅的文字,既彰显了一群风华正茂的学子的卓越才华,又表达了他们的远大志向与抱负。

整本级刊,内容精彩,图文并茂,像一本印刷精美的正式出版物,可视性、可读性极强。吴宗锡为级刊撰写的《发刊辞》排在刊首,其中写道:

> 弹指流光,转瞬间吾人毕业之期已届。虽此后未必定归星散,然斯六年者,正我侪奠定知识基础,修养高尚人格,为他日效力国家作准备之时期。诸同学之刻苦奋勉,力求上进,诚足敬佩;而于此时期,各人童心未泯,天真犹在,以纯洁之心,结莫逆之交;诸老师复循循善诱,谆谆教诲;学业与品德俱进,敬爱共感情同增,此我人之黄金时代也。乌可不有所编述,以为纪念哉?

同级诸君子佥议征集纪念文字及诸师友生活摄影,编印毕业纪念刊,献诸家长师长,赠诸同学故人;且以自藏焉。庶几于平日融融之乐,纪存一二。他日萍飘异地,偶检此书,当年情景,如温旧梦,亦雪泥鸿爪之意也。

两段文字,简要明了地道出了一群懵懂少年,同窗六载,在师长们循循善诱、谆谆教诲下,心智成长,互相结下难忘友谊的经历。为此编印纪念刊,一为献给师长家长、诸位同学故人;二为日后萍飘异地,回顾往昔,重温旧梦。良苦用心,情真意切,令人动容。

除《发刊辞》,吴宗锡又另为《三一秋级级歌》创作歌词:

三一秋呀,三一秋呀,三一秋;
二十二人,相亲相爱,乐悠悠;
手牵手呀,手牵手呀,手牵手;
努力今日,他年当然,有丰收!
随着这轻快的歌声,
放开脚步前进,
只要抱着决心,哪怕道路崎岖不平。
三一秋。

三一秋呀,三一秋呀,三一秋;
成功大道,多着障碍,须奋斗;
向前走呀,向前走呀,向前走;
达到目的,方才罢休,莫停留!
随着这轻快的歌声,
放开脚步前进,
只要抱着决心,哪怕道路崎岖不平。
三一秋。

"级刊"的策划出版,"发刊辞"与"级歌"的写作,17岁的吴宗锡表现出不同于一般人的组织能力、创作能力和扎实的文字功底，假以时日，必能负重任、挑重担，做出一番成绩。

时至今日，八十余年过去了，这本"级刊"《三一秋》似宝贝般陈列在吴宗锡的书橱中。他不时拿出来抚摸翻阅，岁月更替，人事沧桑，二十二人，半数以上已经不在了，他们的音容笑貌如过电影般在眼前轮流呈现，胸中涌起的是难以言说的思念与惆怅。

1942年冬天，吴宗锡中学毕业了，他并未如父亲想象的那样，出了格致公学门，直接跨进香港大学，再到英国牛津深造。太平洋战争爆发，一切如泡影般破灭了。

继续升学还是就业？吴宗锡又一次面临人生的选择。之所以会如此，是因为家境日益拮据，大不如前。

日本军队进入被称作"孤岛"的上海，中国海关受到冲击，父亲的薪金越来越少，几近入不敷出，日常吃用大打折扣。以一日三餐为例，早晚两顿吃的是混杂着稗子和石粒的碎米粥，中午不是吃涩嘴的黄面粉，便是掺入了"六谷"（苞米）粉的陈米。黄昏的灯光下，吴宗锡经常看到，平时喜爱说笑的父亲蹙眉沉思，为全家的开支发愁。

站在人生的十字路口，是升学还是就业，18岁的吴宗锡左右为难，拿不定主意。

关键时刻，父亲替儿子做出了决定："家里再困难，咬紧牙，也要供你读大学；像我们这样的人家，只有靠文化知识才能谋生。"

父亲同意继续供他读大学，吴宗锡听了暗自高兴。在格致公学，他已经对文学产生了兴趣，报考大学，他想以文学作为主修课。

父亲看出了儿子的心思，问道："将来你想做点啥？"

吴宗锡回答说："想当作家，读文学。"

父亲片刻无语，稍后一吐衷言："你喜爱文学，我不能反对，但是当前社会，靠文学是要挨饿的。我建议你还是读经济，在经济系可以主修会计。如果能当上会计师，是个自由职业，既能解决衣食之需，又可以有自由支配的时间，供你从事写作。"

父亲思想是开明的，作风是民主的，该说的都说了，何去何从，留待儿子自己考虑。

父子间的这次重要对话，说的仍是苏州方言，为行文及阅读方便，写时将苏州方言改写成普通话。吴宗锡听了父亲的一番肺腑之言，深感上什么大学，读什么专业，不能一味从自己的兴趣爱好出发，要兼顾父亲的意见。最终他听从父亲的劝告，报考上海圣约翰大学文学院经济系，顺利录取。

上海圣约翰大学创建于1879年，是中国近代最著名的基督教教会大学之一，有"东方哈佛"之称。它的前身是圣约翰书院，原是一所中学，1906年才在美国哥伦比亚专区注册备案，正式称圣约翰大学，是中国第一所全英语授课的学校。上海圣约翰大学在引入现代西方学制学科和校园活动方面，开创了我国高等教育史上的许多先例。

进了名牌大学，吴宗锡内心并没有丝毫得意，相反心情是复杂的。一方面，圣约翰大学的收费是全国最高的，每年的学杂费加膳费高达350至400银元，是名副其实的贵族学校，家里为了供他上学，经济上要承受沉重负担，令他心有不安；另一方面，对选读的经济、银行、会计等课程，他实在提不起兴趣。每天穿着"线呢"（一种布料）的中式长袍和布鞋去上课，厕身于衣着入时、富贵逼人的同学之中，未免感到有点寒碜与压抑。

然而，所有的烦恼与不快，在文学梦想重新燃起时，全都烟消云散，不复存在了。

圣约翰大学采用美式计分制，除基础课和主修课，其他课程可自由选择。吴宗锡尽量选择现代文学、古典诗词，以及心理学、社会学等与文学有关的科目，广阅博览，书海泛舟，力求尽可能阅读到更多的中外古今文学名著。

学校图书馆是一幢单独的红砖楼房，周围有成片的青茂草坪和葱茏林木，馆中藏有丰富的中英文图书，是吴宗锡最爱去的地方。坐在二楼宽敞而静谧的阅览室里看书，眼角常会映入窗外苍翠的绿荫，耳畔不时响着鸟雀清脆的鸣叫，他在最令他愉快的乐园，享受着最幸福的时光。

校外的各大图书馆，吴宗锡也时常抽空光顾。笔记小说，诗词歌赋，西方文学作品，30年代的各种书报杂志，如巴金编的《文学丛刊》和柯灵编的《万象》，以及萧乾、靳以等人的作品，都是他优先阅读的对象。阅读使所有的困惑与不快日渐萎缩退却，唯有文学梦想变得越发明朗，尤其是狄更斯的半自传体小说《大卫·科波菲尔》，主人公从孤儿成长为一个具有人道主义精神的民主主义作家的过程，给吴宗锡留下深刻印象，激起他当一个作家的强烈愿望。

家庭因素和个人努力,吴宗锡在那个时代受到了最好的教育。既学习中国传统文化的道德伦理,又学习西方的文明智慧,加之中外文学名著精髓的滋养,他成为那个时代真正意义上的知识分子。

徜徉在书海里,文学梦想耸入云端,多彩绚丽。可合上书本,走出图书馆,现实是那样的严酷。统治者堕落腐败,侵略者骄横跋扈,年轻的大学生从思想到内心渐渐转变,与时代发展保持同步。

以下几件事,或亲耳所闻,或亲身经历,吴宗锡永远无法忘记。

——在老家探亲访友,得知曾经教他私塾的马先生,为反抗女儿被日本鬼子轮奸,父女俩惨遭杀害,他受到极大震撼,没想到屈辱和死亡离他那么近。

——从苏州返沪,走出火车站,背后忽地一声嚎叫,扭头一看,一把三八步枪插着刺刀斜刺到他两腿之间,刺破了身上的长袍。原来是警告他走错了通道。

——一次,骑着自行车穿过兆丰公园(今中山公园)到圣约翰大学,天微微下雨,他一手撑伞,一手扶着自行车把手,刚出公园,迎面一队日本马队疾驰而来,他连忙单脚点地,停车靠在路边,一记马鞭抽在他撑着的伞上,幸运的是没有抽到身体。

——早晨,骑着自行车上学校,一条日本狼狗咬住他的腿,鲜血直流,后到医院急诊,清洗伤口,打了狂犬疫苗,小腿上留下狼狗咬的齿痕。

没有公理,只有强权;没有平等,只有奴役……这个社会没有希望!怎么改变?出路何在?吴宗锡茫然无知。他感到郁闷,感到不满,感到愤慨,除此再也说不出什么。

思想上的这一悄然变化,吴宗锡本人并未特别在意,除了上好基础课和主修课,他依然留恋于他阅读的乐园,陶醉于文学梦想之中。尽管如此,还是有人特别关注他,有意识地接近他,引导他走向一个新的方向。

初进圣约翰大学,和吴宗锡接触较多的是钱春海、徐国瑞等几个格致公学的同学。吴宗锡和钱春海是走读生,都主修经济,两人的家在霞飞路(今淮海路)附近,相距约十分钟路程。自上学的第一天起,钱春海每天骑自行车到吴宗锡家,约吴宗锡同行,45 分钟左右到校。两个纯真、坦率和热情的年轻人并车骑行,一路交谈,从家庭、社会、国家到个人爱好、理想和前途,无所不谈。吴宗锡接触社会少,视野比较狭隘,认识相对幼稚,在钱春海的开导、帮助下,他渐渐拓宽视野,驱散了思想上的混沌与迷蒙。

最初，吴宗锡浑然不知，每日和钱春海结伴同行，以为是同路的巧合，后来才慢慢知道，钱春海在格致公学时已经是中共地下党员，他的入党介绍人是格致公学的学长、后于20世纪90年代成为外交部部长的吴学谦。钱春海在班里组织、开展活动，都是党组织交办的任务。进了圣约翰大学，他约吴宗锡一起上学，固然有中学同窗结下的友谊，更重要的是党的群众工作需要的有意识安排。

一个学期后，钱春海在学校结识的人越来越多，各种活动也多了起来，直至成为学生运动的领袖人物，再无时间每天约吴宗锡同行，他委托徐国瑞和吴宗锡加强联系，继续关心吴宗锡。

徐国瑞介绍吴宗锡认识许多同校的进步学生，内中有民国著名报人成舍我的女儿成幼殊（诗人，笔名金沙），他们热情邀请吴宗锡在课余时间参加各种座谈会、助学义卖等活动，这些活动挤占了吴宗锡的读书时间。是埋头书堆，还是投身到火热的活动中去，这一度给吴宗锡的思想带来彷徨与矛盾。

内心的纠结，使吴宗锡陷入苦恼的自我斗争之中。他想到家庭和个人的遭际，想到从进步书刊感受到的国家、民族的屈辱和大众的苦难，特别是同学们的热情开导，给了他强有力的推动，催他幡然清醒："我不能不考虑一个当代青年学子应有的理想、使命和人生道路。"从此，吴宗锡积极投身学生运动，生活和文学梦想在他面前翻开崭新的一页。

一次，徐国瑞向学友们介绍吴宗锡："他读了很多书。"

"你读过俄罗斯和苏联文学吗？"有人当场问。

吴宗锡摇了摇头。他对俄罗斯文学作品涉猎很少，说不出什么子丑寅卯。之后他大量阅读俄国批判现实主义作家屠格涅夫、托尔斯泰、契诃夫、陀思妥耶夫斯基等人的作品。他崇拜被列宁称为具有"最清醒的现实主义""天才艺术家"的托尔斯泰，喜欢契诃夫那句"用爱和信念劳动"的名言，把它作为自己的座右铭。

一次，吴宗锡参加助学义卖活动，一个人走上前和他握手并抱歉说："兄弟，我非常赞赏你们的行为，可是我身边实在不便，请你谅解。"眼前发生的这一幕，使吴宗锡想起屠格涅夫在《猎人笔记》中描写的一个场景，其中情形与现实生活如出一辙。他经常和同学、友人提起这一小插曲，从中感悟到的是现实主义创作方法的巨大魅力。

为便于阅读俄文原著，吴宗锡和钱春海等七八个同学相约挤出时间，到民治俄专学习俄文。学了约一年,第一个俄文老师、苏联侨民科席乌洛夫走了。再找第二个老师、国民党政府驻苏联大使馆的退休官员。第三个老师,典型的白俄知识分子,俄文名叫贝累列兴。学习之余,吴宗锡和同学们常找机会去俱乐部吃俄国大餐、看文艺表演、体验俄罗斯文化。这样的学习状态断断续续,前后持续约两三年时间,直至上海解放初,他们各自忙于自己的工作而停止。后来有的同学将俄文翻译当做终身职业,成为翻译家。

20世纪40年代后半期,国民党政府忙于打内战抢地盘,反内战、反独裁,要和平、要民主的时代潮流风起云涌,中共地下党组织遍布各行各业,圣约翰大学也不例外,吴宗锡并不知道,他所参加的各种活动,是党组织对他的观察与考验。

1945年8月初,徐国瑞特地找吴宗锡,说同学们想办个刊物,问他愿不愿意参加,协助做点工作。吴宗锡听了非常高兴,一口答应。办刊物,可以写文章发表,能圆自己的文学创作之梦。

第一次办刊筹备会在一位女同学家召开,来了不少同学,有本校也有外校的,围绕刊名、宗旨,讨论热烈,争论不休。志向兴趣不合,一些人第二次就不来了。

吴宗锡是办刊的坚定支持者,他所不知道的是,定名为《时代学生》的半月刊,是根据党组织指示筹建创办的,宗旨是指导、联络上海的学生运动。

《时代学生》的发行人潘慧慈,1938年就由茅丽瑛介绍入党,是上海启秀女中第一个学生党员。党组织选择她做发行人,是因为她哥哥、著名茶商潘有声(胡蝶的丈夫)社会关系广,可加以利用。正是这样的家庭出身与社会关系,二十余年后的"文化大革命",潘慧慈因此遭受迫害而逝世,让人不胜唏嘘。

吴宗锡不是党员,政治立场隐而不显,党组织认为,他配合潘慧慈办理创刊登记比较方便,不易引起国民党特务的注意。

吴宗锡积极配合,工作非常投入。他蹬着自行车,后座上带着潘慧慈,东奔西跑办理各种手续。两个月后的10月16日,《时代学生》正式问世。吴宗锡又载着潘慧慈送刊物,搞通联,忙得不亦乐乎。

潘慧慈身材瘦长,穿着高跟鞋,半悬着小腿,久坐自行车后座不舒服。一次,她稍稍提了一下脚,高跟鞋后跟卡进自行车后轮,"嘣"的一声响,两人吓了一跳,忙停车检查,潘慧慈的脚没事,鞋也没坏,自行车后轮钢丝断了好几根,不能再带人骑行了。一场惊险,所幸平安无事,两人相视一笑,推着自行车,继续后面的工作。

从创刊到次年5月,历时九个月,《时代学生》共出版13期。中共党组织通过分布各大、中学的通讯员网络,指导上海的学生运动,举办联欢晚会,放映进步电影,收到了较好效果。

参与发行《时代学生》过程中,钱春海又介绍吴宗锡和圣约翰大学英国文学系的何溶(何舍里,建国后曾任《美术》副主编)、成幼殊等人一起筹备出版综合性文学刊物《麦籽》,成立"麦籽社",经费由上海锦江饭店女老板董竹君资助。董竹君先后收购永业印刷所、协森印务局,承印包括《时代学生》《麦籽》在内的进步刊物。

《麦籽》1945年11月出版,主编何溶,撰稿人、译者大多是圣约翰大学的同学。第2期发表了吴宗锡尝试用现实主义手法创作的小说《夭殇》,故事大意是:日本偷袭珍珠港,留沪欧美侨民全部被关进集中营,遭受残酷迫害。日本人不许他们请医生,一个名叫鲁勃的孩子在贫病交加中夭折了。故事、人物是虚构的,素材源于真实生活。

太平洋战争爆发,日本侵略者进入租界。格致公学、圣约翰大学的老师多是欧美侨民,被日本认为是敌对国家的人,被关进集中营监管。他们的结局遭遇,吴宗锡时有所闻。日积月累,抑制不住的对侵略者的愤懑,驱使他拿起笔,以汤姆斯的谐音"唐墨"为笔名,创作了《夭殇》,一泄心中之块垒。

......

参加创办、发行进步学生刊物,吴宗锡所表现出的政治热情,地下党组织看得一清二楚,观察考验已达到目的,是时候挑明真相收获成果了。

第三章

融入时代风云

1945年的冬天特别冷,与自然气候的严寒相比,政治气候更加严酷,内战的阴霾笼罩中国大地,人们忧心忡忡,陷入思考:中国到底向何处去?继而这"忧心"与"思考"化作行动——反独裁、反内战,要民主、要自由的斗争之火遍地燃烧。

为壮大力量,有利未来的战斗,地下党组织张开双臂,热情欢迎经过斗争考验的有为青年踊跃加入。可当时代的呼唤找到吴宗锡时,他还没有做好应有的思想准备。

11月的一天,成幼殊约吴宗锡见面,交谈中成幼殊明确而试探性地问道:"有一个加入共产党的机会,我们是不是一起去?"

吴宗锡有点意外,他积极参加进步学生运动,从没有想过要加入什么政治组织,一心想的是写文章、做编辑、跑通联、发行好刊物。犹豫沉默片刻,吴宗锡回答说:"让我考虑一下。"

加入共产党是件大事,白色恐怖下加入共产党更是件大事,自然要认真考虑。对吴宗锡的回答,成幼殊表示同意。

几天后,成幼殊再次向吴宗锡提出同样的问题。

这一回,吴宗锡一脸严肃,郑重其事地回答道:"我倾向革命,但像我这样的人,适合加入知识分子的党派,譬如民盟。"没等成幼殊张口表态,他紧接着又补充了一句:"民盟也是进步的。"

成幼殊脸漾笑意,看着吴宗锡说:"民盟是高级知识分子的组织,年龄都比较大,我们年轻人,还是适合加入中国共产党。你再好好考虑考虑。"

话说到这分上,吴宗锡不得不认真考虑了。当晚他独自登上自家小楼露台,仰望朗朗星空。那时的上海高楼不多,空气纯净,愈加显得夜空碧蓝,银河灿烂。那里有无限的未知引人入胜,也有无尽的黑暗令人恐惧。

吴宗锡圣约翰大学毕业照

思绪翩翩，从虚幻回到现实。吴宗锡想到国家、民族的屈辱和大众的苦难，想到家庭和个人的遭际，甚至想到母亲信佛，怜贫济困，悲天悯人，假如他加入共产党，万一为革命牺牲，母亲会理解而释然的。

经过一番深思熟虑，吴宗锡决定加入中国共产党。几天后，他写了一份自我介绍交给成幼殊，正式提出入党申请。

关键时刻吴宗锡想到母亲，母亲也无时无刻不在关心着他的一切。吴宗锡参加学生运动，编辑、发行刊物，没有告诉母亲。母亲看他神神秘秘，进进出出，有点不务正业，与以往埋头读书判若两人。她有点担心，觉得这样下去不行。1946 年 2 月，吴宗锡从圣约翰大学毕业，母亲嘱在民族实业家刘鸿生创办的舟山轮船公司当副经理的五弟汪葆桂，为吴宗锡找份工作。

姐姐嘱咐为外甥找工作，汪葆桂不敢怠慢，介绍吴宗锡到舟山轮船公司当会计。

吴宗锡大学读的是经济系，毕业后到舟山轮船公司当会计，专业对口，学以致用，是一份理想工作。那时他已递交了入党申请，正在等待组织回音，家里为他找工作的事，他觉得应该向组织汇报，听取组织意见。几天后，吴宗锡找到成幼殊，如实报告将要去舟山轮船公司当会计，请示能不能去。

成幼殊的答复令吴宗锡既意外又欣喜："组织已经批准你入党了，会有同志找你联系。你可以去当会计，地下工作需要有正当职业作掩护。"

3月初的一天，一个自称廖临（廖有为）的人，代表党组织来联系吴宗锡，正式通知吴宗锡，他的入党申请批准了。特殊的年代，一些具有特别意义的日子，受客观条件限制，确切的日期难以查考，只能论年说月，无法落实到日。建国后填表，吴宗锡入党日期填写的是1946年3月。

廖临也是圣约翰大学学生，两人同校校友，谈话轻松投机。吴宗锡向廖敞开思想，说自己爱好文学，想当作家。廖临深表赞同："这很好。我也喜爱文学，更喜欢戏剧。革命胜利之后，你可以当作家。在苏联，有专门从事文学创作的作家。作家在社会上地位很高，受到大家的尊重。"廖临的话，让吴宗锡对未来充满憧憬。

当廖临作为联系人，通知吴宗锡，他已是党的地下组织的一名战士，吴宗锡内心异常激动，抑制不住的喜悦之情渴望宣泄与释放。几天后的一个晚上，机会终于降临，他和钱春海、徐国瑞两人相聚，三人着实"疯"了一个晚上。囿于地下斗争的纪律规定，彼此并未言明为什么那么兴奋。吴宗锡感到钱春海、徐国瑞是知道他已和他们一样，是一个有特殊身份的人，只是心照不宣，改用别样的方式为他高兴，向他表示祝贺。2003年，在一篇题为《起步》的随笔中，吴宗锡回顾了五十七年前的那一幕情景，他写道："我永远记得那个初春的晚上，在钱春海家里，我们三个扭抱在一起，兴高采烈地唱着一首又一首当时学运中流行的群众革命歌曲。"

内战的硝烟越燃越烈，反独裁、反内战的呐喊此起彼伏。吴宗锡和参加《时代学生》筹建、发行时认识的志同道合的同学，常在空余时间买些水果和罐头到潘慧慈、成幼殊家聚会餐叙。成幼殊家在安和寺路（今新华路），地方比较大，去得比较多。大家谈时局，谈未来。参加者大多喜爱诗歌，他们时常边谈边朗诵艾青的诗，七月派诗人绿原、化铁的诗；用英文朗诵雪莱、济慈的诗，还相约成立民间诗歌团体"诗社"。

成立"诗社"要有个叫得响的名字，成幼殊提议取名"野火"，意为在野的、民间的一团火，要把旧世界烧掉，建立一个新世界。大家一致赞成。"野火诗歌会"就此诞生，会刊《野火》，震旦大学学生卢世光被推举为诗歌会主席。这是地下党组织发起并领导的又一本刊物。

《野火》是一本 32 开本、22 页的油印刊物，吴宗锡为第一期写了《我写诗》和《无题》两首诗。发表时考虑如何署名。世道腐败黑暗，用真名易招惹麻烦。用笔名，用什么好呢？吴宗锡拿不定主意，与父亲商量。

父亲满腹诗书，默思片刻，慢悠悠地说道："写诗可用'絃'字。《礼记》上有'絃，谓以丝播诗'和'絃歌诗颂'的句子。"

父亲这么一说，吴宗锡觉得有道理，一个"絃"字，偶合了他想成为诗人的理想愿望。光一个"絃"字，不能当笔名，他顺势脑子一动，在"絃"字前加了一个"左"。"左"字笔画少，排姓氏

"野火诗歌会"成员合影（左一为成幼珠，右一为吴宗锡）

可以靠前，又与"絃"字形相近，书写较顺。而且"左"意味着革命，与"絃"合为"左絃"，有革命诗人之意。自此，吴宗锡一直以"左絃"笔名写诗、歌词、散文和翻译。后来他从事评弹，"絃"被认为是絃索之"絃"，似乎是个谶兆。只是他本人始终习惯用"纟"旁的"絃"，不用"弓"字旁的"弦"，至今不改。

1946 年 6 月 1 日，《野火》第一期出版，成幼珠像唐朝士人"行卷"一样，把刊物分送给郭沫若、胡风、臧克家、蔡仪等文艺界知名人士。郭沫若第二天就热情洋溢地给成幼珠回了信。信中写道："我早起来，从头至尾，一字不漏地读了一遍，读后的快感逼着我赶快来写这封信给你。你们的《献辞》和致谢庸的《也谈大众化》，意识都很正确……左絃的两首诗都很好，我特别喜欢那首《我写诗》……"

首次发表处女诗作就得到大诗人郭沫若的关注与褒扬，这对吴宗锡来说，是莫大的鼓励与鞭策。

《无题》与《我写诗》，共同的基调是为社会底层劳苦大众倾诉呐喊，是对贫富悬殊不公平社会的无情抨击。为郭沫若"特别喜欢"的《我写诗》，表明诗人之所以写诗，是为了"冲破寒冷的地方"，去迎接光明与阳光。

诗中写道：

我写诗
在黑暗的地方，那里
星星会被当做太阳
在寒冷的地方，那里
热情已冻成冰霜
在闷窒的地方，那里
呻吟和哀叹都被禁止。

我写诗
用愤怒得发痛的头脑
用气恼得抖颤的手
蘸着的
是同胞们的血
是自己的泪。

我的诗
是他们要我写的诗
也是我自己要写的诗
是他们教我写的诗
也是我教自己写的诗
是写给他们看的诗
是读给他们听的诗
也是我自己要看要听的诗
……

这样的诗，没有风花雪夜，没有无病呻吟，有的是一个战士的愤怒与呐喊，字里行间溢出的是思想的光芒与力量。

《野火》前后共出了三期，后因形势严酷和斗争需要，不少人奉命投入新的战斗岗位,诗歌会活动难以正常进行,会刊停止出版。1947 年 10 月出版第三期时,大部分收尾工作由屠岸和吴宗锡承担。那一期刊出诗歌 25 首,译诗 14 首,诗论两篇,外国诗人介绍两篇。

吴宗锡入党后,组织关系落在青委,廖临安排他参加丁景唐领导的上海文艺青年联谊会的活动。"联谊会"下设诗歌组、戏剧组等不同文艺门类的小组,各有自己的活动内容。如诗歌组请人来开讲座,戏剧组成员自己排戏。解放后任上海儿童艺术剧院副院长的蒋锡礽,成为剧作家、儿童文学家的包蕾,当时与吴宗锡同在一个组。一帮青年文化人一起交流,吴宗锡十分快意。戏剧组排戏,他常在一旁欣赏观看,与剧中人同悲同乐。

一天,丁景唐来到位于虎丘路的轮船公司售票处,吴宗锡正在登记账目。丁景唐和他聊起轮船公司的情况,告之准备组织上海文艺青年联谊会成员给鲁迅扫墓。"我让他们跟你联系。"丁景唐以征询的口吻轻声说出了组织的决定。

为鲁迅扫墓,而且是作为活动联系人,吴宗锡听罢,毫不犹豫地表示同意。

几天后,报纸刊登了为鲁迅扫墓活动启事,联系人是吴宗锡,联系地址是轮船公司售票处地址。看到启事,吴宗锡忽然想到,入党前他向成幼殊请示,家里替他找了份工作,去轮船公司当会计,是否可以,成幼殊回答说:"地下工作需要有正当的职业作掩护。"这一回果然用上了,他心中偷偷一乐。

此事过去不久,吴宗锡收到一封信,一个素昧平生的人在信中表示,他要求进步,希望能加强联系。斗争复杂,环境险恶,不熟之客主动找上门,恐无好事。吴宗锡把信丢之一边,不予搭理。几天后收到此人的第二封信。这次,信中语气充满威胁利诱,用的是国民党国防部第二厅的信笺纸。对此,缺乏地下斗争经验的吴宗锡不免有点紧张,拿着信去找丁景唐报告。

出乎意料的是,听完吴宗锡报告的情况,丁景唐不是向他传授应对之策,而是轻描淡写地说:"这有什么关系?这种信,我这里多了。"边说边拉开写字桌抽屉,取出两三封信递给吴宗锡看,果然都是用国民党国防部第二厅信笺写的威胁信。

丁景唐沉稳镇定,吴宗锡忐忑不安的心情平静下来,以新的姿态继续投入战斗。

上海解放前夕,丁景唐上了国民党的黑名单,党组织安排他撤离上海。上海解放,他重回上海,历任中共上海市委宣传部文艺处处长、上海新闻出版局副局长、上海文艺出版社社长兼总编辑。

廖临作为吴宗锡的组织联系人,约半年后工作调动,接替他联系吴宗锡的组织联系人是袁鹰(当时名叫田钟洛)。

最初和吴宗锡接触,袁鹰保持一个地下工作者应有的严肃和谨慎,随着交往的日益加深,熟悉了吴宗锡的个性与为人,他才透露自己在横浜桥广肇女中教书,介绍吴宗锡认识另一位地下党员徐益(后改名吕林),三人组成一个党小组,组织关系隶属上海地下党文委。

说来也是巧合,徐益和吴宗锡竟在同一幢大楼上下班。

舟山轮船公司总部设在刘鸿生建造的企业大楼(今四川中路33号),徐益效力的外贸公司也租借这幢大楼办公。原先因无任何往来,所以即使同门进出也互不相识。忽然间同属一个党小组,开展地下工作,联系变得隐蔽而方便。

党小组成立之初,上级没明确安排具体任务,三人觉得应想办法,主动为革命多做点工作。一次,徐益提出他可以拿出一些钱,办一个刊物,宣传进步思想,抨击黑暗的反动统治。吴宗锡表示赞同。他在轮船公司当会计,收入也不少,不用负担家庭开支,也可拿出一些钱协助办刊物。两人接着认真合计了一番,认为杂志如果办得好,可以收回一部分成本,不排除有盈利的可能。

得知徐益和吴宗锡两人的想法,袁鹰觉得,充分利用上海的一些有利条件,办杂志宣传革命是个好主意。但此事关系重大,必须请示上级领导,批准同意后方能付诸行动。徐益、吴宗锡赞同袁鹰的主张。

三人意见一致,由袁鹰代表党小组向上级党组织作了汇报,获上级党组织领导肖岱的批准同意。

接着,围绕刊物创办的各项具体工作,有条不紊地一一落实。

首先,要有一个刊名。当时的进步刊物《文萃》被国民党政府当局查封,改为小型文丛出版。依循此例,刊物定名《新文丛》。为避免到政府部门注册登记,决定不定期出版。

其次,编辑部不设公开地址。由袁鹰的老朋友、漫画家沈同衡在四川路桥邮政总局租一个信箱,借给《新文丛》接收来稿。

第三,发行委托熟人进行。具体由《易卜生选集》翻译沈子复开办的兄弟图书公司负责经销,发到各地书店,另由山东路的一家书报社发行一部分,送到上海的各书报摊。

袁鹰、徐益和吴宗锡,三人都爱好文学,各自有一批热爱文学的朋友,他们不但接收来稿、积极组稿,还自己创作,每期出版前三人一起碰头商量,决定采用哪些稿件。然后,徐益负责划版样,吴宗锡负责跑印刷所、校对与改样。刊物出来后,再由吴宗锡负责送到兄弟图书公司和书报社。

从1947年底到1949年初,《新文丛》共出版五期,基本两个月左右一期。每期除总刊名《新文丛》外,另加一个该期刊物中重头文章题目为刊名。第一期刊物问世,正值冬尽春来,以徐益写的散文《迎春篇》为刊名。第二期以转载《野火》诗刊第三期屠岸翻译的英国诗人摩里斯的诗《那日子要来了》为刊名。第三期刊名《江南的风暴》,来自一篇自发投稿,以报告文学形式报道江苏常熟归政乡农民的抗租行动。第四期

《新文丛》创刊号

刊名《排队的世界》,是袁鹰写的一首抨击物价飞涨、到处排队抢购的讽刺诗。

前四期《新文丛》一切顺利,编辑第五期时,徐益的一个从事地下革命活动的朋友被捕,连带徐益也遭逮捕。虽事出有因,但查无实据,抓不到把柄,只好放人。根据地下工作规定,一段时期徐益不能与其他同志联系,第五期刊物的编辑出版由袁鹰和吴宗锡负责。其时解放战争的炮声已隆隆作响,辽沈、平津、淮海三大战役接连取得胜利。受大好形势鼓舞,两人编了一组名为《狼和它们的僚属们》的寓言,寓意蒋介石反动政权濒临末日,摇摇欲坠。该期刊物出版后三个月,上海解放了。

从五期刊物五篇重头文章看,《新文丛》开本虽小,放在书店或报摊上并不显眼,它却似茫茫黑暗中的一抹亮色,又似沉闷冷寂中的一声响雷,受到众多读者的欢迎,引起了国民党有关当局的注意。一次,徐益在某报看到一则报道,是国民党江苏省保安司令部发布的一条命令,大意是:《新文丛》内容反动,破坏"戡乱建国",已通令予以查禁。

听徐益说起这件事,袁鹰和吴宗锡一方面感到高兴,这说明刊物起到了应有的作用;另一方面也心生担心,引起警觉。《新文丛》虽然没有通讯地址,只有邮

政信箱,如果认真追查,可以查到信箱租户的姓名(沈同衡)和地址,查到负责发行的兄弟图书公司,进而查到袁鹰。幸好,后来没发生什么事。经分析,江苏省保安司令部或许只是发布一条空头命令,并无实际行动,受职权所限,他们管不到上海。再说,这并非什么了不起的大案,他们不便也不愿到上海来查办。

尽管如此,袁鹰还是向肖岱汇报了此事。肖岱认为,既然江苏省保安司令部能盯上《新文丛》,那么上海的国民党军警特务也有可能发现。为避免不必要的损失,谨慎小心为好。此外,时临上海解放前夜,纸张印刷费暴涨,多方面因素使然,《新文丛》顺势停办。

刊物停办,剩下一令白报纸不能白白浪费。根据上级指示,袁鹰、吴宗锡借鉴当时书报摊常见的方形刊物形式,策划编印了一本名为《中共文化界内幕》的宣传读物,头两页是从社会公开渠道摘抄的中共消息,两页后全文刊登毛泽东《在延安文艺座谈会上的讲话》,借此宣传革命,宣传党的文艺政策。刊物印好后交书报发行社寄卖,过一段时间再凭"收书回执"结账取款。若碰到政府当局书报检查,书报发行社借口不知谁人拿来寄售,一推了之。

特殊年代,许多进步读物都是通过此方法流向社会大众的。

和吴宗锡一起编印《新文丛》,袁鹰很欣赏吴宗锡的才华,戏称他是"苏州才子"。在编刊的同时,吴宗锡勤奋创作,不断向其他报刊投稿,表现出多方面的才能。

吴宗锡最初创作的是《书橱》等散文,发表在《时代日报》上。该报1945年8月创办时原名《新生活》,出版十余天后改名《时代日报》,是一份地下党领导的、以苏(联)商名义出版的进步报纸。随后,扎实的英文、俄文功底和文学(诗歌)修养,促使吴宗锡翻译欧美著名诗人的诗作并撰写评论。

抗战胜利后,商店式地(书)摊常有种类繁多的美国剩余物资出售。1947年冬日的一天,吴宗锡从中买到一本英文版诗歌集,内有美国诗人桑德堡(Carl Sandburg)的作品。当时中国还很少有人了解桑德堡,吴宗锡把奠定桑德堡诗坛地位的《芝加哥诗抄》(1916)、《烟与钢》(1920)、《早安,美国》(1928),以及长诗《人民,是的》(1936)等予以翻译,另撰写题为《关于桑德堡》的诗人生平介绍,投给《大公报·星期文艺》。

文章开头写道:"有人说:美国并不是一个诗歌的国家,她缺乏好的音乐家,她更缺乏伟大的诗人。只要稍知道些美国的人,就能领会,这话说得不无道理。惠特曼随着南北战争的时代过去之后,美国的诗坛上呈现出的只是一片沉寂和荒芜。"

紧接着话锋一转:"直到一个瑞典移民的儿子,以他的生动的俗话的运用,更进一步地丰富了那位民主诗人所提倡的自由式诗(Vers Libre)时,美国才算又有了值得夸耀的诗人。他,就是卡·桑德堡。"

再以后便是桑德堡生平与创作特色的介绍,其间穿插他对桑德堡所获成就的赞赏:"诗人的才力和技巧步上了它们的顶峰,在这上面,自由式诗奠定了它的巩固不拔的辉煌的业绩。"同时也犀利地指出诗人创作的时代局限:"我们不得不为诗人惋惜,资本主义发达到了高峰的国家里的诗坛是贫瘠的沙地,上面生长不起壮丽的诗篇。在美国走红的诗人,就不得不受着那存在于资本主义发达的国家中的小市民意识形态的限制,他跳不出那些无聊的趣味的卖弄和迎合……"

这样的文字,折射出独到的审美眼光,闪烁着思想的力量,而且是出自一个年仅 22 岁的年轻作者之手,《大公报·星期文艺》慧眼识珠,理所当然地采用了。

靳以主编的报纸副刊,在文学青年心目中地位很高,能在上面发表文章的大多是文坛知名人士。并且,与其他报纸不同的是,作者署名一律用本人的手书签名。

得知稿件被采用,吴宗锡欣喜异常,此前他写的文章、创作的诗歌多发表在自己参与编辑的刊物上,这次能被《大公报·星期文艺》刊用,说明他的文章已达到一定水平。

捧着报纸,吴宗锡把自己的文章反复看了几遍,手书签名和巴金、柯灵等大作家的签名印在同一张报纸上,令他倍受鼓舞,深藏心中的文学梦想仿佛正一步一步地得到实现。他小心翼翼地把自己的文章剪下来,妥善收藏,留作永久的纪念。

首次投稿,旗开得胜,大大激励了吴宗锡。照方抓药,从 1948 年 5 月至 9 月的三个多月时间里,他先后撰写了译介兼评说美国诗人奥格登·纳许(Ogden Nash)的《我看奥格登·纳许》、有关匈牙利人民诗人裴多菲生平及评论的《发光的火柱》、关于 19 世纪英国社会主义诗人威廉·摩里斯(William Moris)创作与思想评介的《空想与行动》等文章,投给《大公报·星期文艺》,全被采用,《我看奥格登·纳许》还在头条位置刊发。

这些文章不仅表明吴宗锡对诗歌衷情喜爱之深,阅读视野之广,远超一般诗歌爱好者,更难能可贵的是,他在评介西方著名诗人生平及其作品时,不是单凭个人好恶,而是结合当时时事进行评说,或褒或贬,无不闪烁着鲜明的思想火花。

如《发光的火柱》,为纪念匈牙利人民诗人裴多菲诞生一百二十五周年而写。这位写下"生命诚可贵,爱情价更高,若为自由故,两者皆可抛"的诗人,提倡"真正的诗歌是人民的诗歌"。1849年,在反对异国"胁迫和侮辱"、本国"贵族虐政"的菲泊爱哈西诺战地,裴多菲遭到敌人的枪击而受了重伤,没咽气就被一个敌兵抛入庞大的墓穴,和一千二百多个同样为自由而牺牲的战士埋在了一起。扼要叙述诗人的生平后,吴宗锡写道:"记起裴多菲,我们会同时记起胡风的话:'诗人和战士原是一个神的两个化身。'"裴多菲,"他同时擎起了两样武器,他同时是战士也是诗人,因为怒火和热情是如此燃炽在他的心中,在打垮敌人的焦躁的渴望里,他不愿意遗漏任何一件可能的武器——最后,甚至他的年青而可贵的生命。"这样的文字,毫无掩饰地传递出他对诗人的无限喜爱与崇敬。

然而,在《我看奥格登·纳许》一文中,则是褒贬分明——肯定该肯定的,批评该批评的,没有一丝一毫含糊。

在19世纪的美国,奥格登·纳许(Ogden Nash)是个"现代的美国诗人"。他博学多才,想设计整个世界,其核心思想是恩格斯所说的"感情社会主义",因其诗歌创作,被誉为"社会主义诗人"。他的思想对当时的青年学生有一定的影响。对于这样一位诗人的创作,吴宗锡高度肯定了他"对(资本主义)制度的不合

1948年5月16日,吴宗锡在《大公报(上海)》"星期文艺"以笔名左絃发表《我看奥格登·纳许》一文。"左絃"二字为手签

理,不公平,金钱左右了人们的命运"等等有了充分的认识和警觉,"也就是这认识,和由这认识出发的讽刺,使我们满意于纳许。满意于纳许甚于满意于桑德堡,因为对一个腐臭的险恶的社会,与其浮泛歌颂,不如痛快地指责。即使这指责不够热情、不够战斗、不够执着,但至少我们觉得他是可喜的……"反之,对纳许创作的局限,批评又是那样一针见血:"资本主义社会的病根是被诗人看出来了,而如何去铲除这些病根呢? 在诗人心中似乎还没有找到一个令人满意的解答,而他的缺乏热情和执着,也使他停滞在了永不能拥抱那个合理的正确的解答阶段。"

特殊年代,能发现并翻译、介绍西方世界代表性诗人诗作及其生平,已属不易;进而能用辩证眼光加以审视,客观评价他们的优劣,引导读者正确看待来自异域的作品,借用当今的表述方式——吸收其"精华",剔除其"糟粕",就更属难能可贵了。

在《我看奥格登·纳许》发表不久,吴宗锡看到一本名为《马凡陀的山歌》的诗集,作者袁水拍,吴宗锡不熟悉也没听说过。但因十分喜欢作者用政治讽刺诗的形式,对蒋家王朝的末日景象给予讽刺、抨击,极富鲜明的风格特色,便从严肃诗歌创作的角度写了一篇评论,投给《大公报·星期文艺》。令他诧异的是,这一回稿子被退回了。

为什么会被退稿? 吴宗锡想来想去,找不出原因。纳闷之际,很快收到靳以的来信,信中告知他将辞去《大公报》工作,鼓励吴宗锡继续写,今后可与一位名叫潘际坰的编辑联系。

靳以原名章方叙,现代著名作家。他倾向革命,上海解放前,被国民党当局列入黑名单,遭到通缉而辞职撤退。撤退前给吴宗锡写了这封信,尽到了一个文学前辈对文学青年的提携扶持之责。

收到靳以的信,吴宗锡极为感动,视靳以为恩师和文学道路上的引路人,几十年来一直珍藏着这封来信。

根据靳以指点,吴宗锡很快和潘际坰取得联系。潘际坰原是《大公报》科技副刊的编辑,靳以撤出《大公报》,"星期文艺"的编务由潘际坰代理。初次见面,一交谈便觉十分投缘,巧的是,潘际坰和袁鹰是表兄弟,而袁鹰又是吴宗锡的组织联系人,互相间因此增添了一份亲近感。

新中国成立,潘际坰到香港《大公报》工作,以笔名唐琼写专栏、编副刊。"文革"后刊发并出版巴金的《随想录》。1979年，吴宗锡率上海评弹团到香港演出，潘际坰为《大公报》撰文《致吴宗锡》，文中谈及吴宗锡毕业于上海圣约翰大学，其从事文艺工作的情况和创作成就，隆重向香港市民介绍吴宗锡，为上海评弹团演出做义务宣传。后来吴宗锡才知道，唐琼原来就是老朋友潘际坰。自此一度断了的联系重新恢复，不时相约畅叙。

两人交往，从最初的编辑与作者关系，渐变为朋友关系，从青年、中年延绵至老年，友谊长达半个多世纪。

2000年，潘际坰逝世，吴宗锡黯然久之，哀恸不已。年底握笔，写成《追念际坰》。回忆往事，笔墨相交，一次次分别，一次次欢聚，历历在目，恍如昨日刚发生一样，实已是阴阳两隔，再无相见之日了……

不过，此是一段后话。

第四章

山那边哟好地方

编刊物，写文章，吴宗锡的文章越写越好，散文、诗歌、翻译、评论（诗评）等不同文学样式都有所尝试，有所收获，体现出多方面才华。

名声渐起，朋友们知道吴宗锡爱写、能写，一旦有需要，首先会想到请他出山，吴宗锡亦乐此不疲。由此，与《解放区的天是明朗的天》有异曲同工之妙的诗歌（歌词）《山那边哟好地方》悄然问世。

1947年夏，屠岸患肺结核在家养病，一天他找到吴宗锡，说："上海音专有两个朋友想要些歌词，你能不能写几首？"

吴宗锡二话没说，一口应承。几天后，他写了三四首歌词交给屠岸，算是交差完成任务。此后他再没问起。

时光一晃进入1948年，记不清哪月哪日，吴宗锡偶然在《时代日报》副刊上看到歌曲《山那边哟好地方》，曲作者署名"普萨"，词作者佚名。吴宗锡细细一读，正是他交给屠岸几首歌词中的一首：

> 山那边哟好地方，
> 一片稻田黄又黄，
> 大家唱歌来耕地哟，
> 万担谷子堆满仓。
> 大鲤鱼呀满池塘，
> 织青布呀做衣裳，
> 年年不会闹饥荒。
>
> 山那边哟好地方，
> 穷人富人都一样，

弦内弦外两相辉 ◆ 艺术评传

你要吃饭得做工哟，
没人给你做牛羊。
老百姓呀管村庄，
讲民主呀爱地方，
大家快活喜洋洋。

山歌体式的歌词，两节十四行，琅琅上口，通俗易懂，便于传唱。所谓"山那边哟"，不言自明，谁都明白指的是什么地方，因为"那边"——大家唱歌来耕地哟，万担谷子堆满仓，年年不会闹饥荒；因为"那边"——穷人富人都一样，老百姓呀管村庄，大家快活喜洋洋。如此自然是"好地方"。那"这边"呢？没有明写。不言而喻，是截然相反的另一番景象。不用对比，收到的反是强烈的对比效果。

这首歌发自内心地讴歌解放区没有剥削，没有压迫，人民过着民主、平等、自由的幸福生活，对比国统区人民处于水深火热的无尽苦难，唱着它，人们满怀对解放区的羡慕与向往。

事实也的确如此。

《山那边哟好地方》首次在上海同济大学学生运动会教唱，迅速传开，逐渐成为学生运动和青年学生广泛传唱的群众歌曲。之后不久，上海新音合唱团，一个由多所学校学生参加的业余合唱团，把《山那边哟好地方》列为必唱歌曲之一。进步音乐团体在一家名为"自由中华"的私营电台教唱《山那边哟好地方》，这首歌曲很快由上海传到各大城市，听众越来越多，学生中影响极深。国统区的进步青年学生，唱着这首歌曲，对解放区萌生炽热的向往之情，不畏艰难险阻，辗转千百里，投奔解放区参加革命。

著名电影表演艺术家黄宗英晚年回忆说，当年她最爱唱的就是《山那边哟好地方》。

1950年，由叶青导演，康泰、魏鹤龄、莎莉主演的电影《江南春晓》，选这首歌作为片中插曲，歌名改为《好地方》。电影放映后，这首歌曲的社会影响进一步扩大，被选入多部革命历史歌曲集。

《山那边哟好地方》之所以能产生这么大的影响，收到意想不到的效果，除歌词简单流畅、易于上口之外，还得力于曲调短小，旋律轻快，词、曲搭配，相得益彰，采用反复轮唱，效果更佳。

吴宗锡后来知道,这首歌曲最早刊登在上海音专进步学生编发的油印刊物《音乐学习》第二期,之后《时代日报》才发表。

曲作者"普萨"是上海音专学生罗忠镕的笔名。罗忠镕体型偏胖,为人一团和气,绰号"菩萨"。"普萨"系由"菩萨"的谐音演化而来。出于地下工作单线联系的原则,非紧急情况或特别需要,上、下线之间不暴露相关人员真实姓名身份。屠岸向上海音专交歌词时,未告之作者是吴宗锡,因而《山那边哟好地方》公开发表和传唱时,人们只知曲作者是"普萨",不知词作者是何人。

当知道《山那边哟好地方》是吴宗锡所写时,上海的天已经亮了。人们赞叹一个没有到过解放区的人,竟能凭想象勾画出解放区人民"快活喜洋洋"的真实景象。

解放初,不知情的作家汪曾祺写信给吴宗锡,询问这首歌词的创作过程,言外之意想请吴宗锡谈谈创作经验。吴宗锡没有回信。他从没去过解放区,是出于对美好生活的想象,对平等、民主、自由与幸福的直观理解,写下了这首歌词,无意间拨动了人民群众向往平等民主、追求自由幸福的心弦。除此以外,他说不出什么创作经验。

《山那边哟好地方》,是吴宗锡与罗忠镕的一次偶然合作,获得巨大成功,赢得良好声誉,两人实际没有更多的交集,各自在自己服务的艺术领域勤奋耕耘,硕果颇丰。吴宗锡发挥诗歌创作的优势,写了许多脍炙人口的弹词开篇。罗忠镕任中央音乐学院教授,陈其纲、翟小松、叶小纲、刘索拉、苏聪等著名作曲家都是他的学生。另有《第一交响乐》《管乐五重奏》等个人创作,称得上是佳作频频。

多少年后,说起这段往事,吴宗锡总是抑制不住激动与感慨。那是一段难忘的斗争岁月,他参与其中,在其中锻炼成长。

《山那边哟好地方》获得巨大社会反响,吴宗锡的文学梦想日益清晰,他要做个诗人,革命诗人,用诗歌高唱自由、民主、平等和幸福,用诗歌赞颂革命,用诗歌向革命者致敬。

很快,《时代日报》副刊发表了吴宗锡创作的诗《和 G 握别》,时间距交出歌词《山那边哟好地方》半年多一点。这是一首赞颂革命、向革命者致敬的诗。

诗中的"G"并非虚指,是实有其人——一个奉命从白色恐怖的国统区,奔赴解放区的中共地下党员。

大学毕业后参加工作,有次吴宗锡回苏州探亲访友,认识了同学的妹妹、地下党员金明玉。金明玉介绍吴宗锡到苏州地下党活动场所之一的文心图书馆借书看书,参加读者座谈会、联欢会,启发团结进步青年,传播革命思想。

经金明玉介绍,吴宗锡认识了文心图书馆的其他地下党员,其中有曾在《文萃》杂志上发表过《新畜生颂》的唐崇侃。两人文学情趣相同,都喜欢胡风等"七月诗派"的作品,都受到"七月诗派"创作思想的影响。稍有不同的是,唐崇侃喜欢路翎的小说,吴宗锡喜欢他们的诗歌。

唐崇侃负责编辑《苏州明报》文艺副刊《荠菲》,常向吴宗锡约稿。吴宗锡欣然同意,除自己写作,另向上海文艺界朋友代为组稿。他们恪守地下工作组织原则,互相之间心照不宣,平时交往只谈文艺,不谈各自身份和党内工作。

1947 年底,形势日趋严峻,苏州地下党组织为保存实力,决定让那些已经暴露和处境危险的同志离开苏州,投亲靠友,异地隐蔽。唐崇侃来上海找吴宗锡,吴宗锡安排他住在自己家里。

吴宗锡母亲信佛,乐于行善,平时苏州老家有苦难的亲戚找上门来,她都尽力伸手相助,眼下儿子的朋友有事相求,她热情接待,更不在话下了。

唐崇侃在吴宗锡住家了半个多月,后接到组织指示,要他去解放区工作。吴宗锡为唐崇侃提供了路费,送他离开上海。

唐崇侃走后,吴宗锡的心情难以平静,送别、祝福、怀念、回忆、期盼,诸情交集,思绪喷涌,握笔化成文字,写下了诗歌《和 G 握别》。读着那一行行滚烫深情的诗句,令人赞叹动容,催人沉着坚定。

今天——
这儿笼罩着白茫茫的湿雾
仿佛云层已经压上了大地
而我
在这雾湿的码头上
倾听着
你道出的亲切的
"再见。"

此刻

庸常的叮咛已不需要
紧紧的握手
代替了千万声"祝福"
呵,向远方

你鼓起了满怀青春的热情
像舟船鼓起风帆驶向大海

同志加战友之间的离别,在"湿雾"与"云层"压向大地的特殊时刻,"握手"代替了"祝福",一切尽在不言之中。被送者是去投入新的战斗,此时无声胜有声。

我想起,我们
同躺在一张木板床上的夜晚
你娓娓地告诉我
你的家庭,你的童年,你的恋爱
再有你,
和我相同的理想

于是你进入了甜美的梦乡
我知道你,你的梦里有
轻松的心,响亮的笑,温暖的爱……
可是我
并没有一丝睡意
睁大了向往的双眼
细味着你吐出的
每一个带着蜂蜜和稻谷香的字句

远去的同志加战友,留下的是无尽的思念。建筑在共同"理想"基础上的心的交流,点点滴滴,即便在该入睡的夜晚,也总在"向往的双眼"前闪现。

今天

你真的将走入现实的梦境了

在那面无比热烈和光辉的旗帜下战斗

我将怀念你

怀念梦

怀念旗

明天

你一定回来

旗帜在我们头上招展开红色的梦

而我将拥抱你

拥抱梦

拥抱旗

相信吧

这里的坚冰也会破裂

湿地里也会燃起火种

重逢时,你握到的

再不会是一双柔嫩软弱的手。

除了思念,还有期盼:"明天",你一定会回来!这时,旗帜招展下是"红色的梦"的实现。曾经的"坚冰"破裂了,"湿地"燃起火种——革命胜利了!

整首诗写离别,无一字伤感,有的是对革命的颂扬,对未来的憧憬,对胜利的欢呼,字里行间透出的是革命的乐观主义精神。这样的诗句给人以激励,给人以鼓舞,给人以无穷的战斗力量。

一年半后上海解放,吴宗锡热切盼望唐崇侃凯旋。

在欢庆天亮的日子里,吴宗锡在《文汇报·磁力》发表散文《我们》。所谓"我们",特指在白色恐怖下,从事地下工作的共产党人。文中写道:

像我们这些天生的叛逆者,在黑暗的旧社会里,也往往像一树靠风媒的种子一样,结识了却又不能久久守在一起,各人有各人的任务,各人有各人的征程。有的人需要离开了,有的被迫着离开了,有的去很近但却很偏僻的乡间,有的到一天要战斗二十四小时的山区,有的干脆就奔向远方。但是也有的,在半夜里给一群狼狗一样的"人"架走了。

寥寥数语,地下工作的特殊、艰苦、危险、牺牲尽显纸上。然而,当"黑暗的旧社会"被赶走了,消失了,"我们"又怎样了?作者接着写道:

> 解放了,像一个有雾的早晨,雾一开,太阳突然出现,这是我们由于早知道人民世纪的必将来临而兴奋的岁月里的最兴奋的一天。接着,我们远去的朋友陆续地回来了;在牢里被解放军释放的朋友,憔悴消瘦而更坚强地回来了。在街道上,在新接管的机关里,我们又偶然地见面,欢呼,握手。还有一群人呢,信来了,第一句是:"庆祝你的和我的解放!"于是他讲出了他现在哪里服务,工作如何忙迫,和急待展开。

无疑,这是庆祝,这是欢呼;庆祝解放,欢呼胜利。远去的,坐牢的朋友回来了,没有回来的朋友也有了音讯:他们已踏上新的征途,为光明灿烂的未来继续奋斗!但是,唐崇侃没有归来。为什么?作者进一步写道:

> 这时,我们还有一两个一直想念着的朋友,他们至今没有回来,也没有信来,可能他们在什么地方,工作有了开展,在那里生了根,已不需回来,而由于地域偏僻,邮信又不能通,但也可能(这是很有可能的)他们已经完成了光荣的使命,把最后一滴热血捐献给了人民解放事业,他们把生命牺牲了,而从牺牲里把握住了生命的宝贵的意义。

殷切的惦念,化成猜想的文字:可能在新的地方"生了根,已不需回来",加上交通阻塞,邮信不通;可能,甚至很有可能,为解放事业把生命牺牲了。之所以用"可能",是希望没有回来的朋友能够回来。

浸透浓情蜜意的文字,暗含与唐崇侃有关,说专为唐崇侃而写也未尝不可。残酷的是,左等右等,唐崇侃始终没有回来,以至《与 G 握别》所写:"明天/你一定回来/而我将拥抱你",成了无法兑现的诺言。

真实的情况是,唐崇侃离开上海后,到了湖北随县,在李先念部队担任随军记者,从事军队宣传工作。1948 年 8 月,在行军途中染上疟疾,未能及时得到救治,不幸去世。

得知这一噩耗,吴宗锡黯然神伤,尽管相见已永无可能,但唐崇侃"从牺牲里把握住了生命的宝贵的意义",他唯有默默地为亡友祝福祈祷,愿亡友在天国里自由幸福。

除了唐崇侃,在文心图书馆,吴宗锡还结识了常到图书馆参加活动的陆咸、夏锡生、欧阳庄等地下党员。陆咸、夏锡生也因形势危急,先后从苏州来到上海,避住吴宗锡家,同样受到吴宗锡母亲和家人热情周到的接待。

一件小事,颇有些意思与趣味。

吴家有个老家人,全家大小称她为"老阿姐"。对吴宗锡的朋友,"老阿姐"像对待自己孙辈一样关心爱怜。夏锡生急匆匆住入吴宗锡家,连毛巾牙刷都没带,"老阿姐"把刚花一元钱买来,准备自己用的尼龙牙刷给夏锡生用。

形势稍缓,夏锡生返回苏州,"老阿姐"舍不得扔掉在当时属于"新潮货"的牙刷,心想消消毒,自己还可以用,便烧了一壶开水浸泡消毒。谁知尼龙牙刷一浸入开水,立刻卷曲变形,再无法使用。"老阿姐"为此懊丧心疼了老半天,才把变了形的牙刷扔掉。

吴宗锡知道了这件事,买了一把新的尼龙牙刷给"老阿姐",好言好语地感谢劝慰一番,"老阿姐"心疼不舍的心情方渐渐平复。

因为共同爱好文学,欧阳庄和吴宗锡保持密切往来。从苏州转到南京工作,欧阳庄与路翎、化铁等"七月诗派"诗人有了接触,决定和化铁一起编印《蚂蚁》小集。欧阳庄向吴宗锡约稿,吴宗锡写了一首题为《我爱星》的诗予以支持。

这是吴宗锡献给革命和革命者的又一首诗,借用隐喻手法,将"星"比作革命者,通过赞美"星",赞颂革命者"高远坚定,纯洁和真挚的优秀品质"。

开句之前,吴宗锡引用著名诗人邹狄帆的诗句"让我们生得骄傲死得美丽"做题旨(诗魂),明白无误地传达出他的创作意图。

然后写道:

我愿意告诉你
我爱星

我爱星

并不是因为和他同时出现的月亮

肥白,蹒跚,庸俗得有些市侩气

并不是贪欲的财迷的渴望的眼睛

梦见他像价值连城的钻石

而只是

因为他本身的

高远坚定,纯洁和真挚

蓝透的海里

有珍珠

蓝透的夜空

有星

他们该都是善良的美丽的痛苦的结晶

　　十余句诗句写的是"星"和"爱星"的理由,虽已有所他指,但仍是含蓄隐匿的。随后话锋一转:

于是,我想起我敬爱的真理和光明的战士们

而又不得不也想起星

　　至此,"星"和"光明的战士们"合体了,"星"就是"光明的战士","光明的战士"就是星。当然还有"真理"。他们都是"永恒的夜的叛徒",是"美丽而又真诚的生命",是"蔚蓝的天海里的无数灯塔",更是"迷途者的心灵的忠忧的指引"……

我就这样知道

他们是一个太阳的无数化身

他们是无数灿烂而光明的生灵

这是对"星"与"光明的战士们",不,准确地说是对"光明的战士们"的发自内心的赞叹与褒扬。

作为一种自然现象,夜晚蓝色的天穹,偶然会有一道闪亮的光痕划过,知道的人说是"流星",对此该如何理解?随后的诗句更别出新意:

> 那么,流星
> 该是他的死亡了
> 呵,我赞美
> 这用燃烧的身躯划过长空的一道光痕——
> 一个美丽骄傲的死!
> 没有呻吟痛苦,没有惊怖和畏缩,没有流泪
> 无声地,然而发光,美丽而又骄傲的死!

啊,这是赞美"光明的战士"为他所信仰的事业而英勇献身。因为"没有呻吟痛苦,没有惊怖和畏缩,没有流泪",所以是"美丽而又骄傲的死"!

该说的想说的都说了,临了,是诗人无声的表白:

> 是的。我期望有一天
> 我的充满了爱和痛苦的心
> 会向着那星的高度飞升!

这是誓以"光明的战士"为榜样,期盼自己早日能成为一名"光明的战士"。
《我爱星》发表于1948年元旦出版的《蚂蚁》小集第一集。

形势越来越残酷严峻,也越来越清晰明朗。大多数人都心知肚明,黎明前的黑暗,日子不会太远了。

《蚂蚁》小集一集一集地编印。临近上海解放,欧阳庄来到上海,找在上海龙华机场担任气象员的化铁商量,考虑把编辑部设在机场的员工宿舍里,化铁没有异议。两人都认为,在敌人眼皮底下开展活动或许会更安全。

一切按部就班进行,《蚂蚁》小集编印到第六集,被国民党特务发觉了,两人

被捕,关押在市区的看守所里。

得知欧阳庄被捕,吴宗锡高度警惕。因为继《我爱星》后,他把被《大公报·星期文艺》退稿的《马凡陀的山歌》评论,给了再次向他约稿的欧阳庄,稿后写有他的通讯地址,国民党特务顺藤摸瓜,一定会发现他,进而采取非常措施。

危急时刻,吴宗锡作了充分的思想准备。他把收藏的进步刊物、积存在家的《新文丛》悉数收集起来,交给老家人"老阿姐",请她帮助烧掉。这样,万一国民党特务上门搜查,会查无实据,拿他没有办法。即便他们无理取闹,强行采取逮捕行动,也不会连累与他有交往联系的其他同事和朋友。

一场意外风波,最终虽平安无事,也夹杂着一场小小的虚惊。

一天晚上九点多钟,吴宗锡在灯下翻阅英文书。尽管思想上已作了最坏打算,心绪依然难以安宁。突然,后门响起急促的敲击声。夜深人静,敲门声听起来响而急促。依一般情况而言,此时正是国民党特务秘密逮捕人的最佳行动时间。吴宗锡闻声一跃而起,一口气奔上露台,探头朝楼下望,原来是老朋友屠岸。吴宗锡长叹一口气,再下楼开门迎接。

经党组织及时营救,欧阳庄、化铁也很快出狱,投入新的战斗。

母亲汪葆柔不知道吴宗锡加入了中国共产党,是地下工作者,从儿子的行动与情绪变化中,她隐隐约约猜到点什么,但不问也不说。其时吴宗锡父亲在天津海关工作,内战正酣,信息难通,作为妻子和母亲,汪葆柔关心体贴儿子的同时,更为丈夫的安全牵肠挂肚。

进入 1949 年,站在长江边,已能听到解放战争胜利的隆隆炮声。旧时代的夕阳江河日下,新时代的曙光已显亮色,新旧交替势在必然,吴宗锡和母亲急切盼望这一天能早日到来!

第五章

受命走近评弹

春天来了。1949 年的初春。

袁鹰因工作调动,不再担任吴宗锡的组织联系人。一天,他通知吴宗锡,在指定时间与接替他的联系人,在中正东路(今延安东路)外滩江边接头。接头暗号,来人手拿一卷报纸。

吴宗锡按约提前来到接头地点,等到约定时间已过,不见来人出现,只得离开。几天过去,始终没有新的消息。失去组织联系才刚刚几天,吴宗锡心中总觉得有点不踏实,主动到广肇女中去找袁鹰,袁鹰约吴宗锡在静安寺路(今南京西路)公墓碰头。

静安寺路公墓,中国人俗称外国坟山,落葬的是远离本国乡土,因生老病死或天灾人祸告别人世,遗体无法回归故里,在上海火化的外国侨民的骨灰。19世纪末 20 世纪初的上海,市中心局限在外滩至今西藏中路一带。静安寺属于市郊,寺对面是田园家舍,用来建公墓不显得突兀。至 1949 年 5 月上海解放,墓葬5353 穴,90％为外国侨民,余下 10％500 余穴,落葬者多为有外国背景的国人。新中国成立后,清除旧时代留下的殖民痕迹势在必行,加之经过 20 世纪前 50 年发展,静安寺一带不再是市郊,继续保留一座公墓,与周围环境极不相称。出于政治与市容双重考虑,1954 年,上海市人民政府决定将公墓改建成公园,以静安寺名作园名,取名静安公园,墓中骨灰迁移他处另行安葬。

春寒料峭,公墓内人迹罕至,是秘密接头的理想场所。两人边走边谈。

袁鹰说道,上次接头的同志没有依约到场,是因为组织上对吴宗锡的工作有了新的安排,要调派他到戏曲战线,具体联系游艺、戏曲行业。

听到袁鹰传达组织的决定,吴宗锡有点意外,内心涌起一股抵触情绪。因为在当时,从事文学、戏剧、电影或西洋音乐的人被称为"新文艺工作者",属进步文艺,受人尊重;唱戏、唱曲和说书的是"旧艺人",大多文化水平低下,艺术趣味不高,新文艺工作者不屑和他们为伍。

吴宗锡从小学起接受的是新式教育,中学和大学接受的是完整的西式教育,喜爱文学艺术,热衷于"新文艺",潜意识中对唱戏、唱曲、说书和演滑稽,满足小市民消遣需要的"游艺"文艺有点看不起,也毫无兴趣。

今天看来,这些看法和想法太过偏激,不同样式的文艺,本质上都是满足人民大众娱乐审美的需要。此外,不可或缺的还有教化与引导作用。既然是组织约见谈话,吴宗锡毫无保留地亮出了真实想法。

袁鹰听后,微露笑意,委婉轻声地说道:这是党的工作。你先去,将来组织会进行调整的。还有,你去了也可以申请调动。

七十年后回忆这次谈话,吴宗锡依然印象深刻。袁鹰的原话吴宗锡已记不太清,但"这是党的决定"一直留存在脑海之中。

袁鹰说完,吴宗锡不再表示异议。特殊年代,一个20多岁的党员,对党的任务、革命的需要,是从来不会说"不"的。

人生充满了偶然,生活和事业道路的转变,往往决定于瞬间。就这样,这次谈话后,吴宗锡成了党的戏曲工作干部。也是在这次谈话后不久,袁鹰奉命调往北京工作,新中国成立后,成为享誉全国的著名诗人。

吴宗锡很快和接替袁鹰的新领导刘厚生接上了头。在和刘厚生的谈话中,他了解了工作调动的始末原委。

1946年10月,国共和谈破裂,周恩来在离开上海前观看了袁雪芬主演的越剧《凄凉辽宫月》,和于伶、刘厚生谈话,指示上海地下党文委要重视戏曲工作,特别指出越剧在群众中有重大影响,要派一些正派的同志去戏曲界工作。刘厚生是搞话剧的,根据这一指示,周恩来离开上海后,他参加了由袁雪芬主持的雪声越剧团,担任导演,主持剧务部工作。

1948年秋,为迎接上海解放,配合解放军和南下干部接管包括游艺界在内的各行各业,地下党文委决定建立戏剧电影中心组,成员由吴小佩、吕复、刘厚生三人组成,对外统称"三人小组",吴小佩任组长,负责解放后上海戏剧、电影包括游艺界的接管。考虑到即将过江的解放军和北方南下干部不了解上海戏剧、电影界,地下党文委指派从事文艺工作的党员参加接管工作。在此大背景下,吴宗锡的工作变动也就势在必然了。

新的工作,吴宗锡和郭明、徐益三人分在一个小组,归刘厚生领导。小组第一次碰头讨论分工,吴宗锡主动提出联系评弹,表面的理由他是苏州人,比非苏州籍的人更容易听得懂评弹,内心深处是觉得比起戏曲,评弹的文学性高一些,相对比较高雅。对此,大家没有异议。分工结果,徐益联系上海地方戏沪剧。他在编《新文丛》时,写过申曲(沪剧)唱词,算是熟门熟路。郭明联系滑稽和常州、无锡等地方戏。刘厚生已加入雪声越剧团。这样,上海解放前夕,地下党已做好接管上海地区戏曲行业的前期准备。对吴宗锡来说,上海未解放就开始走近评弹,改变了他的人生发展轨迹。

2011年11月,上海评弹团建团六十周年,和上海评弹团有过历史渊源,上海解放不久调往北京,成为权威戏剧理论评论家的刘厚生,专门写来贺信,其中写道:根据周恩来指示,当年"上海党地下组织文委安排了吴宗锡同志(他是苏州人)联系评弹界,主要任务是听书,调查研究,深入了解评弹艺术和评弹艺人。宗锡同志工作得十分出色,很快掌握了不少情况。这在客观上也为不久后建立公办评弹团开拓了可行性"。

作为曾经的上级领导,刘厚生以当事人身份,对六十余年前吴宗锡服从组织安排,为迎接上海解放,顺利接管上海地区戏曲游艺界,主动提出去联系评弹,给予了充分肯定和高度评价。但私下里他不无惋惜地说:"吴宗锡去搞评弹工作,是做出了牺牲的。"

和刘厚生的委婉说法不同,著名电影理论评论家、报人梅朵谈起吴宗锡放弃文学创作转向评弹,直白中夹着些许"愤慨":"是评弹'毁'了吴宗锡啊!"

1950年6月,梅朵创办《大众电影》,同时发起成立上海影评人联谊会,在他建议下,另成立了上海戏曲评介人联谊会,赵景深任会长,汪培、吴宗锡任副会长。1951年,《大众戏曲》出版,梅朵任主编,汪培、吴宗锡任副主编。工作的原因,梅朵和汪培、吴宗锡有了较多接触交往;对文艺的共同爱好,他们常在休息日聚在一起谈文艺,论诗歌,发议论,讨论编辑工作,加深了对彼此的认识与了解。

1950年6月25日,朝鲜战争爆发,为宣传抗美援朝的意义,全国各剧种剧团纷纷编演剧目上演。上海上演了越剧《信陵公子》、京剧《信陵君》,报纸、刊物为此发表剧评,组织座谈讨论。

刚开始,对《信陵公子》《信陵君》的上演,他们是赞赏的,对两剧的思想内容做了大力推介。

热评高潮过后,1951年9月9日,汪培、吴宗锡外加顾征南,在梅朵家聚会,谈着谈着,四人又谈起了《信陵君》,认识和评介有了很大转变,他们共同的看法是:戏剧应该按照历史的真实写历史,真正发扬历史人物的精神;不应该从概念出发,机械地生搬硬套,让历史人物为现实需要服务。由《信陵君》,四人又谈到郭沫若的《虎符》,认为该剧也存在类似问题。

看法一致,梅朵提议由吴宗锡执笔,把大家的看法整理成文,吴宗锡欣然接受。时近中午,梅朵等三人外出吃饭,饭毕带点心回来给吴宗锡充饥,吴宗锡在梅朵家动手写作。大半天工夫,题为《对于〈信陵君〉问题的再认识》的五千字长文一挥而就。梅朵等传阅后提出意见,吴宗锡当场修改润色。第二天,五千字长文以梅朵、丘沙(顾征南)、汪培、左絃联合署名送《文汇报》发表。文章不仅对越剧《信陵公子》、京剧《信陵君》存在的弊病提出了批评,而且点名道姓批评郭沫若。

四人当时刚 20 岁出头 30 岁不到,血气方刚,初生牛犊不怕虎,有点胆大妄为。文章除向享誉文坛历史剧创作的权威大家公开发起挑战,政治上也与正在提倡的"戏剧创作要为政治服务"的指导方针相悖。好在新时代刚刚启航,政治氛围祥和宽松,文章发表后,虽有所反响,整体上并未引起太大的波澜,如一阵风吹过,一切平静如常。倒是后来伴随"文艺创作必须为政治服务"之风越吹越猛时,"反对郭老"的污水时不时会泼向吴宗锡。

1952 年 4 月,《大众电影》与中国电影发行公司的《新电影》合并,新的《大众电影》编辑部由上海迁往北京。《大众戏曲》跟着停办。卸下《大众电影》和《大众戏曲》主编职务,梅朵转到《文汇报》报社工作。他常向吴宗锡约稿,吴宗锡有求必应,按时交出高质量稿件。在不算太长时间的紧密接触中,梅朵赏识吴宗锡多方面才华和文学创作才能,认为若能坚持在文学创作领域埋头深耕,吴宗锡一定会成为卓有成就的诗人、作家、翻译家,乃至文艺评论家。在他看来,吴宗锡服从工作需要,把主要精力转向评弹,影响了个人才华的充分发挥,忍不住发出了"是评弹'毁'了吴宗锡"的感慨!

同样,刘厚生深知吴宗锡爱好文学创作,在诗歌创作方面已经取得不俗成绩,继续照此方向努力,前途不可限量。所以,他才说"吴宗锡去搞评弹工作,是做出了牺牲的"。一句"做出了牺牲",惋惜之中,是对吴宗锡作为一名共产党员,在黎明破晓之前无条件服从"革命"需要,听从"组织"安排的高度赞扬。

以今天的眼光看,七十余年前的工作方向的转变,凸显出吴宗锡领导一个文艺团体的组织能力、创作能力,以及对评弹理论探索研究取得的丰硕成果。二者合一,使发源于苏州的评弹在 20 世纪五六十年代,迎来了它的第二次繁荣高潮,奠定了吴宗锡作为新中国评弹开拓者和建设者无可替代的历史地位。如此人生成就,与享有盛誉的诗人、作家、翻译家相比,毫不逊色。

如今,吴宗锡已年近百岁,回顾告别文学创作后的评弹人生,他思维清晰,记忆力不减,历历往事一件件一桩桩,如数家珍,话里话外没有丝毫后悔,有的是无比快意与喜获丰收后的满足。唯希望后继者再接再厉,不断传承创新,坚持出人出书走正路,再创繁荣。

扯得有点远,收回笔触。

吴宗锡主动选择联系评弹,对评弹却是陌生的。

前述章节提到,发源苏州的评弹从简朴的说唱发展为成熟的艺术,上海开埠以后,进入上海这一新兴的都市。20 世纪二三十年代至上海解放前夕,出现了新的繁荣,所谓"三大单档""三大双档""三大评话"等名家"响档"成批涌现,云集上海。新编演的长篇《杨乃武与小白菜》《张文祥刺马》《啼笑因缘》等,从书目及表演艺术上,对传统长篇作了丰富和发展。广泛传唱的流派唱腔、开篇成为独立演出节目和电台播放的"特别节目",汇编成册的开篇集,也都创始于这一时期。究其原委,一是得益于上海经济繁荣,广播、报刊、唱片等传媒事业兴起,有利于评弹的传播发展;二是在于"海纳百川,革新创造,亲和入世"的海派文化的熏染,评弹融入海派文化,日渐赢得广大上海市民的喜爱,成为百姓的一项主要娱乐。所有这一切,吴宗锡几近一无所知。

作为苏州人,只在五六岁时随长辈进过书场,那时懵懂无知,兴趣不在听书,只为吃零食。6 岁后到上海读书,小学、中学到大学,吴宗锡从未进书场听过评弹。中学开始他接受西式教育,爱好文学、音乐,喜欢阅读 18 和 19 世纪批判现实主义的文学名著,听西洋古典音乐。面对迥然不同的娱乐样式,该如何在"爱好"与"工作"间切换,联系、熟悉评弹,完成组织交办的任务?

吴宗锡曾经想过向亲朋好友征询请教,可母亲、弟妹和亲友几乎从不进书场。同学和同事大多和他一样,喜好时髦洋气的休闲娱乐,也从未听过评弹。不进书场,不听评弹,不了解书目演出情况,便无缘认识结交评弹艺人,问了等于白问。此路不通,一时间吴宗锡不知如何是好。

犹豫为难之际,压力紧跟而来。

分工联系戏曲游艺界的三人小组，每过一段时间要碰头开会，汇报各自工作进展情况。一次汇报，徐益说已有收获，和某沪剧演员交上了朋友，通过这位演员，下一步可认识更多沪剧人士。郭明说他认识了杨华生等几位著名滑稽演员，借助这些名家的声望影响，结交其他滑稽界人士，了解整个滑稽界的思想动态，已不是什么难事。这次汇报，吴宗锡感到有了压力。相较于两位战友的收获，他仍是白纸一张，局面没有打开。不能再犹豫了，必须立即行动。

办法原始而简单：先是跑书场，收集《上海书坛》《书坛周报》《书场阵容表》及根据评弹书目改写的绣像小说、连环画等，了解书场演出动态；继之利用休息日进书场听书，实地考察上座情况、演出与书目的关系——何人说何书，受观众欢迎的程度；再是借助熟人关系，认识评弹小报作者，熟悉评弹艺人。如经舟山轮船公司同事介绍，结识了评弹评论家、作家张健帆。30 至 40 年代，张健帆在《申报》《弹词画报》《书坛报》等报刊以笔名"横云阁主""横云"开辟"评话人物志""弹词人物志""书坛掌故"等专栏，撰写报道与书评，在艺人中有相当影响。吴宗锡慕名与张健帆见面，请他帮助联系"响档"名家。张健帆当场拿出一封周云瑞写给他的信给吴宗锡看，主动介绍周云瑞出道、出名的情况，说："有机会我介绍你认识周云瑞。"吴宗锡听后十分高兴，表示感谢。

周云瑞 40 年代初师从沈俭安学弹词《珍珠塔》，后与师弟陈希安拼档唱《珍珠塔》，书艺与弹唱俱佳，在书坛有"小沈（俭安）薛（筱卿）"之誉。

张健帆提供的周云瑞的从艺情况，在后来吴宗锡与周云瑞交往中，起到了很大的促进作用，佐证了张健帆在书坛的影响及与名家的交往之谊，非徒有虚名。

投石问路，摸索前行，吴宗锡迈出了走近评弹的初始之步。

回顾走近评弹的点点滴滴，吴宗锡无法忘却 1949 年 5 月 28 日，首次面对面接触评弹艺人的情景。

此前一天的 5 月 27 日，上海全市解放。刘厚生通知吴宗锡代表组织，第二天上午去南市泥城桥民营大中华大陆电台，参加名义上由上海演艺协会评弹分会出面，实际是地下党策划的一档特别节目，内容除主持人宣传解放军进城受到市民欢迎，解放军不扰民，以安定民心外，参加特别节目的评弹艺人要演唱节目。刘厚生关照吴宗锡要写一些唱词带去，供艺人们演唱，借机与他们建立联系，届时电台有"自己人"积极配合。

庆祝上海解放，代表组织参加电台的特别节目，是一项光荣任务，吴宗锡异常高兴,但要写些唱词让评弹艺人当场演唱,感觉难度不小。因为能适合特别节目演唱的唯有"开篇",唱词多以七言为主,一韵到底,体近唐七律,故有"唐诗开篇"之称。无奈吴宗锡对"开篇"一窍不通,是十足的门外汉,有关唱词的语言形式、字头韵脚、平仄格律,茫然无知。他写过诗歌,是欧式的自由体,格律诗从未涉足。好在前段时间进书场,听过开篇和一些长篇书目,便硬着头皮,依样画葫芦般写了几段,中心内容是宣传党的政策,歌颂解放军。写毕凝视,心中恍惚忐忑:这样的唱词能唱吗?

5月28日上午,吴宗锡一早来到大中华大陆电台,因是代表组织参加,他西装革履,打扮得格外整齐。

电台的"自己人"已在门口等候。

"我是上面让我来的。"吴宗锡上前一步说。

"知道,知道。""自己人"回答道。

极简单的两句对话,声调语气平和,不卑不亢。至于"上面"指谁,一个不说,一个不问,彼此心照不宣。毕竟刚解放第二天,党的地下组织尚未公开,个人身份无须亮相说明。

一客一主,两人一起等待艺人们的到来。

第一个来的是赵稼秋。吴宗锡把写好的唱词递上,客气地问道:"你看看,这能不能唱?"

赵稼秋接过唱词,快速地扫了一眼,连声道:"能唱的,能唱的,我都能唱。"

赵稼秋师从朱耀庭,学弹词《双珠凤》出道,30年代初与朱耀祥拼挡,演唱根据张恨水小说改编的同名弹词《啼笑因缘》,演出中革新表演,吸收文明戏及民间小曲,增加方言及噱头,听众耳目一新,由此声名大震,成为一大"响档"。赵稼秋的另一特点是善唱"白话开篇"。和"唐诗开篇"相比,"白话开篇"多用俚俗语言和大白话,句式仍以七字句为主,平仄调和不甚严格。

随后,其他评弹艺人陆续到来,不乏深受听众喜欢的"响档"名家。赵稼秋把吴宗锡写的唱词先练唱一篇,然后带大家一起唱,很快大家都能唱了。

"特别节目"演出特别成功,特别时刻完成组织交办的特别任务,结识了一批评弹艺人,工作有了特别进展,吴宗锡内心有一股久违的兴奋。

一个星期后,刘厚生通知吴宗锡到四马路(今福州路)的中共上海市委组织部报到。意想不到的是,跨进组织部的大门,接待他的竟是格致公学的同班同学张征秉(仁昌)。昔日中学同窗，别后数年再次相见，一变成为为同一目标而奋斗的同志。

别梦依稀，沧海桑田，两人都有一股说不完的激动与感慨。一番畅叙，张征秉告诉吴宗锡，组织部分配他到上海市军管会文艺处工作，嘱他抓紧报到，接受新的任务。吴宗锡意识到，时代变迁，新旧交替，"地下"工作将转为"地上"，秘密工作将公开。一切将走向正规。

告别张征秉，吴宗锡赶到设在延安路成都路浦东大楼八楼的上海市军管会文艺处。成立不久的文艺处，夏衍任处长，于伶、黄源任副处长。文艺处下设剧艺室，吴小佩、姜椿芳、伊兵（先后）任主任，

1950年，吴宗锡在上海市军管会文艺处

刘厚生任副主任。吴宗锡被分在剧艺室，具体负责联系苏南剧种，评弹依然归他联系。在剧艺室，吴宗锡陆续认识了吕君樵、钱英郁、洪荒、曹大庆等一批解放前在上海从事戏曲工作的地下党同志。

新时代开始起航，文艺工作如何开展，没有现成模式可以照搬照抄，更没有成功经验可供借鉴，一切全靠在摸索中一步步前行。虽然如此，原则要求还是明确的，即对从旧社会过来的艺人进行思想改造，促使他们从思想到行动，跟上时代前进的步伐。很快，这一原则具体化为以"改人改制改戏"为内容的戏改政策。根据这一政策，剧艺室联系各剧种的干部，一律下沉基层开展工作。

说到联系，无形中有一个如何把握"联系者"与"被联系者"关系的问题。

新政权刚刚建立，相当一部分从旧社会过来的艺人对共产党及其政策，并不真正了解，对未来前景或彷徨紧张，或等待观望，或恐惧害怕。在此情况下，"联系者"若居高临下，要求艺人们该怎么做，不该怎么做，效果必然适得其反。正因如此，必须借助行之有效的工作方式，增强他们对共产党和新社会的亲近感，自觉自愿跟共产党走，做新社会的合格艺人。

任务、方法明确，吴宗锡走进设在寿宁路元声里，1936年成立的上海市评话

弹词研究会(1951年改名为评弹改进协会),沿用地下党时期做群众工作的方法,结交认识艺人,和艺人做朋友,尤其注意接触两类人:一类是年轻的,如周云瑞、张文倩等;一类是作风正派,思想觉悟较高,愿意靠近共产党的,从中物色考察可以作为积极分子的骨干艺人,通过他们带动其他艺人参加学习、组织活动。就这样,潘伯英成为首批积极分子之一。通过他,吴宗锡了解协会艺人的生活状况、演出体制和行业规矩,为进一步深入了解、沟通,和艺人们拉近距离打下基础。

组织协会会员学习,是联系工作的一项主要任务,每星期一次。青年有青年组,妇女有妇女组。课本是《工人读本》,内容主要讲述劳动创造世界;再进一步是《社会发展史》《中国革命和中国共产党》《在延安文艺座谈会上的讲话》等,目的是促进艺人自觉改造思想,提高对新社会的认识,推动说新书。

经过一段时期的组织学习,吴宗锡发觉,经常参加的大多是些名气不大的艺人,"响档"艺人较少,而没有大多数"响档"艺人参加,学习效果会大打折扣。

如何让"响档"艺人也能参加学习?吴宗锡权衡考虑之际,潘伯英向他道出了其中原委。

"响档"艺人生活相对比较优越,作息习惯晚上睡得晚,早晨起得迟,要他们上午参加学习不太容易。潘伯英进一步告诉吴宗锡,南京路成都路有个"大观园商场",内设茶座,每个礼拜有一天,"响档"艺人会去吃吃茶,像票友那样唱唱京戏,如果在那时去,一定会碰到他们。潘伯英还透露了一个"秘密",他本人也组织了一个组,有朱慧珍、唐耿良等人,地点在福建路的"汇泉楼",欢迎吴宗锡去坐坐,和大家见见面。

知道了"响档"艺人缺席学习的原因,吴宗锡放下身段,在"响档"艺人吃茶唱戏的日子赶到大观园,先静坐一旁观望,待"响档"们喝完茶,过足戏瘾,再招呼他们坐下来学习,为他们讲课,逐步形成常规。

"汇泉楼"吴宗锡也去过几次。潘伯英为人热情正派,与他一个圈子的人都表示拥护共产党,因此除了组织学习,吴宗锡还经常吹风:反对旧文艺,提倡说新书。

礼贤下士,广交朋友,换来的是信任与尊重。艺人们热情邀请吴宗锡到家里坐坐聊聊,他高兴地表示接受。在艺人家里,吴宗锡不吃招待他的东西,哪怕是微不足道的一支烟、一粒糖。从吴宗锡身上,艺人们看到了共产党干部的正派廉洁、真诚热忱的优秀品德,慢慢敞开心扉,说出了对评弹协会与评弹界陋规恶习的真实看法与不满。一些社会知名度较低的艺人,公开表达对某些"响档"的不满,指责他们霸占书场,生活腐化。

有一段时间,潘伯英与吴宗锡几乎天天在一起,引起评弹协会一些人的愤恨。在"迎接上海解放庆祝大会"举行的前几天,潘伯英收到一封信,拆开一看,信中写道:"潘伯英,你太辛苦了,如再为共产党卖命,当心你的妻儿成为孤儿寡妇!"信末具名:青气。

潘伯英把信交给吴宗锡看。

"倷阿怕(你怕不怕)? 阿要(要不要)去参加庆祝大会?"吴宗锡看了信问道。

"当然有点吓丝丝(担心)。"潘伯英实话实说。

吴宗锡听了淡然一笑,接着把解放前自己收到国民党特务恐吓信的事告诉潘伯英,告诫他不要被暗藏的敌人和仇视新社会的反动分子的威胁恐吓所吓倒。解放了,谁想翻天都办不到!

在吴宗锡的鼓励下,潘伯英毅然决然地参加了迎接上海解放庆祝大会。

1951年,潘伯英调离上海,到苏州评弹界工作。此后只要谈起最初走近评弹的人和事,吴宗锡总忘不了潘伯英给予的支持与帮助。

1949年7月,上海戏曲界举行劳军义演。事前吴宗锡找潘伯英商量评弹界怎么办。潘伯英认为,劳军义演,评弹界要造点声势,扩大影响。吴宗锡觉得有道理,但具体演什么书目,颇费思量。演传统书目,没有经过改造,有封建性糟粕,慰问解放军,明显不合适。改说新书? 新书还没有创作出来,无书可说。再说那么多艺人,一人或两人一档,轮番上场,上一档换一次新的内容,困难重重行不通。关键时刻,潘伯英提出建议:"没有新书,可把从解放区流传过来的小说《小二黑结婚》改成书戏,有名的评弹艺人可以全部登台亮相。"

书戏,又名"化装弹词"。演员演出唱书调、念苏白、化脚色装,保留第三人称的叙述、评议、穿插,为评弹艺人自娱的演出形式。

吴宗锡认为,潘伯英的提议切实可行,表示赞同,潘伯英随即动手编写剧本。

《小二黑结婚》是现代小说家赵树理1943年创作的短篇小说,故事讲述抗战时期解放区一对青年男女,为追求婚姻自由,冲破封建传统和守旧家长的阻挠,最终结为夫妻。

小说塑造了二诸葛、三仙姑两个落后农民和小二黑、小芹两个年轻农民的形象,通过截然相反的两种思想观念的对照,揭示当时农村代表旧习俗的封建残余

书戏《小二黑结婚》全体演员合影

势力对人们思想的束缚,以新、老两代人的意识冲突与变迁,说明实行民主改革、移风易俗的重要性,歌颂民主政权的力量,反映解放区的变化。

小说情节曲折跌宕,人物众多,个性鲜明,改编成书戏搬上舞台,不仅众多艺人可以登台演出,而且在思想意涵上有较强的针对性和现实意义。

演出由评弹协会出面组织,剧场定在南京大戏院(现上海音乐厅),蒋月泉饰小二黑,范雪君饰小芹,刘天韵反串彩旦三仙姑,张鉴庭饰二诸葛,张鸿声饰金旺。周云瑞、张鉴国等充当乐队伴奏。正戏开场前,唐耿良、顾宏伯先说一段评话《李闯王》,营造气氛,提前热场。

整场演出名家云集,节目精彩,艺人发挥出色,演出十分成功,效果出乎意外地好,特别是刘天韵反串的彩旦三仙姑,活灵活现,听众大呼过瘾。此外,演出更大的意义在于,上海评弹界以实际行动向社会昭示:拥护共产党,愿意说新书!

受命"走近"评弹,吴宗锡初战成绩亮眼,充分显示了他的团结、协调与组织能力,为他后来"走进"评弹奠定了基础,埋下了伏笔。

第六章

"这个团长不好当"

新政权,新气象,形势发展比想象的还要快。

1950 年 3 月,上海文化局成立,夏衍任局长,拉开了新政权下文化建设的序幕。文化局承担了军管会文艺处的工作,原文艺处部分干部转入文化局。文化局下设戏曲改进处,处长名义上由京剧大师周信芳担任,实际工作由副处长刘厚生负责,吴宗锡任编审科副科长兼《大众戏曲》副主编。

刘厚生是吴宗锡的老领导,互相熟悉了解,沟通配合方便。同科同事包赛英、金若融、田多野(又名洪汛涛,《神笔马良》作者)等都爱好文艺,互相相处融洽,日常工作主要是联系各戏曲剧团编导,编辑修改剧本,观摩审查节目和起草报告。

经过地下斗争洗礼,一群朝气蓬勃、爱好相同的年轻人聚在一起,遇事不畏艰难,干劲冲天,自不在话下。对吴宗锡来说,连同在军管会文艺处的工作,都与创作有关,心情十分舒畅,专心致志扑在工作上,成绩显眼,集中表现为高元钧说唱起名和推动黄梅戏走向全国两件具有特别意义的事情上。

在军管会文艺处剧艺室,吴宗锡负责联系南方剧种,兼顾评弹。不久联系北方曲艺的郭明旧疾复发,英年早逝,留下的工作转给了吴宗锡。

在联系北方曲艺过程中,吴宗锡和剧艺室另一位干部何慢发现,高元钧的说唱用山东方言,朴实粗犷,很有气势。演出形式简便灵活,一个人手持两块竹板,快节奏打击,边打边说唱(表演),特别适合在工厂、农村、部队演出。吴宗锡欣赏并看重这种表演形式,他为高元钧写了不少唱词,有的还发表在《文汇报》上。

1949 年 6 月,为配合反霸斗争,上海唱片公司请高元钧灌制唱片《鲁达除霸》,灌制中碰到一个难题:怎么称呼这一曲艺形式?

高元钧唱的是在临清、济宁、菏泽、兖州一带流传的传统曲艺,内容大多是水泊梁山好汉武松的故事,人们称之为"武老二"。这显然不能作为曲种的正式名称。再三斟酌琢磨,吴宗锡、何慢和唱片公司商量,根据"武老二"的发祥地、内容及语言特点,建议取名"山东快书",唱片公司认可同意,高元钧的说唱从此有了正式名称。"山东快书"成为独门曲种,一直延用至今。

和高元钧的说唱定名"山东快书"相比,黄梅戏从安徽推向全国,更具戏剧性。

1952年7月,安徽省文化局举办"安徽省暑期艺人训练班",邀请华东文化部派人去合肥观摩。华东文化部经研究,指派新安旅行团的张拓,华东戏曲研究院的陈静,上海文化局的吴宗锡(刚到评弹团,又调回文化局)、包赛英和屠岸组团去合肥观摩。

演出在黄梅剧团驻地小排演场进行,舞台顶棚是草盖的,极其简陋。吴宗锡、屠岸看了严凤英的《打猪草》,潘璟琍、王少舫的《夫妻观灯》,李宝琴的泗州戏《拾棉花》和一些小倒七戏(庐剧),大为赞赏,觉得应该邀请这些节目到上海演出。

严凤英等安徽演员听到消息,兴奋地说:"昔日的草台班子,今天能进大上海演出了,如果不是共产党领导,做梦也不会想到。"那时,严凤英等还名不见经传。1952年北京举行全国第一届戏曲汇演,就没有向他们发出邀请。

观摩团回到上海,屠岸和张拓打报告,建议调安徽黄梅戏到上海演出。华东文化部常务副部长黄源收到报告,以最快速度予以批准。

1952年11月14日至16日,安徽省黄梅戏、泗州戏受邀在上海大众剧场演出现代戏《柳树井》《新事新办》和传统小戏《打猪草》《补背褡》《蓝桥会》及《路遇》(《天仙配》一折)等剧目。大众剧场在11月13日的报纸广告上,正式使用"黄梅戏"名称(此前一般称"黄梅调")。吴宗锡在《解放日报》发表几千字的评论文章,宣传黄梅戏的艺术魅力,引起各界人士的浓厚兴趣。《大公报》《文汇报》《新闻报》或转载或另发赏析文章,对演出给予热情支持和赞扬。

上海音乐学院院长贺绿汀特别撰文指出:"他们的演出,无论是音乐、戏剧、舞蹈都纯朴、健康,但又很丰富、活泼、生动。在他们的演出中,我仿佛闻到农村中泥土的气味,闻到了山花的芳香。"

这是一位卓有成就的著名音乐家观看演出后,所给予的发自肺腑的高度评价。

1954年9月至11月,安徽代表团的黄梅戏《天仙配》,参加华东地区戏曲观摩汇演,获得殊荣。第二年,《天仙配》被搬上银幕,黄梅戏从此走进千家万户。"树上的鸟儿成双对",唱遍神州大地,一度在东南亚地区都掀起一股"黄梅戏热"。

因为时间和精力都扑在戏曲上,结合工作写唱词、写评论,兼顾散文创作和翻译,吴宗锡无暇顾及评弹,疏于联系。然而正是在这一时期,上海评弹界酝酿并成就了一件大事:自问世以来的第一个评弹团——上海市人民评弹工作团正式成立! 吴宗锡未参加建团的筹备组织工作,得知这一消息,仍欣喜异常。

评弹团的成立,并非平地起风雷,而是上至各级宣传、文化领导部门贯彻戏改政策,摒弃单干道路和私营剧团,倡导由国家统一建团;下至评弹艺人怀着对新政权的崇敬与希冀,渴望组织起来的热切愿望,上下合力形成的合乎时代潮流的必然结果。

1951 年 5 月 5 日,政务院颁布由周恩来总理签署的《关于戏曲改革工作的指示》(即"五五"指示),明确支持地方政府组建文艺剧团,并就公营剧团的建立,在管理方式、运营机制和演出内容方面,提出了具体规划和要求。

令人欣喜的是,"五五"指示正式颁布前,戏曲界实际已发生深刻变化,追求进步的艺人自觉带头,吹响了加入国营剧团的号角。据报载,京剧名角李少春、叶盛兰放弃巨额包银,加入刚成立的新中国实验京剧团,领取固定工资。上海雪声越剧团加入华东越剧实验剧团,袁雪芬带头入团。潘伯英放弃高额收入,从评弹艺人转行做专职文联干部。

与此同时,时任中宣部副部长的周扬到上海调研指导,于伶和刘厚生参加座谈汇报。座谈中周扬指出,沪剧和评弹是上海地区的主要戏曲剧种,尤其是评弹听众最多,应当重点抓一下。于伶听后请示,评弹能否像京剧、越剧一样建立国家剧团,把有影响的进步艺人组织起来,发挥引领示范作用。周扬表示赞同这一设想考虑。

上级领导有明确态度,代表文化局文艺处,刘厚生随后在同孚路(今石门一路)冠生园附设的粤菜饮食部宴请刘天韵、蒋月泉、唐耿良及潘伯英、谢毓菁等说新书有突出贡献的评弹艺人。席间,刘厚生透露上海有建立几个国家剧团的计划设想,参加国家剧团要符合一定条件,希望大家以实际行动响应配合。

于是,响应政府号召,单干艺人的出路在于参加国家剧团,参加国家剧团就是参加革命,在艺人中逐渐形成共识,特别是在有一定社会影响的评弹"响档"中,一天天发酵膨胀。

解放初期,评弹界百分之九十的"响档"都集中在上海,有"四响档"之称的蒋月泉、王柏荫、张鉴庭、张鉴国,周云瑞、陈希安,唐耿良七人更具声誉。七人中以蒋月泉为"领头羊",相互关系融洽,思想认识一致,都拥护共产党,愿意说新书。不曾想原本不在计划之内的一次意外赴港演出,给他们追求进步、表现积极的良好形象带来不良影响,促使他们加入国家剧团的愿望更加强烈,并付诸实际行动。

1949年冬,中秋后去香港的原上海米高梅舞厅老板孙洪元,托人传话给蒋月泉,他在香港六国饭店屋顶露天阳台搭建了一个书场,邀请蒋月泉帮忙组织"四响档"去做"年档"(春节期间的演出),时间三个月,包银每档每月十两黄金,另管吃管住管接送。有堂会演出,收入全归演员。

上海解放之初,书场上座不佳,说新书收入不高,不少艺人日用开销颇感拮据,突然间从天而降般飞来这一邀请,怎么说都是一个令人难以推辞的好消息。蒋月泉和其余六人通气商量:要不要去香港做"年档"? 同道们一听,个个喜出望外。包银每档每月十两黄金,出价不菲,演出三个月可以积累一大笔钱,不仅能资助说新书,还可贴补家用生活,纷纷表态愿意去香港演出。七人意见一致,和孙洪元签了合同。

消息很快传出,不满、反对者居多。理由十分简单,上海正在开展"说新书春节竞赛"活动,"四响档"去香港捞金,不太像话。

在军管会文艺处剧艺室负责联系评弹的吴宗锡,起先对此事并未太过在意,后经人提醒,"四响档"香港之行对"说新书春节竞赛"活动会产生负面影响,感到必须引起重视,转而在沧洲书场召开的评弹协会会员大会上,批评"四响档"不参加为上海人民说新书活动,"要到香港为那里的白华说书",要七人表态"去还是不去"。

批评是严厉的,有点上纲上线,且要当事人当场表态,方法也值得商榷。然吴宗锡认为,新政权刚诞生不久,留住"四响档"为上海人民服务,符合党的政策。

那一年吴宗锡25岁,在曾经沧海的艺人们面前显得年轻,工作方法也过于简单。

受到批评,"四响档"嘴上表态说"不去了",经不住包银用黄金结算的诱惑,私下里又夫军管会文艺处找刘厚生处长申辩。

作为文艺处领导,刘厚生待人处事相对成熟老练,他先从原则高度表态:赴港演出,党的政策是来去自由;接着耐心劝阻,不要听信邀请方说得花好稻好,真去了将来可能要后悔。

刘厚生的一席话,"四响档"进退维谷,不去香港违反了合同,去到香港冒犯了政府,担心评弹协会会籍不保,再回上海生计将无着落。最后,市政府一位领导知道后发话,去不去香港,由艺人们自行决定,事实上为香港之行开了绿灯。

领导态度松动,"四响档"跟着一口承诺:受邀去香港,纯属经济原因,三个月合同期满,一定返回上海。

是年农历十二月二十日,蒋月泉等一行七人,跟着孙洪元派出的联络人,由上海乘火车至广州转深圳,走过罗湖桥,再乘火车抵达九龙。邀请方盛宴欢迎,高规格接待。媒体全力宣传:"书坛七响档,个个梅兰芳!"欢声笑语,觥筹交错中隆重拉开赴港演出的序幕,企盼上座火爆,各方共同发财。

结果令人大所失望。

自年初一开书后,上座率日场约六七成,夜场八成左右,低于预期。究其原因,是上海人在香港还没立住脚,上海帮尚未形成,不如广东帮、潮州帮那么财力雄厚,书场生意难以红火。书场上座不佳,孙洪元发财梦落空,说好十两黄金的包月,发了第一个月,第二个月就发不出了,包账改为拆账,实际收入比原先少了许多。再后来只能零零碎碎发些钱,供艺人们维持家用开销。

包银发不出,高规格的接待也一降再降。半山麦当奴道新盖的一人一间的公寓房住不起,降到六国饭店几人一间房,床位不够干脆打地铺。伙食由广东保姆负责专做,改为一家普通饭店随便应付。

书场生意不好做,迫于无奈,"四响档"只好在杜(月笙)公馆或"××(产业)大王"府邸唱堂会。不少堂会听客是原国民党政府官员,政治上不得不小心翼翼,生怕说错一字,被人利用做反共宣传。对此,蒋月泉自我调侃道:"七个梅兰芳,弄得像时小芳。"

时小芳是上海唱滑稽的艺人,到香港淘金,没场子可唱,加之有吸白粉的不良嗜好,弄得只能做"港瘪"(香港瘪三),靠蹲马路告地状求乞为生。

面对窘迫尴尬的状况,"四响档"迅速从淘金梦中醒来,深感评弹的听众在江南,只有上海、苏南、浙东和太湖流域才是生存的基地,才有"响档"的地位。离开了那块土地,艺术生命就会枯萎。

思想认识的觉悟,三个月合同期满,回绝了赴台湾演出的邀请,"四响档"告别香港,回到了上海。

香港之行铩羽而归,"四响档"内心多少有一份愧疚,担心同道对他们的抵触情绪没有消除,文艺处会给予一定处分,动摇他们在书坛举足轻重的地位,影响演出和收入。事实是,回到上海,各级领导不但没有歧视,反要求评弹界同仁团结他们,携手为新社会服务。

以德报怨,共产党人的宽大胸怀,令"四响档"舒了一口气,紧张心情慢慢放松下来。

上一步走错了,下一步怎么办? 蒋月泉和大家商量,答案是加强学习,积极说新书,彻底改造自己。

认识一转变,立即付诸行动。蒋月泉、王柏荫的《林冲》,张鉴庭、张鉴国的《红娘子》,周云瑞、陈希安的《陈圆圆》,唐耿良的《太平天国》等新编书目相继问世。题材虽仍属历史题材范畴,但与宣传帝王将相、才子佳人的传统书已迥然不同。四部新书从书情到人物,反封建、反压迫、反强权,富有反抗性,与新时代氛围相吻合。"四响档"利用在无锡演出之机,白天说传统书,晚上排练新书。告别无锡之前,在花园书场连演三天,把新书先练一遍。

无锡演出结束,中秋节回上海演出。白天在"仙乐""米高梅""沧洲"三家书场说传统书,晚上和徐雪月、黄异庵联袂在大陆书场夜场开新书。头档是徐雪月师徒三个档的《九件衣》,送客书是黄异庵的《李闯王》,中间是"四响档"的《林冲》《红娘子》《陈圆圆》和《太平天国》。全是新书,报纸广为宣传,上座爆满,另设加座,受到文艺处表扬。

值得一提的是,为去香港演出,"四响档"错过了军管会文艺处举办、以戏改为主要内容的为期两个月的学习班。为弥补失去的学习机会,无锡剪书后"四响档"留下来,自发举办学习班,学习时事政治。蒋月泉请在无锡演出认识的苏南行署文化科代科长陈允豪,有针对性地做了一个关于当时政治形势及文化宣传方面的报告,大家听得津津有味,充满新鲜感。这是"四响档"第一次接受来自共产党方面的教育,过去从未经历过。

此外,为配合抗美援朝,蒋月泉与唐耿良、张鸿声商量决定,以评弹协会的名义组织抗美援朝演出队,推举张鸿声为演出队队长,成员有刘天韵、谢毓菁、蒋月泉、王柏荫、张鉴庭、张鉴国、周云瑞、陈希安、黄异庵、姚荫梅、薛筱卿、杨德麟、杨振言、唐耿良等二十一人,演出新编弹词和书戏《李闯王》《翟万里》《三雄惩美记》等。无锡演出后北上进京演出。文化部戏改局局长田汉喜欢评弹,在政协礼堂宴请演出人员,赠送锦旗以示鼓励。就这样,七艺人以实际行动,自觉或无意之中,与汹涌澎湃的时代大潮同步前行。

1951年端午节前后,"四响档"加上由蒋月泉出面联络的刘天韵、谢毓菁师徒九人赴苏州静园书场演出。在苏州,他们改变几百年来评弹艺人走江湖跑码头,独来独往的生活与工作习惯,雇了一个炊事员,借住朱慧珍丈夫吴剑秋伯父家的客厅,尝试过集体生活,为加入国营剧团做适应性准备,边演出边讨论关于国营剧团的事。

　　赴苏州前,九艺人从报纸报道中得知京剧名角李少春、叶盛兰和雪声越剧团袁雪芬,放弃高额收入,加入国营剧团,拿固定工资,受到很大触动。又闻听文化局早有成立国营剧团的计划与打算,可不知何故,只见楼梯响,不见人下来。

　　期盼中的等待,变得越来越急切。为表达"组织起来"的强烈意愿,7月初,九艺人联名给周信芳、刘厚生写信,呼吁建立评弹团。信中写道:为建立评弹团,"我们只有一个要求,仅仅能维持家庭生活,那么需要我们做什么就做什么"。为扩大未来评弹团阵容,信发出后,刘天韵、蒋月泉动员说唱《啼笑因缘》的大"响档"姚荫梅、徐雪月和徒弟程红叶、陈红霞,擅唱"俞调"的朱慧珍和丈夫吴剑秋夫妻双档,一起加入评弹团。

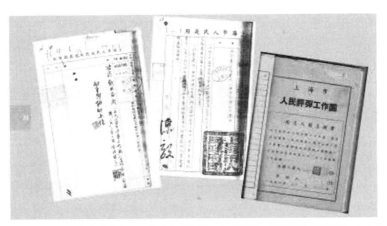

左为上海市人民政府同意成立上海市人民评弹工作团批件,陈毅市长亲笔签署;右为加入上海市人民评弹工作团志愿书

　　上下合拍,水到渠成。1951年11月20日,经上海市人民政府批准,上海市人民评弹工作团成立,同时成立的还有上海市人民京剧团和上海市人民杂技团。

上海市人民评弹工作团团址大门

1951年11月20日上海市人民评弹工作团成立,首批团员、十八艺人合影(前排左起:徐雪月、朱慧珍、陈红霞、陈希安、唐耿良、刘天韵;中排左起:程红叶、姚荫梅、蒋月泉、姚声江、王柏荫、张鉴庭;后排左起:韩士良、张鸿声、吴剑秋、周云瑞、张鉴国、谢毓菁

人民当家做主的年代,三个国营剧团名称中都冠以"人民"二字,打上了鲜明的时代烙印。之后,上海市人民评弹工作团改名为上海评弹团,上海市人民京剧团改名上海京剧院,上海市人民杂技团改名为上海杂技团,舍去"人民"二字,回归文艺院团名称的应有常态。

上海人民评弹工作团首批团员共十八位艺人,他们是:刘天韵、蒋月泉、唐耿良、张鸿声、姚声江、王柏荫、周云瑞、徐雪月、张鉴庭、张鉴国、谢毓菁、程红叶、陈红霞、朱慧珍、吴剑秋、韩士良、姚荫梅、陈希安。团长刘天韵,副团长蒋月泉、唐耿良,秘书兼演出股长张鸿声,业务指导员陈灵犀(负责文学创作),文艺处指派何慢为教导员。

十八位艺人,人数不多,大多是有代表性的评弹精英人物,在评弹界声望高,影响大,其意义标志着单干艺人开始自愿接受党的领导,走上集体化道路,成为党的文艺工作者队伍中的一员。

十八位艺人参加评弹团的第一课,奔赴淮河灾区投入治淮工程。

新中国成立初期,党和政府对从旧社会过来的知识分子和艺人采取包下来的政策。随着新生政权的逐渐稳定,为帮助他们了解、接受、认同党和政府的政策、意识形态,1951 年,对旧知识分子、旧艺人的思想改造,提上了各级党和政府的议事日程。

在此特定背景下,上海打算将文化局、文联干部和戏曲界人员组织起来参加土地改革,后计划改变,改由用上海市文联名义成立"上海文艺界治淮工作队"参加治淮工程,队员由音乐、话剧、戏曲界部分编导、演员组成。时值评弹团正好宣布成立,有关领导发话,十八名艺人全部参加,治淮工作队合计八十六人。

治淮工作队由著名编剧、导演杨村彬任队长,音乐指挥家司徒汉、文化局戏改处干部吴宗锡任副队长。三人分工,杨村彬、司徒汉分管话剧和音乐,吴宗锡负责戏曲,如此一来,评弹又归吴宗锡联系和领导了。

11 月 21 日下午,评弹团成立的第二天,"上海文艺界治淮工作队"冒着大雨从北站出发,奔赴千里之外的大别山下治淮工地,在劳动中接受思想改造,开启新的艺术人生。

淮河源自河南桐柏山,流经安徽、江苏归入大海。自古淮河大雨大灾,小雨小灾,无雨旱灾,洪水扑来,淮河两岸灾民,男男女女,老老少少,成群结队,四处逃荒。

弦内弦外两相辉 ◆ 艺术评传

1951年11月赴治淮工地路上，左起：吴宗锡、谢毓菁、唐耿良

治淮工作队乘火车到蚌埠，听治淮委员会做报告，知道国民党时期也成立过导淮委员会，经费被侵吞贪污，淮河治理徒有虚名。新中国刚刚成立就逢淮河泛滥，国家财政极其困难，为了淮河两岸人民生命财产安全，还是下大力气兴修水利。1950年末，新中国浩大的治淮工程启动，与千里之外的抗美援朝形成呼应。

听了报告，全体队员受到很大鼓舞。吴宗锡将十八位艺人分成两组，刘天韵、唐耿良分任组长，随大队人马开往五河县漴潼河治淮工地。

对过惯了上海富裕生活的"说书先生"来说，治淮工地近乎恶劣的物质生活条件是一项巨大考验，但千军万马战天斗地的宏伟场面令他们大开眼界，一幕幕从未经历过的场景刻骨铭心，代之而起的是全新的人生体验和心灵震撼。

为了不搞特殊化，队员们和民工一样，住的是用芦苇搭的尖顶工棚，睡的是用稻草或高粱秆铺的地铺，一个工棚挤着睡十几个人。逢到雨雪天，棚外下大雨（雪），棚内下小雨（雪）。红高粱粉烙的秫秫饼就盐腌的胡萝卜丝加辣椒糊，又咸又辣,是每天的主食和菜。

尽管如此,和民工们相比,艺人们各方面的生活条件要好许多。民工们起早摸黑地干,收入十分微薄,雨雪天不出工没有报酬。两相对照,艺人们受到前所未有的教育,自觉向民工看齐。

评话大名家张鸿声,喝酒是他的人生一乐。出发前他带了十瓶"五加皮",劳累时每天喝一点。到了工地,看到民工们不畏艰苦,每天挖土挑泥,从无怨言,反甘之如饴,不好意思私下偷饮,宣布戒酒,剩下的"五加皮"上交队部。

看到同工棚的民工大冷天衣衫单薄,周云瑞主动把自己的棉毛衫裤送给他。

冰冻天气,早晨起来没水洗脸,周云瑞想出高招,教吴宗锡用冷面霜涂脸,用手纸轻轻揉擦,替代洗脸。

……

点点滴滴,从中吴宗锡看到十八位艺人自觉改造、助人为乐的精神风貌,增加了对他们的认识了解,建立起初步的友谊。

在治淮工地为民工演出

劳动之余,吴宗锡和艺人们教民工学文化,教唱歌跳舞。说时事,讲故事,搞演出办广播,和民工们打成一片。

民工们对文艺的喜爱与渴望,感染打动了吴宗锡。

工地组织放露天电影。从宿营地到露天放映场,中间隔着一条河,河上驾着竹竿当过河的桥。为保证民工安全,开映前吴宗锡带着人在河边守护。民工们蜂拥而来,开映音乐响起,为能早点进场观看电影,排队等着过河的民工转身跳进冰凉的河中,突如其来这一举动,吴宗锡看得目瞪口呆,进而感受到一个文艺工作者肩负的责任。

从小接受西式教育,吴宗锡不熟悉民间文艺,对之少有兴趣。在濠潼河工地,看当地农民表演流传于淮河流域的"花鼓灯",这一以舞蹈为主,兼及歌、乐(锣鼓等打击乐)的演出,热烈奔放,灵巧敏捷,优美细腻,极富表现力,是典型的民间广场艺术,精彩演出打动了吴宗锡,彻底改变了他对民间文艺的看法。

1952年春节刚过,治淮工作队任务宣告结束,吴宗锡和十八位艺人回到上海。三个月又二十天风霜雨雪的艰苦磨炼,风流倜傥的容貌变得粗糙黝黑,身着油腻腻的棉制服,脚穿胶鞋,乍一看,像是从田头地间归来的农民。然而,与外在形象发生巨大变化相匹配的是,他们的内心变得无比充实强大。多少年后,想起濠潼河工地的日日夜夜,每一个人都如数家珍,滔滔不绝,终生难忘。

吴宗锡重回文化局上班,呼吸过淮河岸边湿润新鲜的空气,和十八位艺人较长时间近距离相处沟通,他有点厌倦端坐"衙门",向往能换一个岗位,让工作变得更有意义。

机缘巧合,吴宗锡想跳出机关,换一个工作岗位,机会真的来了。

吴宗锡至今记得,5月的一天在食堂吃午饭,刘厚生端着饭菜坐到他旁边,与吴宗锡边吃边聊。

"评弹团的管理工作很重要,何慢的教导员是兼职的,忙不过来,我们还是应该派个驻团干部去。"刘厚生不紧不慢地说。

吴宗锡心中不由一阵窃喜,与其坐机关起草报告,批复文件,埋在事务堆中,不如去评弹团,到评弹团一方面有机会赴各地演出,游览祖国大好河山;另一方面,还可有时间写文章、搞创作。

"那你看,我去行吗?"吴宗锡不露声色,顺着刘厚生的话头,半是表态半是试探性地问。

刘厚生不动声色地看着吴宗锡,心想"要的就是你这句话",片刻后微微点头,算是默认同意。

几天后吴宗锡调离文化局,以教导员身份走进延安中路546号大院。院中绿树成荫,草地葱翠,鸟语花香,如同圣约翰大学图书馆一般。幽静的环境中有两幢小洋楼,其中一幢是评弹团团部。演员住在底楼,过着半军事化的集体生活,休息天才能回家。平日里大家忙于书场演出,团部只有一个总务赵更生负责抄写脚本,一个厨师准备饭菜,整幢楼安安静静。

初到评弹团,吴宗锡的日子悠闲轻松。教导员不用管行政事务,演出书目、演员调配,由团长刘天韵、副团长蒋月泉排计划落实;演出业务、出场洽谈,由秘书兼演出股股长张鸿声联系安排。可怎么说都是团领导,而且是共产党员、文化局派驻的干部,所以团员们对吴宗锡客气、尊重有加,少有棘手的矛盾纠纷找到他。一时间,吴宗锡产生一种错觉:在评弹团工作,没有想象中的那么难。

后来的事证明,莫名其妙的这一主观臆测,的的确确是一种"错觉"。

1954年初,有关部门规定,艺人当团长容易分散精力,应让他们回归艺术岗位,一门心思搞艺术。根据这一规定,刘天韵、蒋月泉改任艺委会正、副主任,身为驻团教导员的吴宗锡接任团长之职。自此吴宗锡正式"走进"评弹,再未离开过,领导管理评弹团成了他终身的职业。

刹那间,曾经的"错觉"烟消云散,吴宗锡感受到肩上担子的沉重。

彼时彼刻,从最初联系评弹到治淮工地与十八位艺人朝夕相处,再到驻团当教导员,断断续续几年交往,吴宗锡和艺人们已很熟悉。艺人们欢迎他当团长,他也愿意为艺人们服务。但无法否认的是,吴宗锡和艺人们的反差很大,大到几无丝毫可比性。

当年吴宗锡28岁,小学开始接受西式教育,大学时入党参加革命,解放后当了干部。而艺人们平均年龄35岁左右,年纪大的40多岁,文化程度不高,从小学说书,游走江湖,接触社会各个阶层,社会阅历丰富。

文化、年龄与社会经历的强烈"反差",带来的是没完没了的纠纷与矛盾。譬如,发展团员,先发展谁后发展谁,谁该发展谁不该发展,看法分歧难以统一;再譬如,考虑优化组合,演出调度,"拆档""拼档"应是常有的事,可一旦"拆"到有些"响档"或"夫妻档",往往反弹强烈,不易兑现;还譬如,评级评薪,国营剧团固定工资比单干拿演出拆账少了许多,引发一些人的不满,闹到要退团的地步。

所有这些纠纷与矛盾,究其实质,并非作为团长的吴宗锡和艺人之间的利益无法调和,实是有着更为深层的复杂因素。

首先,评弹演出历来以"档"为主,"团"的组织形式从未有过。国营的评弹团怎么办,没有现成样板可供借鉴,也无处取经学习。路怎么走,只能一步步摸索前行。

其次,长期单干,导致艺人缺乏集体主义思想,一人、一档或一部书,谁的听众多,收入多,就是谁的艺术好,谁也不服帖谁。个人"名"与"利"的非良性竞争,带给吴宗锡的是难题与挑战。

演员姚声江开玩笑地对吴宗锡说:"倷(你)一个人带伲(我们)一个团,就像带三四十个团(评弹团已扩大到三四十人)。"言下之意:难哪!

1963年,吴宗锡和陈云谈起50年代当团长的甘苦,陈云同志语重心长地说:"他们(指评弹团艺人)是五颜六色都见过,鉴貌辨色。吴团长啊,我替你想想,你这个团长不好当啊!"

不好当,还得当。面对重重困难,吴宗锡以初生牛犊不怕虎的精神,像足球教练"调教"球员那样,用"五四"新文化和党的文艺政策团结教育团员,重点抓两条:一是国营剧团的演员,不能像旧时代那样,为个人衣食名利奋斗,要为人民服务,为国家、社会做贡献;二是把新文艺思想渗透到旧的评弹艺术中,对书目进行整旧创新,推动评弹艺术向前发展。

凭借这两条,种种矛盾纠纷及时化解,评弹团团结合作,互帮互助,改人改书,硕果累累,吴宗锡稳坐钓鱼台,团长一当就是三十多年。

第七章

顺应时代呼唤

上海市人民评弹工作团，别致的剧团名称，偶合特别的深意。

相比同时成立的京剧团、杂技团，除均有前缀"人民"外，评弹团多了"工作"二字：评弹工作团。细究其原委，系从评弹艺术特殊性出发，突出建团宗旨。

新世纪初，为撰写《中国曲艺志·上海卷》，彭本乐先生在文化局查到了评弹团建团宗旨的书面文件，内容五条：一、配合政治任务宣传；二、艺术上创新实验；三、演出中起示范作用；四、重要的内部演出；五、国际交流和出国访问。

吴宗锡是否看到过这份文件，印象不深，他对"工作"二字的理解是"艺术实践与演出示范"，即作为国营剧团，艺术上要传承创新，组织上要带动江浙沪的评弹艺人，积极参加地方和各区评弹团，与工商界一起接受社会主义改造。

"五条内容"与"九字理解"并无根本性区别，两者本质上是一致而吻合的。就实际工作而言，则是围绕"实践与示范"有序展开。

"实践"也好，"示范"也罢，经历了治淮工地的锻炼与教育，评弹团的首要任务是书目上的创新实践——编新书，说新书，中篇评弹《一定要把淮河修好》成了开卷之作。

任务是文化局戏改处处长刘厚生布置的。

治淮任务即将期满，刘天韵、唐耿良等提前三天回到上海向戏改处汇报治淮工地所见所闻，顺带下一步评弹团工作计划。刘厚生听完汇报，提议把治淮中的先进思想、好人好事集中起来编成一个故事，分成四回书，一个晚上演完。刘天韵等觉得刘厚生的提议切实可行，回到团里传达，全团表示赞同。

一百多个日日夜夜，亲身体验，耳闻目睹，发生在治淮工地可歌可泣的感人事迹，始终在眼前浮现，挥不去，忘不掉。将其演化成书情演出，让更多的人受到感染与教育，是件极富意义的大好事。

思想认识一致，说干就干。集体参与创作，人人结合自身回忆，另从报刊宣

弦内弦外两相辉 ◉ 艺术评传

传中挖掘寻找,汇聚创作素材,敷衍成篇。说是集体创作,陈灵犀、姚荫梅、唐耿良三人在资料收集及成书写作上贡献更多。

上下齐心,新书很快杀青,取名《一定要把淮河修好》。故事大意是:翻身农民赵盖山响应毛主席"一定要把淮河修好"的号召,说服母亲,推迟婚期,参加治淮工程。工地上受工人阶级先进思想影响,春节期间创造盖沙法,解决挖冻土的困难。春节后,未婚妻参加农村慰问团到工地慰问,突降大雨,一处堤岸决口,赵盖山以身堵决口,使大量工程物资免遭损失,受到表扬。

四回书三个小时,一个晚上演完。借鉴小说体裁有长、中、短篇之分,命名为中篇评弹。登场演员阵容强大,刘天韵、蒋月泉、张鸿声、张鉴庭、陈希安、姚荫梅、徐月雪、朱慧珍、陈红霞等名家"响档",分回轮番上场。

从创作过程来说,《一定要把淮河修好》带有"急就章"性质,人物故事属现代书目,能否吸引听众,大家心中没有十足把握,设想能演出十天半月,也就心满意足了。

朱慧珍、陈红霞、刘天韵、陈希安演出中篇评弹《一定要把淮河修好》

然而,大出意外的是,自 1952 年 4 月,在有五百座位的沧洲书场演出,日夜两场,天天满座,连续近三个月,听众高达八万余人次,相当一部分是从未进过书场的工人群众(有工会组织因素),这一次听书经历,让他们从此喜欢上了评弹。

来自各方面的反响评价热烈。一位听众投稿《新民晚报》,文中写道:"《一定要把淮河修好》是真正有了全新的内容,并且用全新的形式表演出的新评弹。用评弹来表现新人新事不但是完全可能的,而且还可以比表现旧人旧事更加适合,更加动人。""它已不需要找'噱头''关子'之类的东西帮闲。"文化部副部长周扬、《黄河大合唱》词作者、著名作家张光年到沧洲书场听书,对内容和形式上的双重创新给予高度赞扬。

吴宗锡对《一定要把淮河修好》的创作未过多参与,对该书采用现实主义手法,表现祖国建设中的新人新事,倾注了巨大热情,为其大声呐喊,欢呼叫好。他特别强调,旧评弹的长篇形式服务于"有闲阶级"的"职业听客",三小时的新形式则是符合劳动人民生活节奏的新产品。它短小精悍,能迅速反映社会政治现实,达到思想教育的目的,可以使评弹团的节目经常更新。

《一定要把淮河修好》上演不久,抑制不住内心的喜悦与激动,1952 年 4 月 7日,吴宗锡在《文汇报》发表题为《一部反映最新最美的现实的作品——评〈一定要把淮河修好〉》的长篇评论文章。文中写道:

> 总之,生活、火热的斗争,是我们思想改造的熔炉,也是我们创作的丰富源泉;劳动人民及其所涌现出来的英雄人物,是我们作品中主要应该描述的主人公,也是我们的可敬爱的老师和同志。评弹团的同志仅仅去了淮河工地三个多月,就有了这样的成绩,使我们更认识到了光辉、伟大的经典著作《实践论》所指示的我们的实践的重大意义和"一切认识基于实践"的真理。而《一定要把淮河修好》是一个可以使我们(文艺工作者们)憬悟,并且深思的具体的实例。

此后不久,发挥自己的创作特长,吴宗锡对全书脚本进行调整梳理,另组织姚荫梅、周云瑞修改补充第二回,替换原来为配合"五反"而设计的相关情节唱段,使全书从故事、人物乃至文字更趋合理完美。1954 年,新文艺出版社出版《一定要把淮河修好》演出单行本,《曲艺》杂志和《评弹丛刊》第三集先后刊载。

《一定要把淮河修好》的贡献,除了以现实主义手法,迅速反映时代风貌、讴歌新的人物外,另一值得赞赏的是充实丰富了评弹的演出形式。

　　长期以来,评弹的日常演出形式比较单一,只有"开篇"和"长篇"两种。"开篇"是正书(弹词书目)演出开始之前的加演节目,后来由于开篇具有完整的内容,唱调优美动听,常作为独立节目演唱。长篇是每天演唱一回,一部书要几个月方能演完。从严格意义上说,除了年节的会书,评弹的日常演出形式只有"长篇"一种。解放了,工、农大众乃至社会各界,工作学习繁忙,不可能像解放前有闲阶级那样,无所事事,每天靠进书场打发消遣。新旧社会交替,评弹的演出形式必须变革发展。顺应时代的呼唤,《一定要把淮河修好》以中篇形式出现,一个晚上听一部书,及时适应与满足了听众的迫切需求。

　　伴随演出形式的创新,演唱艺术上也同时求新求变。如蒋月泉的蒋调,节奏一般是每分钟 68 至 72 节拍,俗称"慢蒋调"。在起赵盖山脚色时,为表现他的先进思想和激动心情,突出他的英雄形象,延用四平八稳的"慢蒋调"显然不行。为此在唱《留过年》时,蒋月泉加快节奏,每分钟提升到 98 至 107 节拍,效果奇佳。"快蒋调"作为蒋调的重要组成部分,应运而生。再如朱慧珍在第二回书中起的脚色是赵盖山的未婚妻王秀英,演唱时并未缠绵于两人对爱的渴望,而是巧妙地将情(爱情)转化为革命的动力,恰到好处地诠释了新时代英雄美人的故事。朱慧珍一跃成为评弹名家。形式和艺术上的双重创新,使《一定要把淮河修好》受到听众的热烈欢迎,成为经常上演的书目之一。据统计,自 1952 年 4 月首次进书场演出至 1954 年底,两年半左右的时间里,听众高达 30 万人次,创下从未有过的奇迹。

　　1989 年 8 月一天的下午,吴宗锡来到话剧大师黄佐临家中,一是朋友间的探望,二是想谈谈艺术。话题从黄佐临正在筹划的上海市文艺界庆祝建国四十周年电视纪录片谈起。

　　"你来得正好,我正想请问你,四十年来上海出演过的较有代表性的评弹节目是什么? 在这个电视纪录片中安排什么节目比较恰当? 本来我们想放《南京路上好八连》,但这是个开篇,只有唱没有说的。四十年来的代表性节目,我想应该是《一定要把淮河修好》。"吴宗锡进门刚一落座,黄佐临开门见山地问道。

　　"《一定要把淮河修好》是一个代表性节目,但是当年的演员已经凑不齐了。由今天的演员来演出,他们没有那种感受和激情。现排现演,质量就很难保证。"吴宗锡不假思索地脱口回答说。

对吴宗锡的看法，黄佐临表示赞同："是的。有些话剧也有这个问题。像《枯木逢春》，我们就想尽量由原来的演员来演。"

后续的交谈，围绕评弹和话剧各自的艺术特性、评弹和话剧互相学习些什么，两位大师级领军人物，越谈越细，越谈越深。有感此次造访的收获，吴宗锡写成《对话评弹》一文，发表于当年第六期的《上海戏剧》。

品读这篇"对话"，从中可见新编中篇评弹《一定要把淮河修好》问世四十年后，它在人们心目中留下的影响与地位，依然是那样不可撼动。

编新书，说新书，《一定要把淮河修好》成为评弹团成立后的首次亮相，一炮打响，激发了全团从领导到团员编、说新书的巨大热情与积极性。

吴子安、朱慧珍、陈希安演出中篇评弹《刘胡兰》

当首部新编中篇刚进书场演出，为纪念"七一"，根据刘胡兰烈士英勇就义的事迹，陈灵犀创作了短篇评弹《刘胡兰》，次年扩展成中篇。书中尝试采用朗诵与合唱相结合的表现方法，不脱离弹词的基本规律这一新的形式，给了周云瑞施展抱负的极好机会。

传统评弹没有合唱形式，排演时为衬托烈士就义时的壮烈气氛，抒发百姓大众的悲愤之情，负责谱曲的周云瑞以"蒋调""薛调"为基础，谱出了一段激越悲壮的"天日无光"的合唱曲。

> 天日无光北风寒，
> 人人哀悼刘胡兰。
> 大无畏精神惊天地，
> 挺胸走向铡刀台。
> 生命的光辉永灿烂，
> 永远活在人民的胸怀。
> 一个刘胡兰倒下去，
> 千万个刘胡兰站起来。
> 这一笔血债要偿还，
> 血债一定要用血来还。
> 中华民族好儿女，
> 英雄气概壮河山。
> 精神不死千古在，
> 我们一定要学习刘胡兰。

正式演出，这段描绘英雄视死如归、气贯长虹的合唱，成为把全书推向高潮的点睛之笔，听众为之心潮汹涌，热泪盈眶，一时难以平静。

紧随其后，根据沪剧《罗汉钱》改编的同名中篇评弹问世。

选题是吴宗锡提出的，目的是提供一部适合女演员发挥的书目。不少人对此持有不同看法，担心珠玉在前，由沪剧改编成评弹，能否吸引听众？吴宗锡力排众议，认为沪剧和评弹各有不同的爱好者，再说《罗汉钱》反对包办婚姻，提倡恋爱自由，主题思想有群众基础，由沪剧改编成评弹，会受到听众的欢迎。

认识统一，着手改编。吴宗锡再三强调，从姐妹剧种移植，决不能被牵着鼻子走，要充分发挥评弹艺术的自身特色，用有别于沪剧的说、表、唱，紧紧抓住听众。成书后的《罗汉钱》分"说亲""相亲""登记""团圆"四回书，1953 年 3 月首演，一举成功。徐丽仙为小飞蛾设计谱唱的"可恨媒婆话太凶""为来为去为了罗汉钱"两个唱段,体现了徐丽仙唱腔的风格特色,成为早期"丽调"的代表作。

几乎在《罗汉钱》排练演出的同时,中篇现代书目《海上英雄》的创作开始启动。这是评弹表现人民海军生活的第一部作品。

事情的起因有点偶然。

1952 年 8 月,著名作家柯蓝在上海工作,文化局局长夏衍交给他一个创作海军题材电影剧本的任务,要他和刚从香港回来不久的导演白沉一起到海军部队深入生活。柯蓝在延安时期和说唱艺人有过良好的合作,看到上海人对评弹那么入迷,提出派两位有较高水平的演员随他和白沉同去海军部队,回来后合作编写一部新评弹。

得此消息,吴宗锡、刘天韵、蒋月泉几位团领导觉得天赐良机,这不仅为评弹创作开拓了新的题材,而且评弹艺人与作为新文艺工作者的作家、导演合作,互相取长补短,符合戏改政策精神要求。一番合计,遂派蒋月泉、周云瑞随柯蓝、白沉赴广东南海舰队体验生活,参加创作。

四位新老文艺工作者在军舰和海军部队驻守的海岛上,逗留生活了近两个月,受到海军官兵的热烈欢迎。战斗英雄、模范陪同参观考察,认真介绍情况,耐心回答问题。崭新的生活,引发了蒋月泉、周云瑞的极大兴趣,人民战士的英勇事迹与精神风貌震撼了两人的心灵,创作冲动一点点萌发积聚。

回到上海,柯蓝的电影剧本一时没有写成,他和蒋月泉、周云瑞合作研究,共同讨论评弹脚本的写作提纲。提纲一定,柯蓝写初稿,蒋月泉、周云瑞写二稿、三稿,成书定名《海上英雄》。书情大意是:1950 年夏,人民海军战斗英雄王永刚、赵大明,奉命化装深入牛门岭侦察敌情,活捉敌军官苗科长。返回途中,遇敌炮艇狙击,赵大明不幸牺牲。王永刚身负重伤,所乘小船沉没。他击毙企图逃跑的苗科长,在海上漂流了一日一夜,送回情报,使我军充分掌握敌情,一举解放了牛门岭。

脚本敲定,进入排演。吴宗锡想到一年前《一定要把淮河修好》的排演。第一部新编现代书目,演员争相上场。为照顾大家的积极性,体现治淮成果,每回书都有四五位演员登台,四回书约十五位演员参加演出,表面看阵容强大,实际不利个人艺术特长的发挥,说唱、表演显得有点仓促松散。吸取这一不足,吴宗锡和刘天韵、蒋月泉商量,从书情与角色出发,《海上英雄》四回书,他建议由蒋月泉、王柏荫、周云瑞、刘天韵、姚荫梅、张鸿声、张鉴庭、吴子安、陈希安、张鉴国等参加演出,获得赞同。后来的演出效果表明,这样的演员调度安排,在调动演员个人经验、发挥评弹特色方面,起到了较为理想的推动与促进作用,逼真地刻画了王永刚、赵大明和老渔民林老三等人物形象。如王柏荫起第一回的王永刚,蒋月泉起第三回的王永刚,各具特色。张鸿声起敌军官苗科长,描摹其色厉内荏,形象生动。刘天韵、姚荫梅运用评弹手法表演激烈海战,多有创造。如运用电影特写镜头的表现方法,苗科长被击落水,描述他那顶军帽在海水中漂浮,给人印象深刻。

1953年4月,《海上英雄》在沧洲书场首演,对评弹界来说是一件有意义的大事。柯蓝担心,部队题材老听众会不会去听?听了会不会坐得住?想不到演出效果好得出奇,一连几十天爆满。激动兴奋之际,柯蓝将此喜讯向夏衍汇报。

夏衍原先也和柯蓝一样,不相信当代军旅题材会吸引上海评弹听众,他认为上海评弹听众是一批不大容易接受宣传教育的对象,要让他们坐着听两个多小时关于人民海军的故事,怕有点勉为其难。对柯蓝的汇报,夏衍将信将疑,他特地走进书场观察调查,看到满场听众饶有兴趣地听完全书,他信服了,称赞《海上英雄》雅俗共赏,用新文艺的内容打动了最难打动的对象,不容易。

1953年在中南海军下生活,后排左二为周云瑞,左五为吴宗锡

后来,像《一定要把淮河修好》一样,《海上英雄》也成为上海评弹团的保留节目,常演不衰。蒋月泉的《游回基地》、张鉴庭的《林老三诉苦》成为脍炙人口的唱段。《游回基地》成为蒋月泉的代表作,至今仍是评弹学校教唱"蒋调"的基础曲目。

编演新书,成绩斐然,为评弹团赢得声誉,受到各方面的特别重视和格外青睐。

1953年7月,中、美、韩板门店谈判结束,三八线划定,朝鲜战争停战。中央决定派遣一支大型"全国文艺界抗美援朝慰问团",组织各大区一流的艺术家赴朝慰问演出。慰问团团长是贺龙,各大行政区成立总分团。参加华东总分团的有安徽省黄梅戏剧团的严凤英、华东实验越剧团的袁雪芬、上海市人民京剧团的周信芳、上海市淮剧团的筱文艳、上海市人民杂技团的孙泰等著名艺术家。评弹、淮剧、黄梅戏和杂技编入华东总分团第一分团,团长许秉铎,副团长吴宗锡、筱文艳。评弹团由蒋月泉、周云瑞、张鸿声、姚荫梅、张鉴国、高美玲六人参加。许秉铎是位老同志,实际带团的是吴宗锡、筱文艳。

朝鲜三个月,慰问团几乎每天都是在卡车上度过。下了卡车沿盘山公路前进,慰问驻扎在山沟里的志愿军战士,一直来到名震中外的上甘岭战场。

上甘岭高耸入云,怪石嶙峋,险峻无比,满山不见一点青翠,只有黑色的焦土覆盖。为照顾大家的安全和体力,部队首长力劝大家不要登峰临顶。周云瑞觉得好不容易到了朝鲜,怎能不凭吊洒遍英雄鲜血的战地,祭奠历史的英灵?他一口气爬到山顶,成为评弹演员中唯一登上上甘岭的演员。面对被侵略者炮弹炸成粉末的上甘岭,他心潮奔涌,热泪盈眶,没等回到山脚下,一口鲜血喷洒在盖满白雪的朝鲜土地上。

在防空洞,在大广场,演得最多的是《刘胡兰就义》和《海上英雄》,还有《一定要把淮河修好》。志愿军战士来自祖国的四面八方,许多人听不懂苏州话,演员们就改用普通话。演出结束,战士们站起来,举枪高呼:

"向人民英雄学习!"

"誓以鲜血保卫祖国人民的安全!"

辗转于战火方熄的朝鲜国土,慰问团冒着严寒,不辞辛苦,毫无怨言地为志愿军战士,为朝鲜军民,一场接一场地演出。人手不够,但只要是演出的事,大家不分剧种,不分你我,争着抢着去干。周云瑞和张鉴国是弹奏乐器的好手,杂技演出缺少伴奏,两人二话不说填补上去。淮剧著名演员筱文艳、何叫天、马秀英

1953 年 8 月,蒋月泉、张鸿声、周云瑞、张鉴国在朝鲜前线慰问演出

为志愿军演出《白蛇传》《千里送京娘》,场面(乐队)人太少,两人不用招呼,自觉充当乐队人员。周云瑞原本不熟悉淮剧,一段时间下来,不仅能胜任伴奏,还能有腔有韵地哼唱一段淮剧《蓝桥会》。

对每一位演员来说,参加赴朝慰问团,明面上是慰问亲人志愿军,慰问兄弟的朝鲜人民,更深层次的角度是在慰问中接受教育——英雄主义、爱国主义教育,净化心灵,从思想深处认识到从旧社会过来的艺人,只有接触工农兵,改造旧思想,才能成为新社会一名合格的文艺工作者。

是年 12 月,赴朝慰问团回到祖国东北,在四平山和铁岭一带为志愿军伤病员慰问演出。其间接到文化部调令,中央正召开有关会议,黄梅戏和评弹到北京演出,一并参加首都的新年晚会。

服从调令,吴宗锡带着蒋月泉、周云瑞等六人马不停蹄,从东北赶往北京。

北京之行,一如在上海、朝鲜,新书演出广获好评,对吴宗锡个人而言,在留下一段永远无法弥补遗憾的同时,找到了延续至今的终身幸福。两件事是那样

赴朝慰问演出,战地留影。后排右一为吴宗锡

巧合地连在一起,怎么想都让人觉得有点意思,仿佛是老天的有意安排,一失一得,算是补偿。

在北京期间,一天吴宗锡抽空外出,去拜访一位朋友。晚上兴冲冲回到驻地,歌剧团的李丝弦用责怪中带有惋惜的口吻说:"哎呀,你跑到哪里去了?我们怎么也找不到你!今天毛主席接见,你错过了,太可惜了!"

听李丝弦说完,吴宗锡愣愣地看着她,好长时间说不出话来。毛主席接见,那是件多么幸运与幸福的事!多少人心中想、梦中盼,渴望的不就是这件事吗?大好的机会,偏偏让他给错过了。为什么早不去、晚不去探访朋友,偏挑这天去呢?

吴宗锡自责、后悔、懊丧,一切已于事无补。他明白,这样的机会可遇而不可求。几天后,不快的心情方渐渐平复。再说,那天他去探访的那位朋友,并非无足轻重的泛泛之交,而是事关他一生的幸福。

吴宗锡28岁到评弹团任教导员,没有成家,也没有心仪之人。初中和大学,在同学中年龄偏小,只管埋头读书,心无旁骛。走上革命道路,成幼殊、潘慧慈等女战士都把他当小弟弟看待,他的兴趣也不在男欢女爱上。白色恐怖之下,从事地下工作,环境险恶,随时有遭遇不测的可能,没有心情考虑个人终身大事。

解放了,身份公开,工作环境发生很大变化,无论在军管会文艺处还是在文化局戏改处,整天忙着联络戏曲界人士,调查研究,了解旧艺人的思想状况,为领导提供决策依据。稍有余暇,想的是写文章、搞创作。吴宗锡认为,新旧交替之际,应该为新社会、新文艺呼唤呐喊,做出应有贡献。这段时期,社会接触面比以往广,日常交往的人也比以往多,但在众多异性中没有发现他要找的理想伴侣。

种种原因,吴宗锡身边的那一半一直虚位以待。

到评弹团后,年长的蒋月泉、姚荫梅对吴宗锡的婚姻大事十分关心,多次做月老牵线搭桥,欲玉成好事,吴宗锡总是婉拒推托。次数多了,姚荫梅开玩笑般地说:你这样拖下去,别人会以为你有病啊!口气中夹有不满责怪之意。

姚荫梅的年纪比吴宗锡要大十余岁,属兄长辈之人,他半真半假的调侃揶揄,吴宗锡并无不快,多是默然一笑,不做过多解释。

内心深处,吴宗锡自有一番主见。他出身书香门第,接受的是高等教育,养成了不同于一般人的修养、气质与风度,他希望他的另一半,各方面都能和他一样,如此方能琴瑟和谐,相伴终生。出于这样的想法,吴宗锡担心由出身、教育、生活与工作环境迥然不同的旧艺人介绍对象,与他择偶标准相去甚远,介绍一个见面一次,却之不但不恭,还会伤了同事间的感情,日后不易相处。这些真实想法他不便明说,唯选择推脱搪塞,一笑置之。

不过,终究有人能懂得吴宗锡的心思,这人就是他的母亲汪葆柔。

两年前的一天,汪葆柔年轻时的好友带着自己家亲戚的一位姑娘逛淮海路,顺道到雁荡路吴家闲叙。汪葆柔一眼看中这位美丽大方的姑娘,旁敲侧击了解姑娘的情况。朋友介绍加姑娘自述,很快将想了解的情况摸得一清二楚。

姑娘名叫徐德棣,在北京外国语大学读书。家庭背景和吴家大体相仿。外公是清末北洋大臣李鸿章的侄孙,按李家"文章经国"的排行,属"国"字辈。母亲和苏州有名的"张家四和"(张元和、张允和、张兆和、张充和)是表姐妹。汪葆柔一听,暗暗叫好,门当户对,天赐良缘,托好友从中撮合,安排吴宗锡和姑娘见面。

吴宗锡比徐德棣大8岁,相似的家庭背景、文化修养、情趣爱好,一经见面交往,很快坠入爱河。两人一个在上海工作,一个在北京求读,平时靠鸿雁传书,爱恋之情日益加深。这次吴宗锡从朝鲜回国奔北京,特意抽空看望徐德棣,正式敲定两人婚恋关系,不曾想错过了毛主席的接见。事后,徐德棣也为吴宗锡惋惜不已。

1954年夏,徐德棣大学毕业,分在北京公安局工作。年底与吴宗锡喜结连理。从一头乌发到白发如霜,近七十年夫妻,同享幸福,共度艰难,相扶相助,始终恩爱如初,令人羡慕。

为解决两地分居的不便与困难,北京方面有意调吴宗锡到北京工作,上海文化局不同意放人,吴宗锡本人也不想北上,未能成为现实。后经组织关心,1956年以对调方式,徐德棣调到上海市公安局工作,夫妻俩才得以团聚。

吴宗锡一家三口合影

1957年1月,儿子出生。借《易·系辞上传》"神以知来,知以藏往"之句,吴宗锡为儿子取名"知来"。稍后,一家三口搬到皋兰路岳父母家中居住。

三代同堂,朝夕相处,翁慈婿孝,夫妻和睦,日子过得美满幸福。

第八章

"斩尾巴"始末

事物发展,常会出现意外之变,借用时下的话说,叫"灰犀牛"或"黑天鹅"事件。

新政权的诞生,得到从旧社会过来的评弹艺人的欢迎和拥护。他们要求进步,向往革命,提倡新文化,上演新书目,以实际行动贯彻落实戏改政策,真诚可贵,令人尊敬。

典型的例子是,1949 年 7 月,上海解放刚两个月,为参加劳军义演,艺人们排演书戏《小二黑结婚》,名家"响档"悉数登台亮相,以此向社会昭示,上海评弹界拥护共产党,愿意说新书。只是谁也没有想到,时隔不久,在编演新书的时代潮流之下,会刮起一股排斥否定传统文化,对历史采取虚无主义态度的歪风,愈演愈烈,酿成一场所谓"斩尾巴"运动。

事出有因。

1951 年 2 月至 5 月,赴香港做"年档"的"四响档"没有参加上海的"春节说新书竞赛",错过了评弹协会组织的艺人学习班。香港"淘金梦"碎,回到上海,"四响档"自觉心中有愧,感到身上毛病很多,必须加强学习,提高思想认识,决定端午节后去苏州静园书场演出,白天只说新书,不说拿手的传统书。行前,他们邀请在带头说新书方面有成绩的刘天韵、谢毓菁联袂同行。近六十天的日子里,九艺人白天演出,晚上自学社会发展史和中国历史,讨论编演新书,另参加苏州文联举办的学习班,自觉改造自己。

一天,蒋月泉收到杨振言从上海寄给他的信,说评话演员沈笑梅在上海东方电台播讲《乾隆下江南》,七十多位工人联名写信给东方电台,严厉责问:乾隆是异族入侵的地主阶级头子,怎么可以把他作为正面人物来肯定?东方电台是民营电台,接到听众的指责批评信,老板害怕得罪官方,将播到一半的《乾隆下江南》撤了下来。

沈笑梅是评话名家,年轻时与妻子在杭州、扬州街头卖唱。依据扬州评话

《济公传》故事大纲,融入大量流传于杭州地区有关济颠僧的传说,自编自演《济公传》。后拜光裕社虞文伯为师。20 世纪 30 年代在江浙城乡演出,编演了《水浒》《乾隆下江南》《儿女英雄传》等长篇。40 年代中期,在上海沧洲书场与姚荫梅合作,人称"双梅档",红极一时。后常在上海大中型书场演出。60 年代初期,加入上海长征评弹团。

长篇评话《乾隆下江南》系根据乾隆下江南的真实事件,结合民间流传所编的带有传奇性的故事。书情大意是:清帝乾隆化名高天赐,伪称商贾,单身南游。在天津才龙镇偶遇书生周日青,见周聪慧,认为义子,相偕同行。在南京,因打抱不平,公堂失手打死县官胡涛,惩治恶少区成山。区逃往匪巢马家庄,诱乾隆入庄,与马元龙父子将乾隆禁于水牢。侠士欧阳德前往救助,恰遇绿林好汉甘凤池、林胜为复仇入马家庄,无意中三人一同救出乾隆,擒马元龙父子。乾隆授意两江总督斩马元龙,授甘、林官职。后偕周日青去镇江,路遇落魄忠良后代关再平,倾所有银两助之,将五宝珠衫典押作川资。当铺老板、朝奉见宝起贪心,串通偷换宝珠,乾隆怒打当铺,夜走扬州,投宿卞家庄。为救被恶僧晏月所劫庄主之女卞秋月,为晏月所擒……一路南下,乾隆屡遭险情,又一再得救。后乾隆、甘凤池等来到苏州、松江,除灭恶霸白泰官和席龙。

从书情看,《乾隆下江南》情节曲折,悬念迭出,富有生活气息与地方色彩,加之沈笑梅善于描绘风土人情,对小人物心态刻画惟妙惟肖,说表不温不火,有冷面滑稽之称,受到听众欢迎,自在情理之中。可实事求是地评价,该书以封建帝王为主角,将其作为正面人物加以肯定,褒扬他济危困,打贪官,除恶霸,灭豪强,与解放初期的政治氛围格格不入。工人听众听后,为表达愤慨不满之情,投书广播电台,批评该书美化"异族入侵的地主阶级头子",可谓切中肯綮,恰如其分。

即便如此,对这样的批评本不必莫名紧张。观众或听众,对一出戏、一部书有不同看法,上纲上线给予批评,属正常现象,也是应有的权利,他人没必要作过度反应。何况宣传和文化领导部门尚未对被批作品表态定性,更没必要节外生枝了。

或许是从艺以来没经历过文艺批评,抑或是由同行的遭遇想到自身,当蒋月泉把杨振言来信内容告诉大家时,九艺人的心情陡然紧张,不约而同地想到各自说的拿手传统书,展开了分析议论。

唐耿良在《别梦依稀——我的评弹生涯》一书中写出了当年九艺人议论的情

景：刘天韵的《三笑》，说唐伯虎有八个老婆，还要追求秋香，这是严重违反婚姻法。张鉴庭的《十美图》，顾名思义是宣传一夫多妻，应是被否定的；还有《顾鼎臣》中的顾鼎臣是阁老，也是大地主，怎么可以歌颂？蒋月泉的《玉蜻蜓》，前面说的是金贵升在庵堂中与尼姑淫乱，是黄色书；后面说金大娘娘是苏城首富地主婆，站不住。周云瑞的《珍珠塔》，方卿一夫三妻违反婚姻法，宣扬封建。唐耿良的《三国》，刘备、曹操、孙权互相之间打来打去，无非是为了自己做皇帝，是军阀混战，宣扬正统思想；最严重的是，刘备、曹操、孙坚（孙权的父亲）都剿灭过黄巾（军），是双手沾满农民起义军鲜血的刽子手，属于历史反革命，一个都不能肯定。

一番分析议论，不仅认定传统书没有一部是好的，而且彻底否定了过去，否定了历史。今天，读着这样的回忆文字，惊叹、诧异……五味杂陈，不知该如何判断。唯一能解释的是，在社会急剧变革、新旧交替之际，为了生存，为了保护自己，有人会因此迷失判别是非曲直的标准，辨不清方向，彻底否定自我。

对此，若仅仅停留在嘴上说说，如一阵风吹过，也就算了。偏偏九艺人对东方电台撤播《乾隆下江南》感到惶恐不安，认为这是一个信号。虽然不是文化局下命令禁播这部书，关键是电台今后肯定不敢再播了。听众来信是挡不住的，说不定哪天会轮到他们说的书，遭到同样禁演的下场。与其被人否定，不如自己主动"斩尾巴"，同传统书决裂，获得个"自我革命"的好名声。

经过郑重其事的讨论商量，九艺人决定由唐耿良执笔起草题为《为搞好新评弹而坚决斗争》的"斩尾巴"宣言，誊写六份分送苏州市文联、上海市文化局、《解放日报》《文汇报》和《大众戏曲》。

"宣言"首先检讨对说新书认识不足的错误，原因"是学着理论不能联系实际。一方面对新社会的远景认识不足，一方面迷恋于目前的利益得过且过，在改书和改人的过程中怕受损失，怕吃苦头，说新书不过是应付春节竞赛和政治任务而已，生活主要来源依靠着充满封建毒素的老书。这种落后情况是非常严重的，是值得深刻检讨的"！

检讨之后，是表达坚决废除旧书、只说新书的坚定决心："今后我们为纠正错误，站稳立场，全心全意为人民服务起见，我们九个人自今天起，坚决不再说唱充满封建毒素的《落金扇》《三笑》《三国志》《顾鼎臣》《十美图》《玉蜻蜓》《珍珠塔》等老书，克服一切困难，坚决为搞好新评弹而斗争。"落款时间：1951 年 6 月 25 日。

言辞恳切的"自我检讨"，矢志不渝的"坚定决心"，凸显被称为"大响档"的九艺人"过于敏感""过于聪明"的幼稚思想,没等到别人举起刀子,他们已主动割自己的尾巴,拉开了"斩尾巴"运动的大幕。

尽管是少数艺人的自发行为,但打着"废除旧书,只说新书,为搞好新评弹而坚决斗争"旗号的"斩尾巴"之举,怎么说都是评弹界的一件大事,作为主管戏曲改革的文化局戏改处,岂能闭目塞听,置身事外? 理所当然地应表明态度。

职责所系,1951 年 10 月 8 日,分工联系评弹的吴宗锡,代表戏改处向文化部和上海市文化局写了一份报告,"请求批准"停止演唱《济公传》《乾隆下江南》《落金扇》《玉蜻蜓》四部传统书目。

报告口吻平和冷静,理由如下:

第一,评弹传统剧目多为"封建社会的产物",宣扬的尽是封建思想。

第二,由于戏改运动的开展,艺人新编的新书不断增加,其中能连续弹唱二三个月以上者十部左右。

第三,鉴于文化部戏曲改进委员会的决定——"对宣扬麻醉与恐吓人民的封建奴隶道德与迷信者,宣扬淫毒奸杀者及丑化和侮辱劳动人民的语言和动作,应分别情况予以修改或停演";对于一般旧脚本,或与艺人协商修改,或以新评弹与之竞争;对于个别毒素较深的作品,如《济公传》《乾隆下江南》《落金扇》《玉蜻蜓》四部书,"拟报请先行停止演唱,以杜绝其流毒"。

客观公允地评价,该报告有理、有利、有节,体现了政府文化管理部门应有的鲜明而审慎的态度。

——数量上没有层层加码,无限度扩大,所提停止演唱书目仅四部,比九艺人自提少了三部;

——理由清晰明了,请求批准停止演唱的四部书,内容宣扬封建思想,丑化和侮辱劳动人民,不符合文化部戏曲改进委员会的决定;

——严格掌握政策,对四部书拟报请先行停止演唱,然后分别情况,予以修改或停演,没有一棍子打死。

细读该报告,从中已可窥见,身为党的文化干部,年纪轻轻的吴宗锡,已具备了应对和处理突发事件的能力,有较高的政策水平。

令吴宗锡感到意外的是,对于他的报告,文化局副局长于伶没表示赞同,也不同意公开发表,提出了不同看法。

从领导者的角度看问题,于伶认为报告对文化部指示精神"体味不够",对四部书的罪状下得"不够周全,文字含混,不能恰当地定下应被禁之罪"。是否停止演唱有关书目,是艺人自己的事,由行业组织决定如何处理,政府文化主管部门不宜过多干涉。

从严格意义上说,于伶实际是对报告变相提出了"批评"。不过,他没有把报告锁入抽屉,予以"枪毙",而是"不予发表",转给评弹协会讨论。

对同一件事或同一个问题如何看待处理,见仁见智,人之常情,更何况这不同看待处理发生在领导和被领导之间。

吴宗锡对于伶的处理意见没有任何异议,下级服从上级,个人服从组织,是党员必须遵守的组织纪律。但多年后,有人论及当年"斩尾巴"的那段历史,把因报告引发的两人不同看法,做了不恰当比较,得出有欠客观公正的评判。

有学者认为,对于"斩尾巴"宣言,于伶不认同吴宗锡的报告,是二人生活、工作背景差异的反映。实际工作中,吴宗锡的个人意愿很大程度上左右了文化改造的方向。

吴宗锡名牌大学出身,既得到马克思主义的教诲,又受到西洋文化的熏陶,"以他对于传统文艺的敌视是双重的,既痛恨传统书的陈腐和反动,比如宣传忠孝节义旧道德和对于封建统治不遗余力的维护,也出于推崇西洋文化而导致对传统文艺的傲慢……"禁书报告"正是他内心世界对于传统书的看法的折射"。

相反,于伶在中华人民共和国成立前,作为地下党员长期与戏曲界人士交往,对他们的生存状况、思想状态有极深刻的了解。

身份不同,职责不同,对同一问题或事件产生不同看法,提出不同化解之道,本在情理之中,借此拿来作简单类比,进而得出褒贬截然不同的结论,未免太过牵强。

再者,该论者还进一步认为,吴宗锡毕业于上海圣约翰大学,早年钟情于欧美文学、戏剧、电影,对民族戏曲了解不深,虽籍贯苏州,但对评弹没有印象,感觉评弹是迎合市民阶层的低级趣味,不入流,兴趣索然,两次申请调离评弹岗位,从事电影工作,未获批准。所以,吴宗锡的禁书报告是"出于推崇西洋文化而导致对传统文艺的文化傲慢"。

"文化傲慢",区区四个字,帽子大得有点吓人,不能不说,这样的结论片面主观,甚至武断。

事实是,作为"文化傲慢"立论依据的那一大段文字,是吴宗锡本人的自我反思,时间在担任评弹团团长,带领全团艺人传承创新,取得显著成绩,获得普遍赞誉好评之后。所谓两次要求调离评弹岗位,并非因为评弹是"迎合市民阶层的低级趣味,不入流"的艺术,而是他从学生时代起就衷情文学创作,屡屡发表诗歌、散文和评论,显示出过人的创作才华。

正因为如此,此后几十年,吴宗锡初心不改,编创新书,研究评弹理论之余,写诗歌,写散文,在"顶级评弹理论家"的荣誉称谓之外,又获知名"诗人""散文家"的桂冠。

显然,将当事人后期自我检讨初期对评弹的不成熟想法,作为立论的佐证,得出吴宗锡写"禁书报告",思想根源是对传统文艺的"文化傲慢"的结论。这样的分析论述,与实事求是的态度相去太远,让人不敢苟同。

当年 12 月初,吴宗锡的报告被批转到评弹协会,九艺人的"斩尾巴"宣言已付诸行动,报纸、刊物大肆宣传。除九艺人之外,吴剑秋、朱慧珍、姚荫梅、严雪亭、黄异庵、魏含英、沈俭安、薛筱卿、周玉泉、徐月雪、杨斌奎、赵稼秋等一众"响档",十之八九都表态抛弃旧书,开说新书。

在此情况下,见文化局并无赞成或反对的明确意见,评弹协会顺水推舟,在艺人中发起不说传统书的签名活动。苏州评弹协会紧随其后,1952 年 3 月,协会根据苏州文联禁唱《珍珠塔》《三笑》《啼笑因缘》《彭公案》《落金扇》的建议,禁演五部书。十余天后,上海评弹协会赞同苏州的做法,主张再加《济公传》《乾隆下江南》《玉蜻蜓》,合而八部书一同禁唱,"永远废弃"。又十余天后,苏州评弹协会将禁演书目增加到十一部。合计艺人自报,上海、苏州所开列的禁演书目,最终《描金凤》《啼笑因缘》《落金扇》等十三部传统书成禁演书目。

如此层层加码,由少数人倡议发起的"斩尾巴",在媒体舆论和行业协会的推波助澜下,很快酿成一场运动——"斩尾巴"运动,席卷江浙沪评弹界,造成扩大化。正如文化局副局长陈虞孙所说:"'斩尾巴'连屁股也一道斩掉了。"

虽然如此,客观分析,真正自觉自愿不说旧书、说新书的艺人是少数,大多数人是认识模糊,盲目跟从,以为说新书是革命行动,是先进的,可以受到表扬;说旧书是落后行为,与新社会不同步,要遭到批判,消极被动地拥护并参加"斩尾巴"运动。表现在行动上,从个人利益出发,多各行其是,远非像九艺人那样认真积极。如有的高唱说新书,实际准备不足,无书可说;有的大喊抛弃旧书,实际窥探时机,生意红火时说旧书,清淡时说新书;还有的走中间路线,先说旧书,赚足生活费后练新书,春节后再说新书。总之,积极的、被动的、投机的,各式各样的人都有。

若仅此而已倒也罢了,更大的问题是"斩尾巴"扩大化,给书场演出和艺人思想带来了极大的混乱。

传统书目是经过几代艺人千锤百炼而成,受广大听众欢迎,屡演不衰,因为禁演,书场出现书荒,听众非常不满。相反,新书的故事、结构、情节、人物,包括说、噱、弹、唱等手段不成熟,吸引不了听众,卖座很不理想。对大多数单干艺人来说,不管新书还是旧书,市场需要,能卖座的就是好书。解决温饱是第一位的,其他的在其次。因为不能说传统书,不会又无财力请人编写新书,不少艺人生活遇到很大困难,靠借债养家糊口,陷入贫困与困顿之中。迫于生计,有些艺人,"斩尾巴"不久,再"接尾巴"说传统书。

种种乱象,造成艺人思想发生动摇:为什么不能说旧书?为什么非要说新书?改人改书,怎么改?一系列问题,本就一知半解,说不明道不清,经过"斩尾巴"运动一折腾,云里雾里,更分不清青红皂白了。

有思路清晰者大声发问:政府从未有任何文件明令禁止传统作品,1951年5月5日周恩来签发的国务院"五五"指示,明确规定"一般地不应当依靠行政命令禁演的办法禁演传统剧目";"对人民有重要毒害的戏曲必须禁演者,应由中央文化部统一处理,各地不得擅自禁演"。

渐渐地,艺人们心生困惑,由困惑萌生不满,由不满转化成怨恨,直至私下与公开的抵制。

"斩尾巴"运动历时一年有余,各种问题和矛盾层出不穷,产生严重的负面影响,引起了各级文化主管部门的高度警觉与重视。

1952年10月6日至11月14日,文化部在北京举办第一届全国戏曲观摩演出大会,目的是通过演出、观摩和学习戏曲传统的优秀遗产,交流经验。《人民日报》发表题为《正确地对待祖国的戏曲遗产》的社论,严肃批评戏曲干部长时期不提高自己的政策水平、思想水平和文艺修养,经常以不可容忍的粗暴态度对待戏曲遗产,犯了"反历史主义和反艺术的错误"。

十分显然,观摩演出大会和《人民日报》社论,一针见血地指出了"斩尾巴"运动问题症结之所在:粗暴地对待民族文化遗产。

文化部的正面引导和《人民日报》的严正发声,上海不甘落后,紧紧跟上。

1953 年 1 月 2 日，文化局召开有关"斩尾巴"运动座谈会，与会者有党员干部、参加"斩尾巴"的艺人、评弹作者，个别先"斩尾巴"后"接尾巴"的艺人也一起参加。会议主持人何慢要求大家就"斩尾巴"的缺点、评弹界的思想混乱、怎么看待民族遗产等问题，不带任何感情与偏见，畅所欲言，各抒己见。

从文化局历史档案看，与会者踊跃发言，批评"斩尾巴"说新书准备不足，政府不闻不问，不施以援手，放任艺人自流，缺点很多，效果不尽如人意。个别与会者直击"斩尾巴"运动的合法性：党的文艺政策似乎不允许简单粗暴地查禁传统曲目、剧目。这与《人民日报》批判"割尾巴"运动是粗暴对待民族文化遗产不谋而合，说明经过一年多的人为折腾，艺人们的思想认识水平大为提高。

座谈会后的 1 月 20 日，吴宗锡以"左絃"笔名，在《新民晚报》发表《评弹改进工作应该怎么进行》的评论文章。文中写道：

> 在一九五一年下半年，由九位先进艺人带领展开了一个停说旧书的运动。这一运动受到大部分评弹艺人的拥护，纷纷起而响应。不过要使这一运动不致流于粗暴和过激，应该在停说旧书的同时立即开展一个审定、修正旧书运动，以便更好地接受民族遗产，保留旧书精华，可是由于艺人们忙于学习，忙于创新而疏忽了。……于是在全国戏曲会演之后，在领导上提出了反粗暴作风，慎重对待民族遗产的指示后，个别的艺人又由于认识的偏差，竟又手忙脚乱地开始演唱起搁置一年而未经审定和修改的旧书来。怎样才是正确的呢？我们应该好好学习周扬同志的指示："我们反对保守，也反对粗暴的改革，我们提倡正确的改革，我们主张按照人民的需要来改革和发展民族戏曲艺术，坚决抛弃戏曲遗产中一切反动的、有毒素的、不利于人民的部分，而保存和发扬其中一切进步的、健康的、有益于人民的部分。"

这段文字，从中可以感受到作者当时的平和心态，和保护艺人的良苦用心，遣词用句谨慎斟酌。

无法否认，"斩尾巴"运动出了那么多问题和矛盾，追根溯源，作者的板子没有打在艺人们的屁股上，反称"九位先进艺人"带领开展了一个停说旧书的运动，大部分评弹艺人"纷纷起来响应"。之所以会出现对民族遗产的"粗暴和过激"，原因是没有"在停说旧书的同时立即开展一个审定、修正旧书运动"。为吸取教训,评弹界的未来任务是"按照人民的需要来改革和发展民族戏曲艺术",抛弃"一切反动的、有毒素的、不利人民的部分",保存和发扬"一切进步的、健康的、有益于人民的部分"。这样提出问题,分析原因,明确对策,以理服人,易为艺人们采纳接受。后来的事实表明,继"斩尾巴"之后,评弹界掀起一场审定、修正旧书运动,俗称"整旧",取得可喜成绩,一批传统书目重返书场,再放光彩。

在文化部和上海市文化局的有力引导、干预下,加之艺人们的呼吁、反抗,1953 年初,"斩尾巴"运动草草收场,前后时间不超过三年。

由少数人主动发起,以不说旧书说新书,为搞好新评弹而斗争为目标的自觉"革命"行动,在没有组织推动的背景之下,犹如狂涛般席卷整个评弹界,迅速形成一场运动,造成恶劣而严重的负面影响,为发起人所始料不及。原因是多方面的。简言之,是解放初期的政治形势、舆论氛围、文化(艺)环境,以及艺术素质与过度敏感等多重因素,综合造成的必然结果,不必要也不应该对少数艺人做过多的指责与苛求。

1961 年 5 月 6 日,陈云同志和吴宗锡谈话,谈及"斩尾巴"运动,陈云说:"抗日战争前后这一段时间内,评弹艺术趋向于商业化,庸俗、黄色的噱头泛滥,可能因此才有解放后的'斩尾巴'。事物的存在,总是有原因的,'斩尾巴'就是对前一时期不良倾向的否定。现在情况不同了,不能再来这种简单的做法。"

这段话,高屋建瓴,鞭辟入里,令人折服。

1957 年 5 月 17 日,文化部通令解禁停演禁戏,标志"斩尾巴"运动宣告结束,代之而起的是"审定、修正旧书运动"的蓬勃兴起。

第九章

《白蛇传》率先尝试

新的一年,新的气象。

1954 年初,有关文化管理部门规定,著名艺人不再担任剧团行政领导,目的是让他们有更多时间专心艺术创作和演出。根据这一规定,吴宗锡以教导员身份接任评弹团团长,刘天韵、蒋月泉、唐耿良从正、副团长位置上退了下来,改任艺委会正、副主任。同样,淮剧团的筱文艳、沪剧团的丁是娥也不再担任两剧团团长之职。

事实上,吴宗锡早已参与团的行政领导工作,原因是刘天韵担任团长不久,自觉当领导不是他所长,有关剧团行政管理常委托吴宗锡代劳,自己一门心思致力于书目创作和演出。

"斩尾巴"运动在一片质疑、批评声中草草收场,传统书目开禁,根据戏改政策,文化局戏改处明确要求"正确整理和审定旧剧目"。

颇具喜剧意味的是,一年前吴宗锡著文提出"反对粗暴作风,慎重对待民族遗产","要审定和修改旧书";一年后他接任团长,"审定和修改旧书"的重任,恰恰落在他的身上。

传统书目,或称老书、旧书,特指新中国成立前编演的长篇书目,数量极为可观,有说七八十部,也有说一百余部。书情内容大致分为三类:一类是帝王将相的史实演义,一类是才子佳人的风流韵事,再一类是神话英雄的民间传说。这些书一方面诞生于封建社会;另一方面,经几代艺人打磨提炼,从书情、人物到主题思想,既有封建性糟粕,也有民主(艺术)性精华,全盘肯定或彻底否定,都不是历史主义的态度。"斩尾巴"运动本质是彻底否定旧书,倒洗澡水连孩子也一起倒掉了。整旧则是剔除封建性糟粕,保留民主(艺术)性精华,使传统书目成为适合新社会听众需要的精神食粮。

可问题在于,对旧书目进行整理,去"糟"存"精",让其重返书场,前人从未做过，无现成之路可走。况且那么多书目，从哪一部着手？对此，吴宗锡和艺委会成员几经讨论，决定将《白蛇传》作为整旧的第一部重点实验书目。这一选择，理由有三：其一，当时越剧等戏曲都在演《白蛇传》，坊间有句顺口溜，"翻开报纸不用看，《梁祝》《西厢》《白蛇传》（指演出广告）"；其二，结合舞台演出，有关部门和报纸不止一次地指出《白蛇传》是神话剧，言外之意，比起美化帝王将相、才子佳人的其他老戏，《白蛇传》的问题要少得多；其三，由著名剧作家田汉先生改编的京剧《白蛇传》，热热闹闹地在上演。有此三点，大家认为，戏曲能演《白蛇传》，经过整理，弹词《白蛇传》为什么不能作为恢复传统书目的开端？

一番慎重权衡，整旧从《白蛇传》着手就这么定下了。

《白蛇传》是我国四大民间故事之一，另三部是《牛郎织女》《孟姜女哭长城》和《梁山伯与祝英台》。《白蛇传》讲述的是人妖之恋的故事，带有神话性质。据相关史料，明清传奇及近代许多戏曲、曲艺均有此剧，民间广为传唱。如明嘉靖年间杭州陶真演唱中有《雷峰塔》一目，话本小说有《白娘子永镇雷峰塔》等。

长篇弹词《白蛇传》，又名《义妖传》，明嘉靖、清咸丰两朝有同名刊本。其书情大意是：白蛇修炼成精，取名白素贞，收伏青蛇精为婢，取名小青。两人至杭州，于西湖遇见前世曾救过自己的药店伙计许仙，遂施法下雨，乘机与许仙同舟，借伞给许，待许仙还伞时，由小青做媒，连夜成亲。婚后不久，白素贞赠许两锭白银，被发现是钱塘县所失库银，许仙因此获罪发配苏州。白素贞和小青赶到苏州，出资助许仙开保和堂药店。茅山道士从中作梗，白素贞怒而与其斗法，予以惩罚。端午节来临，白素贞装病躲入房中，许仙误以为白素贞受风寒所致，劝白素贞服下雄黄酒，显出蛇身而吓死。白拼死上昆仑山盗仙草，将许仙救活，以假蛇释许之疑。不久中秋节来临，药行同业赛宝，小青从富家盗得珍宝，供许仙参加，斗宝时被人识破，再次被捕入狱。释放后，保和堂迁至镇江。金山寺住持诱骗许仙入寺，告知白素贞与小青皆为蛇妖。许仙惧怕，入寺为僧。时白素贞已身怀六甲，追至金山寺向法海索夫，与法海一番大战，败而与小青逃到杭州。许仙思妻心切，从金山寺逃出，在杭州断桥与白素贞、小青相遇。小青怒斥许仙不义欲杀许，白素贞劝阻。夫妻同往许仙姐姐家，产下儿子梦蛟。此时法海从镇江赶来，将白素贞收入金钵，镇于雷峰塔下。为救主，小青进山修炼。许仙将儿子托与姐姐，出家为僧。转眼间梦蛟19岁，上京赶考，路遇许仙，父子相见。梦蛟中状元后至雷峰塔祭母，适逢白素贞厄运已满，出塔与儿子相会，归家，阖家团圆。

人情(爱情)与神话相结合,故事一波三折,尽展善恶情仇;人物命运跌宕起伏,屡陈悲欢离合,难怪《白蛇传》在民间流传,经久不衰。

面对全团整旧的首次尝试,又是这样一部影响广泛的书目,吴宗锡不敢掉以轻心,他亲自挂帅,成立由陈灵犀、蒋月泉、朱慧珍参加的专门小组,陈灵犀负责整理脚本的编写,蒋月泉、朱慧珍拼档,负责演唱。

陈灵犀,广东潮阳人,在上海生长,长期在上海工作,是一些小报的编辑、自由撰稿人,在小报界与唐大郎(云旌)齐名,在读者中有一定声誉,与著名报人曹聚仁有深交。他原对评弹并不熟悉,1949 年后评弹作家平襟亚、周行组织"新评弹作者联谊会",始涉足评弹创作,成为评弹作家。作为新文化人代表,他创作题材广泛,风格多样,整理传统书目尤见功力,不少篇章既符合评弹艺术规律,又富有文学性,经名家演出,多成为保留节目,深受听众赞赏。有"评弹一支笔"之称。

吴宗锡选择陈灵犀负责《白蛇传》整理脚本的编写,目的是为保证整理后脚本的艺术质量。

为做到有的放矢,少走弯路,整理小组先找来《白蛇传》说唱脚本《平妖传》,认真阅读研究。弹词是口头文学,实际演出与文字脚本差距很大,仅看刊印脚本或艺人家藏手抄本,很难准确把握内中优劣得失。理想的办法是,在阅读研究文字本基础上,亲临书场,观摩艺人的演出。

难题踢给了吴宗锡。

巧的是,对《白蛇传》贡献最大、演唱俱佳,有"蛇王"之誉的杨仁麟,正在新华书场演出,十分卖座。若是一般人,想听杨仁麟的书,买张票进场就是。无奈杨仁麟还没加入评弹团,按评弹界行规,非师承、同门关系艺人,不得随便到书场听其他艺人说书。

行规必须遵守,书也一定要听。为整理需要,吴宗锡亲自找到杨仁麟,说明进书场听他说书的原委。杨仁麟豁达大度,同意评弹团的人进场听书。行规被打破,整理小组花了四个多月,从头至尾听了一遍杨仁麟说的《白蛇传》。

不愧是大家,杨仁麟书艺卓越,作为同行,蒋月泉感到获益匪浅。唐燕能所著《皓月涌泉·蒋月泉传》,引用了蒋月泉对儿子蒋培森说的一段话:"我在杨仁麟身上学到不少东西。人家总认为我格(的)'蒋调'是从周玉泉的唱腔中发展而来,其实,我后来的'蒋调'吸收了杨仁麟交关末事(很多东西)。根据《白蛇传》的书情与我的嗓音条件,'西皮'不能唱哉,只能唱'二黄',唱腔不能上旋翻转了,而是下旋了。这种唱腔叫'移步换形',粗看看不出,但我格(的)影子在慢慢变哉。"不仅是唱腔,对杨仁麟的手面动作,蒋月泉也佩服之至。"杨仁麟的漂亮在于你不觉得他在做手面,他在说表中手面就出来了。"他甚至认为,不整理《白蛇传》,不听杨仁麟的《白蛇传》,就没有后来的"蒋调"。

虚怀若谷,兼收并蓄,对同行大家尊崇有加,正因为如此,蒋月泉方能成为评弹界一代宗师。

从头至尾听了一遍杨仁麟的《白蛇传》,留给整理小组的印象是,该长篇弹词精彩的地方固然很多,真要动手整理,难度不小。

评弹界流传一种说法,即"蜻蜓尾巴白蛇头",意思是《玉蜻蜓》后部好听,《白蛇传》前部精彩。吴宗锡起先对这句话不理解,《白蛇传》在"水漫金山"之后,接下来是"断桥""合钵""哭塔"……情节越来越推向高潮,为什么反不好听呢? 待听完全书之后发现,原来《白蛇传》和其他长篇一样,先有一个故事梗概,然后吸收许多短篇的传说,增加许多穿插,逐渐敷衍成长篇。

了解了《白蛇传》成书的过程,整理小组经过讨论,共同的看法是这部书主要问题有三个。

一是人物性格不统一,有被歪曲的地方。直白地说,是主要人物立不起来。如从"游湖"开始,一直写白素贞对许仙有真挚的爱情,可到了端午节白素贞喝了雄黄酒现原形后,因为白鹤童子看守仙山,白素贞不愿上山去盗仙草,遭小青严词申斥,才被说动拼命上了昆仑。这样写,极大地歪曲了白素贞的性格。此外,对许仙、小青、法海等主要人物的刻画,很多地方的处理也同样如此。

二是只注意强调人情味,忽略、冲淡了白素贞与法海之间势不两立的斗争。"水漫""断桥""合钵"等回不能吸引观众,问题盖出于此。

三是全书羼杂过多与正书无关的穿插(包括一些噱头)和不必要的细节描写。如对大生堂药店老板王永昌及伙计阿喜等次要人物过分地刻画,导致喧宾夺主。所谓"白蛇头"好听,指的正是这些与主题无关的穿插、噱头部分。

明确了原书存在的缺点,如何整理也就有了正确的对策。1956 年 5 月 28日,吴宗锡在《解放日报》发表《我们是怎样整理传统书目〈白蛇传〉的》一文,回顾整理《白蛇传》的指导思想及具体做法。文中写道:

在认识了原书存在的缺点之后,我们进一步探讨和明确了《白蛇传》这一民间神话所表达的主题思想——反对正统礼教的迫害,追求自由幸福生活;明确了书中的几个主要人物——白娘子、小青、许仙、法海等的性格特征。其中包括几个主要问题,比如法海的出场和许仙的转变等问题。我们肯定了许仙在"断桥"相遇之后是有些悔改,并且逐渐坚强起来的。原书中,要演唱到金山寺,法海才开始出场,但为了集中地表现白娘子与法海的矛盾起见,我们根据其他的戏曲本子,认为法海最好在饮雄黄酒的那一回就出场,使白娘子现形,说明不仅是由于一个"妖怪"怕雄黄,而更是由于法海的迫害;通过这一典型情节,反映了社会生活的矛盾和冲突。

在此应对之策指导下,整理工作开始起步。

为慎重起见,先由陈灵犀试写第一回"游湖",算是"磨刀"。到上海工厂试演,听取反应,效果不错。特别是蒋月泉与朱慧珍的两个"金嗓子"拼档演唱,反响热烈。这下,大家绷紧的神经松弛了下来,气氛乐观,认为《白蛇传》毕竟是神话故事,情节曲折有趣,唱篇也多,说说唱唱,听众肯定会欢迎。

接下来根据原先安排,到常熟花园书场边整理边演出。

吴宗锡考虑想请杨仁麟到常熟参与整理,杨身体欠佳,精力不济,无法如愿。转而请与杨仁麟同门同师的余韵霖当顾问,协助改编。领导,新、旧文化人,外加评弹艺人,多方优势结合,《白蛇传》的整旧改编,为后来传统书的整理提供了一条行之有效的好方法。

在常熟,每天上午余韵霖说一回老书,陈灵犀记下来,由陈灵犀、蒋月泉、朱慧珍"扳错头",讨论如何修改(切书),再由陈灵犀执笔写唱词,蒋月泉、朱慧珍试唱定调,每天编一回、排一回、演一回,"现吐现吃"异常辛苦。1982年,陈灵犀在《弦边双楫》中回忆写道:"我每写一页便由抄写员复印后送交月泉读剧本、摸曲调,天天像出号外那样一页一页地飞传,日日都是'现吐现吃',从无隔宿之粮。夜场散后要总结一下实践,存在的问题,还要商议下一回书怎么处理。大家就是这样忙个'马不停蹄',虽不说到了寝食俱废的地步,却已食而不知其味,躺在床上就是闭上眼睛,还是无法成眠。"这段文字,活灵活现地表达了整理小组所付出的心血艰辛。

尽管如此,由于对困难估计不足,演出状况很不理想,书场听客越来越少,一个月后剧场只剩下五十多人。听众的普遍评价:杨仁麟的《白蛇传》是"蛇王",徐绿霞的《白蛇传》是"活蛇",上海评弹团的《白蛇传》是"死蛇",即书情不好,只会死唱。嘲讽式的尖刻批评,执笔整理的陈灵犀听了很不是滋味,忧心忡忡,压力很大,生怕砸了蒋月泉的金字招牌。蒋月泉嘴上不说,反安慰陈灵犀,心里也很不踏实:新《白蛇传》究竟能不能成功?

吴宗锡得知情况后,几次赶到常熟打气鼓劲,耐心细致地做思想工作,要大家坚持下去。他一再强调,新生事物要取得成功,不会一帆风顺,那么容易,要有走弯路的思想准备,坚持总会取得胜利。万一失败了,责任不在大家,由团领导承担责任。

领导态度坚定,心气大度,敢担当肯负责,鼓舞整理小组继续坚持努力,树立了一定要把《白蛇传》整理好的信心和决心。

在此基础上,吴宗锡和大家对书情和人物作进一步深入研究。在白娘子和许仙的结合,是"知恩图报"还是"一见倾心"的问题上,看法产生分歧。一种意见认为,要在许仙身上找到值得白娘子倾心的因素。白娘子是书中的正面人物,来自仙界,有千年道行和一双慧眼,如果她不能找到一个白璧无瑕的郎君,是对白娘子这一人物的贬低,想方设法为许仙弥补缺陷。

可问题是,许仙从四月十四轧神仙,端阳节饮雄黄,一直到上金山,一而再、再而三地动摇,引狼入室,和白娘子作对,这些都是人所共知的故事,不可能删除。显然,许仙的缺陷很难由别人帮他弥补。

吴宗锡认为,《白蛇传》真切、深刻地反映了封建社会的真实生活。在当时的社会里,有斗争性、反抗性很强的人物,他们不可能是"完人",没有一丝缺点。白娘子既然爱许仙的善良淳朴,自然能原谅他的怯懦、软弱和动摇。当她追求幸福生活时,因自身性格的矛盾,导致了悲剧——"合钵"。

许仙的性格,同样也存在矛盾。他有企求幸福、自由的一面,又有立场不坚定的一面。白娘子是人是妖的矛盾,实质是正统与反叛的具体化,许仙反复纠结这一点,背离了企求幸福、自由的初衷而不知,最后只能踏上悲剧之路。因此,准确地说,许仙是封建社会中带有典型性的人物形象,是从真实生活里提炼出来的,性格是丰满而生动的。《白蛇传》的悲剧,表现了封建社会里某些追求幸福生活者的性格矛盾。文艺作品非但不排斥表现人物性格的矛盾,相反人物性格矛盾写得好,能更好地烘托、表达作品的主题立意。

经一番深入浅出的梳理分析，吴宗锡明确提出，不要为了"端正"许仙的性格，去极力粉饰他的缺陷，这样人物必然会简单化、概念化，书情自然变得干巴枯燥，不好听了。听众批评"书情不好，只是死唱"，原因之一也在于此。

吴宗锡的鼓励，帮助整理修改小组稳住阵脚，打起精神，结束在常熟的演出后，又分别到苏州、杭州演出。

吸取前一次的教训，苏州、杭州的演出边整理边修改，重视书情的可听。先是剔除必须剔除的糟粕，如色情、怪诞、恐怖等，以凸显主要情节和主题思想。继之对稍加修正就能增加其光彩的，作加工修正，如白娘子上山盗仙草、对许仙的感情等，作细致描写刻画，强化两人间的恩爱之情。再是对删去的部分做必要补充，增加和丰富内容。

经过近三个月努力，整理修改后的新十八回《白蛇传》逐渐定型，给听众以耳目一新之感，演出反响一次比一次好。

《白蛇传》的整理修改，陈云同志给予了肯定。1960 年 3 月 20 日，陈云在上海和评弹团的同志谈《做好整理旧书的工作》时说："最近听了《白蛇传》，繁琐的地方实在太多了。例如许仙到苏州投案、别姐、行路等，听后感觉是多余的，拖拉得很。你们团里把它改成分回，听来就精炼和舒服多了。如果把日常生活中的睡觉、吃饭等都放在书里，叫听众来听这些，那未免太繁琐了。总之，应取其精华，去其糟粕，保留无害部分，去掉繁琐的地方。"

被评弹界敬称为"老听客"的陈云同志，一生喜爱、关心评弹，其间的点点滴滴，为几代评弹人所铭记不忘；他对听书、评书、论书的真知灼见，更为评弹人所折服。作为首部整旧的试点之作，《白蛇传》能得到他的肯定，实属来之不易。

谈及《白蛇传》的整理，参与者之一的余韵霖曾对人说，新《白蛇传》之所以能取得成功，功劳最大的不是他、陈灵犀、蒋月泉三人，而是吴宗锡。由于吴宗锡亲自策划、拍板，看得远，看得清，决断准，才使新《白蛇传》成为评弹艺术上的一部里程碑式作品。

《白蛇传》整理取得成功，附带取得两点收获。

一、演员的重新组合找到最佳搭档。

评弹演出以档为单位，演员的拼档是一项重要的艺术组织工作。单干时期，艺人间的拼档、拆档属个人之事，他人无法也不会轻易干涉。评弹界有种形象化说法，拼双档犹如找对象，甚至比找对象更难。双档配合要你中有我，我中有你，

弦内弦外两相辉 ◆ 艺术评传

125

共同发展。拼档的演员不仅要做到台上艺术趣味相投,台下生活情趣也要相近,否则台下有矛盾疙瘩,互相闹别扭,台上肯定合作不好,创作不出好作品。

　　到了评弹团时期,从最初的十八艺人,逐渐发展到二三十人,彼此汇聚在一个团内,既方便交流创作演出经验,也为充分发挥个人艺术特长,寻找理想搭档,提供了选择的空间。吴宗锡接任团长后,很快感到国营剧团人才济济,尤其要注意优化组合,做到强强联合,让不同流派风格艺人的特长发挥到极致。

杨振雄、杨振言演出《武松·访九》一节

　　经一段时间观察,和艺人个别接触,再主持艺委会讨论,吴宗锡决定对演员拼档重新进行组合:徐丽仙和包丽芳拆档,由刘天韵和徐丽仙拼档;杨斌奎、杨振言拆档,由杨振雄、杨振言拼档。除这些重点双档,另安排王柏荫和张维桢拼档,苏似荫和江文兰拼档,加上原有的华士亭、华佩亭兄弟档,全团形成了以中青年演员为主的中坚力量。

　　拼档拆档关乎当事人的切身利益,非议之声不少,一位女演员不愿意和某男演员拼档,借口是那位男演员太脏,不讲卫生。上不了台面的这一理由让吴宗锡哭笑不得，他从大局出发，苦口婆心地做工作，反复说明团里安排是经过慎重考虑的，并非乱点鸳鸯谱。对个别固执己见的，他不惜严厉批评，导致当事人怀恨在心，在"文化大革命"中借机发泄，吴宗锡为此吃了不少苦头。

事实胜于雄辩，重新组合拼档，有利于艺术质量的提高，对新的艺术风格的形成和发展，起到了推动作用。

苏似荫、江文兰拼档近三十年，珠联璧合，广受听众欢迎。杨双档（杨振雄、杨振言），蒋（月泉）、朱（慧珍）档，更是成了蜚声书坛的大"响档"。特别是蒋、朱档，成为男女双档的一面旗帜，也是评弹艺术发展史上的一座高峰。

拼档之初，蒋月泉、朱慧珍没有一部适合他们演唱的书目。蒋月泉原先拿手的《玉蜻蜓》还未经整理，不能搬上书台，处于无书可唱的境况，亦无女搭档。朱慧珍参加演出后，一炮走红，听众记住了她的唱。成立《白蛇传》整理小组，吴宗锡慧眼识英，让蒋、朱二人参加整理小组，专事演唱，分别起许仙、白娘子的脚色，边整理边试唱。合作中，两人取得共识：唱不能简单地唱，一定要唱出你扮演的人物，唱出这个人物的身份，要符合这个人物此时此地的想法，唱出他的感情；书里的说和唱，不是在唱篇里加几句话就算说说唱唱了，它是有故事的发展，有感情的有说有唱，是紧密结合的。两人近乎无缝对接式的默契，为新《白蛇传》增色不少。准确地说，《白蛇传》成功整理，得到广大听众认可，蒋月泉、朱慧珍功不可没。自《白蛇传》起，两人拼档十余年，合作演出《林冲》《玉蜻蜓》等多部作品，几近完美无缺。蒋月泉的"蒋调"和朱慧珍的"俞调"，堪称典范的男女双档对唱。

遗憾的是，1958年从厦门慰问演出后，朱慧珍因病渐渐淡出书坛，竟至谢幕，中止了她的艺术生涯，令听众惋惜不已。

对重新组合拼档带来的巨大收获，吴宗锡欣喜地总结说：艺术组织相当重要。只要组织搭配得好，把演员的积极性调动起来，就像种子撒出去，具有合适的气候和水土条件，自然会一茬茬生长起来。

形象的比喻，生动真切，令人折服。

二、科学的工作程序开始形成。

"跑码头"的艺人组织起来，成立了评弹团，和各自为战时的单干相比，等于有了一个"家"，形成良好的艺术氛围，有利于大家交流切磋书艺。为使这种氛围落实到实处，必须建立一套科学的工作程序。这个程序要能激发艺人的激情，主动积极参加经艺委会讨论通过，对准备上演的一度创作剧本，进行二度、三度创作的过程,使书目质量达到相对成熟、完美的程度,取得理想演出效果。出自这样的目的,在整理《白蛇传》的三个多月里,"拽书""切书""连排""响排""磨刀"等带有行业术语性质的工作流程逐渐形成。

——"拽(挹)书",似如穿衣,把衣服拽拽挺。意即演员拿到剧本,先要明确该书主题是什么,人物应该怎样,然后对每个人物的说表、动作进行设计想象,记录下来。所谓"拽(挹)书",实际是做好演出前的案头工作。

——"切书",即一回书一回书地做结构解剖分析,啰唆的部分舍去,不足的部分弥补,力求使该回书情节、人物完整,少有瑕疵疏漏。

——"连排","拽(挹)书""切书"之后是排演,先一回一回地排,一个中篇四回书,放在一起排叫"连排",排演中发现不足,随时改进。

——"响排","连排"是演员自排,属自排自查;"响排"是全团排,全团参与讨论,等于是该书演员接受全团共同"会诊",做最后质量把关。

——"磨刀",此"磨刀"不是真磨刀,而是一种比喻,即如一把没开锋口的刀,经在磨刀石上磨出锋口,泛指新书接受听众检验,听取反应,作最后修改。所谓"磨刀",说穿了是正式演出前的预演。预演,书场不选上海的,一般选小码头、小地方,万一演砸了,负面影响较小,采取补救措施更方便容易。《白蛇传》整理预演选在常熟、苏州、杭州,原因也在于此。

五道工作程序一环接一环,环环相扣,有力地保证了书目的演出质量。尤其是最后一道"磨刀",待一部新书演得基本成熟了,由演员记录成文,形成定本交给团部。凡定好的本子,今后再演,不希望也不允许演员在台上随意修改。

《白蛇传》整理改编试点成功,同时取得多方面收获,极大地调动了全团人员参与整旧的积极性。歇夏以后,在学习戏改政策和文艺理论的基础上,艺委会组织对全团传统长篇书目进行自查,成立了《秦香莲》《梁祝》整理小组。对一些主题思想可以肯定,又无明显糟粕的传统长篇书目,如《三国》《水浒》《英烈》《隋唐》《金枪》《西厢》等,由演员边整理边演出,丰富原书情节,做到精益求精。由此开始了有计划、有步骤、较大规模的整旧工作。

与此同时,对那些主题思想一时难以完全肯定或者否定,其中某一章节有积极意义的书目,如《玉蜻蜓》《描金凤》等,则一段一段进行分回整理,在传承中创新,走出了一条旧书新生的可行之路。

第十章

传承中创新

吴宗锡是冷静的。

作为整旧试点书目,《白蛇传》整理喜获成功,文艺界领导和专业人士大多给予高度肯定和赞许,评弹团上下也是一片兴奋喜悦之情,客观上推动了整旧工作的深入进行。

面对这一切,吴宗锡没有盲目地沾沾自喜。他认为,整旧的目的不仅仅是要扬弃传统书目中的封建性糟粕,保存其民主性(艺术)精华,更重要的是要在传承中创新发展。以此标准衡量整理后的新《白蛇传》,尚不尽如人意,主要表现在艺术上没有取得多大突破。

在《我们是怎样整理传统书目〈白蛇传〉的》一文中,吴宗锡特别提到了新《白蛇传》存在的不足:"有些地方我们还是不免受了戏曲的影响,而忽略了评弹的特征。如人物出场喜欢用定场诗,互相对话喜欢用七字句,描摹风景也喜欢用韵白。本来弹词中描写自然环境往往和事件结合得很好,并不孤立地来描绘自然景物。比如,许仙出场,是从游客讲西湖风景引出,许仙听苏州游客讲西湖风景讲得头头是道,勾起了自己的心事,想到自己是杭州人,反不及他们熟悉西湖。这样,从许仙的感叹中又介绍了他的身世、家庭、生活等,而另一面西湖风景又成了他与白娘子结识的诗意背景,但我们在这方面就运用得很少。"此外,对于补进去的唱篇,"太注意词藻的修饰(有些地方还不免陈词滥调),而忽略了对思想感情的恰当的表达"。

所谓"忽略了评弹的特征",唱篇"太注意词藻的修饰",以至于"有些地方还不免陈词滥调",虽不属"糟粕"范畴,但从艺术创新发展角度看,存在很大的改进与升华空间。所以,吴宗锡明确提出,《白蛇传》的整理工作,"还不能认为是结束了,我们还要在不断提高思想认识,在不断学习评弹业务的基础上来不断地提高它"。

既然如此，为真正做到在艺术传承基础上的创新发展，接下来整旧工作该如何进行？

经过一番深思熟虑的酝酿思考，吴宗锡觉得，整旧是一项非常艰巨细致的工作，必须慎重对待，既不能抱残守缺，也不能急躁粗暴，一下子整理一部长篇，要求在传承的基础上做到艺术上有所发展，有所创新，有一定难度。切实可行的做法是，可选一部主题内容一时尚不能完全肯定的长篇，选取其中某一章一节有一定积极意义的"关子"部分，或其"菁华"处，着手整理。再由短及长，一段一段分回整理，最终完成全书的整理。这样做，事半而功倍，能较快收获理想成果。

考虑成熟，吴宗锡把上述想法和艺委会沟通，得到艺委会的同意和支持，一致拍板决定，首部整旧的重点回目是《庵堂认母》。

除此而外，还有更深一层的设想："以《庵堂认母》作为突破口，起示范榜样作用，为整理其他传统长篇书目，如《描金凤》等摸索经验。"

《玉蜻蜓》是蒋月泉的出科书，全书有两个互有关联而各自独立的故事组成。其故事大意是：苏州巨富金贵升，娶吏部尚书张国勋之女为妻。婚后夫妻不睦。一日，贵升与好友沈君卿出游，途中不辞而别，至法华庵，见尼姑智贞而生情，遂留庵不归，两情相悦结合。不久，贵升病死庵中。智贞云房产遗腹子，在襁褓中裹血书和贵升遗物玉蜻蜓扇坠，着佛婆深夜送子归还金府，因故失散。孩子被人卖与苏州知府徐上珍。徐为孩子取名元宰，视为己出。后徐上珍因赈灾使库银亏空，被逼赔偿。不得已，向金府借贷。金妻张氏（金大娘娘）见徐元宰貌似贵升，收为寄子。十六年后元宰得中解元，恰张氏偶得离家时所携带的玉蜻蜓，遂寻踪追源。元宰猜测亲生母亲为智贞，赴庵堂认母。张氏知元宰为金氏之后，迫其归宗。金、徐两家厅堂夺子，结果元宰兼祧金、徐两家。

因受私营东方电台播出沈笑梅的评话《乾隆下江南》遭到听众严厉批评事件影响，以蒋月泉为首的九艺人自发倡议停止说唱有封建主义毒素的旧书，"割掉封建主义尾巴"，否定自己的拿手书目，《玉蜻蜓》被指前段说的是金贵升在庵堂中与尼姑淫乱，"是黄色书"；后段的金大娘娘是苏州城首富地主婆，"站不住脚"。"斩尾巴"扩大化成"运动"，《玉蜻蜓》被列入十三部禁书名单，退出书场。及至"斩尾巴"运动不得人心，匆匆偃旗息鼓，《玉蜻蜓》一直未能恢复在书场的演出。

出于对"出科书"的钟爱，在奉命整理《白蛇传》之前，蒋月泉已私下琢磨《玉蜻蜓》的整理。

《庵堂认母》是《玉蜻蜓》中的一回,主要情节是讲述徐元宰详明血诗,前往庵堂寻娘。智贞明知元宰即是十六年前的亲生之子,顾虑自身身份与元宰前途,不敢相认。元宰以情打动智贞,恳求再三,母子方才相认。故事简单明了,围绕"认"与"不认",张扬的是"人情与人性"的复杂,内心情感的纠结与冲撞,有戏可挖,整理得好,能抓住打动观众。

回想起 1953 年 9 月,在北京参加第二届全国文艺工作者代表大会期间,曾听著名演员金山谈关于创作并主演话剧《万尼亚舅舅》体会的讲课,吴宗锡很受启发,认为《庵堂认母》值得好好整理。借鉴金山的讲课,他对这回书的整理意图、主题思想、书目内容和人物性格,提前做了充分准备。

为保证整理工作顺利成功,吴宗锡指定陈灵犀、蒋月泉、朱慧珍组成整理小组,仍由陈灵犀执笔改剧本、写唱词,蒋月泉、朱慧珍摸曲调、演唱。有关书情修改,一起参加讨论。二次合作,三人心情格外愉快,各自发挥自己特长,相互交流启发,效率很高,效果奇佳。

起步方法和整理《白蛇传》一样,先听未经整理的《庵堂认母》,由蒋月泉和徒弟王柏荫演唱。这次演唱,不在书场在团内,全团人员一起参加,听后参加讨论修改。

时值 7 月酷暑,蒋月泉、王柏荫穿着汗衫,说得大汗淋漓。

当天晚上,吴宗锡给大家做了一个早就准备好的"辅导报告"。《皓月涌泉·蒋月泉传》转述了这一报告的有关内容:"他从这一回关子书的矛盾冲突中详细剖析了徐元宰和智贞的性格特点与思想脉络,介绍了封建宗法社会的时代背景,以及在那样一个社会环境中,智贞为儿子的前途计,不敢贸然相认的原因,和她在是否去认亲生儿的关键问题上内心斗争的激烈痛苦。他对这一回的主题思想、书情与人物的个性差异也作了全面的分析和比较,指出认娘应该是怎样的一个过程,人物的性格与心理状态应该如何表现。"

这段文字,说明"辅导报告"有很强的理论色彩。它对整理人员明确书目的积极性主题、人物的思想感情、书情进展的层次,将起到很大的指导作用。

蒋月泉、朱慧珍等人听了报告,茅塞顿开,兴奋不已。在此之前,还从未有人从书情与人物,从主题思想到人物性格,做过如此透彻的分析,这是前辈老先生无暇顾及,也难以做到的。

"辅导报告"中途,发生了两件趣事,别具意味。

弦内弦外两相辉 ◆ 艺术评传

一件是在对书中人物作形象化分析时,吴宗锡说,智贞的脸形应该是瓜子脸,清秀的。蒋月泉听了吃惊地问:"我们原来为智贞'开相'就是瓜子脸,你从来没有听过,怎么知道的?"吴宗锡目视蒋月泉,慢慢说道,在文学作品中,人物性格与形象是对应相符的。按照书情,智贞这个人物心中悲苦,形象不会很胖,瓜子脸应是适合她内心与性格的理想外在形象。

再一件是吴宗锡带着感情讲述智贞的母爱及母子间的天性,忽然传来郭彬卿的哭声。一时间大家莫名其妙,好端端地听辅导报告,怎么听哭了?只好漫无目的地劝解安慰。后来才明白,郭彬卿从小由养母带大,没体会到母爱,吴宗锡关于智贞母爱的分析,触动了他心中的隐痛,止不住悲从中来。

多年后,在一次有关吴宗锡评弹观的理论研讨会上,上海市曲艺家协会原副主席、资深媒体人周介安发言说:"整旧工作是吴宗锡对评弹的重要艺术贡献之一,他以其所代表的新文艺思想灌注于传统的评弹艺术,使之有了提高,而他本人也同时在整旧中对评弹艺术有了更深刻的领悟和把握。"这一评价中肯到位,用新文艺思想分析解剖评弹传统书目,促其在传承中创新,吴宗锡所起到的作用,是一般人无法替代的。

听过老书,又听了吴宗锡循循引导、抽丝剥茧般的辅导报告,整理小组找到了老书存在的严重不足:徐元宰同他的生父金贵升一样,语言轻佻,戏谑生母,要挟智贞认他,扭曲了徐元宰至诚认母的一片孝心。与此相关联,智贞顾虑自己的身份与儿子的前途,一再不肯母子相认,凸显封建礼教的束缚,战胜了人情与人性,主题思想失之偏颇。根据大家的讨论意见,陈灵犀很快拿出修改脚本。

从书情来说,《庵堂认母》是以唱为主的唱功书,纠正了主题思想存在的严重不足,接下来就要靠"唱"体现其内在魅力,吸引听众,赢得听众的掌声。

陈灵犀创作的新脚本唱词,文采斐然,起承转合,层层推进,精准贴切地体现了人物的感情。拿到新唱词,为避免脱离书情和人物内心活动的变化去死唱,没有波澜起伏,使观众听得昏昏欲睡,蒋月泉就在"摸"字上下功夫。一摸感情,书中人物唱这段唱词时,处于怎样的处境,如何掌握分寸,恰如其分地唱出他此地此刻产生的思想感情与内心活动。二摸曲调,务必把书中人物的感情淋漓尽致地唱出来,一个腔,甚至连小过门都不轻易放过。

精益求精,一丝不苟,形成了"蒋调"后期的多段代表作。如选曲"世间哪个没有娘亲",唱得低回婉转,层次分明,跌宕起伏,似泉流深谷,薄云遮月,深深打动了观众,让人为之唏嘘不已,成一段不朽经典。更兼有朱慧珍的"最佳绝配",使《庵堂认母》用唱腔刻画人物,达到无人可以媲美的至高境界。

经过整理的《庵堂认母》,只有一回书,人物塑造更加注重心理刻画,以人物心理冲突挖掘开拓故事,叙述以情动人,细腻深入,富有文学性,首演于仙乐书场,说明书上印上了"评弹菁华"字样,连续客满三个月。所谓"菁华",意思是比中篇更加精彩,更加感人。

独立成篇的这一选回脚本,1957 年由上海文化出版社出版单行本,1962 年发表于《评弹丛刊》第四集。不久,这一回书又被灌制成密纹唱片,发行量高达 10 万张,畅销全国,1989 年被中国唱片公司评为首届"金唱片奖"。

整旧中传承创新,让传统书目重获新生,成为受听众欢迎的经典,《庵堂认母》是名副其实的第一部。

果不其然,《庵堂认母》的整理成功成为突破口,引发了连锁效应。紧随其后,《描金凤》中的《玉翠赠凤》《玄都求雨》《老地保》,《珍珠塔》中的《方卿见姑娘》,《长生殿》中的《献饭》,《顾鼎臣》中的《花厅评理》等一批中篇和分回被整理出来。即便是《玉蜻蜓》,在《庵堂认母》之后,《厅堂夺子》《沈方哭更》《智贞探儿》等选回也陆续整理创作问世,进书场演出。

与老书相比,整理后的传统书目主题突出,情节集中,人物鲜明,极大地丰富了书场演出,满足了听众的需求。

吴宗锡认为,整旧是对传统书目的一次批判性、创造性传承,传承中可以有改变——符合时代要求的新的演绎,但必须要尊重传统,发扬精华,保存其经典性,不能有丝毫破坏。

面对不同的作品,无论是长篇、中篇还是选回,不可避免地要涉及原书目的思想性。吴宗锡特别强调,对传统书目的思想性决不能从概念、从主观认识出发,按政治或社会需要,生搬硬套地强加一个主题,而是要从原书中蕴含的积极主题,即民主性精华作生发提炼,使之与时代精神相吻合。同样,对人物性格的解剖,也要注意从人物所处特定历史背景、历史条件出发,切忌反历史主义的不良倾向。

这些主张,在大大小小的各种会议上,结合被列入整理的书目,吴宗锡不厌其烦地反复讲。作为一团之长,为保证整旧工作高质量顺利推进,吴宗锡觉得这是他不可推卸的责任。

对被列入整理名单的传统书目，团部会连续召开多次座谈会，每次会议都由吴宗锡主持。作者、演员和文化局代表一起参加讨论。该书中哪些内容必须肯定，哪些内容应该否定，主题思想是什么，故事主线怎样发展，讨论后由吴宗锡归纳总结，然后交作者、演员整理创作。修改脚本初步成形，吴宗锡组织二次讨论，听取意见后修改。第三次讨论是在公开演出后，听取听众的评价和反映。一次次讨论，一次次修改，出发点是要一次比一次趋于完美。

评弹和绘画、雕刻、小说、电影等艺术样式不同，创作过程可以一直延续到以后的无数次演出中。伴随演员文艺思想和艺术审美的不断提高，书目质量仍可有很大程度的调整、改进和提高。

正因为如此，整理后的传统书目，无论从思想、内容、曲调还是表现形式等各个方面，无不呈现出一番脱胎换骨的崭新面貌。从这个意义上说，整旧的过程是不断追求艺术创新的过程。

除全过程组织、参加被整理书目的会议，讨论与修改之外，吴宗锡还格外重视整理后新脚本的阅读。阅读着眼点不是整理修改是否到位，而是留意新脚本中人物的气质形象，继而思考、掂量并最终敲定，由适合该人物气质、具备相应才华的演员来演出。在他看来，要真正做到传承创新，不仅在于对旧书的整理修改，同时也在于新脚本完成后由谁来演，两者不能偏废，对后者必须要知人善任。

1955 年，弹词名家杨斌奎献出《求雨》脚本，原是长篇弹词《描金凤》中的一段关子书，主要描述苏州久旱成灾，官府挂皇榜募人求雨。江湖乩笺钱志节（钱笃招）在玄妙观看榜时，不慎撕下皇榜一角，被强行拉至三清殿求雨的故事，有六七回书。经集体讨论，交姚荫梅整理。删除原书中灵魂出窍等带有迷信色彩的情节及松散拖沓、枝节冗蔓的部分，精心改写成 80 分钟的一个短篇。整理后的新书，改名《玄都求雨》，主题突出，强化了喜剧风格及深度，成为评弹选回中的精品。在物色安排演员时，吴宗锡想到了刘天韵。

刘天韵原本说唱长篇弹词《三笑》，没说过《描金凤》。吴宗锡让刘天韵说《玄都求雨》，不少人感到有点意外。嘴上没说反对，心里却直打嘀咕：这样安排行吗？

吴宗锡明知有人不赞同，仍不为所动，认定《玄都求雨》主角钱笃招，非刘天韵莫属。他相信自己不会看错人。

解放前，刘天韵的艺术才华没有得到充分施展，也没能列入大"响档"之列。那时的听众偏爱弹唱，女艺人在书坛日趋活跃，男女双档弹唱尤受欢迎。这就使不以弹唱见长，又是拼男双档的刘天韵在激烈竞争中处于下风。在此情况下，为招徕听众，他不但不设法发挥自己的艺术特长，反把精力放在逗趣放噱方面，因而失去了不少真正的知音。

解放后，刘天韵在创新书目上表现积极，表演出色，吴宗锡不遗余力地予以褒扬，使他的艺术才能渐渐被人注意和重视。评弹团成立，刘天韵任首任团长，在新创作的中篇评弹中塑造了一系列栩栩如生的人物，双档表演中长期担任上手，所起脚色多为小人物或反面人物，属于配角。

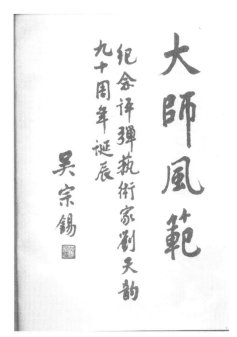

1997年，为刘天韵诞辰九十周年题词

弹词名家刘天韵

纵观刘天韵数十年评弹人生,吴宗锡觉得他有艺术潜力可挖,能够塑造出更加出色的艺术形象,经慎重考虑,决定由刘天韵在《玄都求雨》中起主角钱笃招。

刘天韵听过"描王"夏荷生的书,没说过《描金凤》,吴宗锡要他在《玄都求雨》中起主角钱笃招,他愉快地接受了。在他心目中,吴宗锡是内行,看人处事有独到之见,不会武断盲目看走眼。

说到"内行",两人之间还有一段小插曲。

1953 年 10 月,吴宗锡带队参加赴朝慰问演出团回到上海,在一次团内讨论创作的会议上,习惯性地谦虚说自己是"外行"。话刚出口,刘天韵一脸正色地说道:"你已经不是外行了。你是内行,比内行还内行。我们说书的人,从来就是以能者为师、智者为师的。你自己发觉吗,你现在说出来的话,已经和你刚到团里的时候不一样了。"

刘天韵年长吴宗锡近 20 岁,无论从年龄还是书坛声望来说,都没必要在人前对吴宗锡无原则地奉承恭维,他所说的是发自肺腑的真心话。

从最初奉命联系评弹,到任评弹团教导员,再到接任当团长,时间不长,吴宗锡已渐渐从评弹艺术的受教者变成施教者,进而成为指导者、调度者,已由外行变为真正的内行。

接受了指定任务,刘天韵向杨斌奎虚心求教,怎样拿捏好钱笃招这个人物。吴宗锡帮他熟悉书情、分析人物,连细微处都一丝不苟,精益求精。如书中描写苏城"久旱无雨,土地龟裂",刘天韵把"龟"字错读成"gui",吴宗锡及时予以纠正。

旧书中的《求雨》,描写巡抚关心民间疾苦,为老百姓求雨,将主角钱志节刻画成一个以"笃招"为主,招摇撞骗,耍弄别人的老江湖。他挤在人群中看皇榜,"坏猫"阿七平时与他不和,乘机拉了他的袖管,使他误扯皇榜,险遭不测。周围的人见他身处窘境、险境,非但毫无同情之心,反幸灾乐祸,像看西洋镜一样兴高采烈地喊:"看啊!火烧钱笃招哉……"如此讽刺嘲弄丑化,听众不可能同情钱笃招,不仅没有揭露鞭挞封建统治者的丑恶嘴脸,反而扭曲了被迫害、被侮辱的普通大众的形象。

整理后的《玄都求雨》,着力鞭挞封建统治阶级的虚伪、昏庸、残忍和迷信等丑恶形态,揭露封建社会的黑暗与可笑。钱笃招被定性为善良无辜的劳苦百姓。吴宗锡告诉刘天韵,钱笃招确实有点玩世不恭,这也未尝不是他不满现实的一种表现,一种自我保护,一种斗争方式。他被逼求雨,是值得同情的。

掌握了人物的性格基调,刘天韵深入体验、揣摩人物复杂的思想和心态情感,运用深入人物内心的独特演技,塑造人物。他表演的钱笃招,得知自己将被作为官府的替罪羊,逼上法台求雨而不下雨,要被火烧死的实情后,想哭又不愿在残忍的封建统治者面前示弱露怯,而是强装嬉笑,蒙混官府。对此,刘天韵创造性地运用了"看,是人物在笑;听,是人物在哭"的精彩表演。他所塑造的钱笃招"以笑代哭",不仅运用语言、声调、表情和动作,而且投入了自己的全部身心。

经姚荫梅整理后的《玄都求雨》脚本,是少有的文学性、戏剧性兼具,人物性格鲜明,语言生动,情绪变化复杂,思想心态刻画深切,要说好它有相当的难度。刘天韵的出色表演,使这回书成为评弹艺术的一部珍品。

1959年,在吴宗锡的建议与支持下,刘天韵又在中篇评弹《老地保》中起主角老地保洪奎良,他形神具备、刻画入微的表演,再次征服了听众。创造性地付出,使钱志节、洪奎良等生动而独具特色的人物形象,登上了评弹表演艺术的巅峰。著名美学家、文艺评论家王朝闻盛赞刘天韵的表演,上海市文化局局长徐平羽也非常欣赏刘天韵,称他是"说书艺术大师"。

为进一步发挥刘天韵的表演天才,吴宗锡原设想为刘天韵量身打造、编写鲁迅先生的名作《阿Q正传》,惜乎频繁的政治运动,未能如愿。

与一部接一部传统书目整旧相同步,吴宗锡也一步步从一个评弹艺术的外行变成了真正的内行。一句话,他对评弹艺术的掌握,得到演员们心悦诚服的认可与信服,领导与被领导的关系变得更加和谐融洽。

吴宗锡长相俊朗,举止高雅,文质彬彬,但性格方正,心直口快,有什么说什么,凡涉及人员调配(拆档拼档)、收入分配(调级升级),发现不当言行,会毫不客气地批评制止,对一些主要演员也当面"开销",不留情面。有些演员觉得他"凶",有点怕他。一次,姚荫梅无意中看到他板着脸"训斥"一位演员,事后他对吴宗锡说:"侬个格(你这个)人,杀伐心也蛮重格(的)!"

俗话说,日久见人心。

相处时间长了,演员们了解了吴宗锡的性格,明白他对人对事从不带私心,一切都是为了艺术,心中曾经有过的不悦很快释然。少数被当面"开销"过的演员非但不记恨,反有所感激,正是吴宗锡的严格要求,才促使他们收获颇多,创作和演出卓有成效。再到后来,整旧中艺术见解上的交融沟通,进一步拉近了互相间的距离,相处变得越发水乳般交融协调。

在团内,吴宗锡对年长于他,艺术成就独树一帜的老艺术家执礼甚恭,尊崇有加。他称刘天韵为天老,称蒋月泉为月老,称陈灵犀为犀老,称张鸿声为鸿老。这些老艺术家亲切地称呼他"老吴"。中年和青年演员则一口一个"倪团长"或"吴团长",声调中透出的是发自内心的身份认同,并非是虚伪或客套的职务之称。

评弹演出,尤其是被称为"活口""滑口"的演员,都是"说戏(趣)话"的能手。苏州人本就乐观、慧黠、洒脱、开朗,带有一点点玩世不恭。评弹艺人秉承了这种民间性,将苏州语言的机趣、俏皮、幽默融合在一起,形成评弹"趣"和"噱"的特色。日常生活中,演员会抓住一切机会练"说戏(趣)话"的功夫,评弹行话称为"搅嘴讲"。

吴宗锡的鼻梁骨先天性有点歪,患有严重的过敏性鼻炎,常常鼻塞,喷嚏连天,流涕不断,有时手绢擦湿了一块又一块,鼻子擦得通红。一次,一位老演员看到吴宗锡这副"尊容",开玩笑说:"老吴啊,奈么(这下)倷(你)变仔(成)红(魁:音"翁")鼻头阿三哉。"话音刚落,一旁的另一位中年演员半是揶揄半是调侃地制止道:"倷那享(你怎么)可以什梗(这样)说倪团长?"

"红(魁)鼻头阿三",是评弹书中常出现的带有类型化性质的社会底层小人物形象,有的呆头呆脑,有的装疯卖傻,善于插科打诨,类似于戏曲舞台上被人嘲笑戏弄的小丑角色。

善意的说笑,即便有时过分,吴宗锡也不以为忤,反脸浮笑意,学演员们的样子,和大家磨牙斗嘴。一阵嘻嘻哈哈,没大没小,之后烟消云散,什么事没有,折射出上下级相处,关系和谐融洽,团结无间。

整旧中传承创新,除调动演员的积极性、创造力,表演艺术也进一步得到发展,一大收获是丰富了演出形式。

前述章节曾谈到,有史以来,评弹的演出形式比较单一,日常演出仅"长篇"和"开篇"两种,自中篇评弹《一定要把淮河修好》后,有了长篇、中篇和短篇之分,这是评弹演出形式第一次"革命性"的丰富发展。

整旧的大幕拉开,把传统长篇弹词中能独立成篇、情节相对完整的抽出来进行整理,套用戏曲"折子戏"叫法,称为"折子书"或叫"分回",质量上乘的精华叫"选回"。此外,无论传统长篇还是新创作的中篇和短篇,总有听众特别喜欢的唱段,把它们精选出来,赋予"选曲"之名,汇聚不同书目的选曲(包括开篇),可以像歌曲演唱会那样开评弹演唱会。

如此,长篇、中篇、短篇、选回(分回)、开篇、选曲,外加演唱会,演出形式日益呈现多样化,评弹这一雅俗共赏的说唱艺术,得以与时代和听众的需要保持同步,在不断发展中走向新的高峰。

第十一章

两条腿走路

时光飞逝。

整旧中传承创新,连获丰收,欢呼雀跃间,不知不觉已是 1956 年。随之,接连发生的两件大事,犹如一股春风吹进广大文艺工作者的心坎,令人激动、兴奋不已。

一件是 4 月 28 日,毛泽东同志提出"百花齐放""百家争鸣"的"双百"方针,为繁荣文学艺术,发展科学技术,勾画出雄伟宏图。

再一件是 4 月 10 日至 5 月 27 日,浙江省昆苏剧团的昆剧《十五贯》在北京演出,连演四十六场,观众达七万多人次,大获成功,轰动全国。毛主席分别于 4 月 17 日、25 日两次观看演出并批示:"这个戏全国都要看,特别是公安部门要看。"周总理在与该剧演职人员座谈时指出:"浙江做了一件好事,一个戏救活了一个剧种。《十五贯》有丰富的人民性和相当高的艺术性。"

这样两件大事,不言而喻,对繁荣创作,活跃演出,壮大队伍,重视和发展民族艺术优良传统,起到的鼓舞和推动作用十分巨大。

以评弹团为例,这年春节前后演出兴旺,书目丰富,七台节目同时在五家书场和工人俱乐部演出,既有中篇、短篇,也有传统精华和长篇分回。5 月,先进团后退团的著名弹词艺人严雪亭重新进团;7 月,朱雪琴、郭彬卿等著名艺人进团,象征着上海评弹团越办越兴旺,道路越走越宽广。

......

接着,经历资本主义工商业改造和整风运动,新中国的脚步跨入 1958 年,一个充满激情的"大跃进"年代。

1958 年 3 月,文化部发布《关于大力繁荣创作的通知》,要求各级文化艺术管理部门和剧团,迅速创作一大批反映现实、歌颂英雄的剧本。

三个月后,文化部召开"戏剧表现现代生活座谈会",提出"以现代剧目为纲"，要求全国戏剧工作者"苦战三年，争取在大多剧种和剧团的上演剧目中，现代剧目比例分别达到 20％至 50％"。

时间要求清晰，任务指向明确，考核指标定量，在此时代背景之下，一场戏剧创作的"大跃进"，迅速在全国范围内铺开，倡导领导、专业人员与群众"三结合"创作方法，要求人人动手，开展群众性创作活动。

积极响应文化部号召，上海戏剧、音乐界创造了边演出、边创作、边辅导、边劳动、边学习、边宣传鼓动的"六边"经验。为不甘落后，吴宗锡也派了一组演员到苏州光福农村参加"六边"活动，了解有关太湖游击队的革命斗争历史。听了汇报，他敏锐地感觉到其中有素材可挖，能创作一部革命历史题材的新书目。

评弹作为广泛流行于江浙沪地区的江南代表曲种，有其独立的生成体系，它融入了江南的历史、地理和风俗等因素，深蕴着江南文化的精神特质及江南乡土的柔美气息；对应着江南的风土人情、生活方式、吴侬软语，更适合表现江南的社会人文。

吴宗锡在苏州长大，从没到过太湖，求学和工作后，抽空从上海回苏州探望亲友，足迹多局限于苏州城内，没下过农村水乡。他神思遐想：太湖的风景一定不错，用评弹表现江南水乡的故事，应该是合适可行的。一番深思熟虑，吴宗锡决定和唐耿良、江文兰、苏似荫等一起到苏州光福农村下生活，收集素材投入创作。

在光福农村，吴宗锡、唐耿良、苏似荫、江文兰和一位当地的通讯员，由香雪海大队安排，入住司徒庙大殿旁的一个小房间。大殿内另隔出一角，供江文兰憩息。"大跃进"时期，也有一些男女社员住在庙内其他殿堂。大殿门上的红漆斑驳陆离，关门开门，门轴吱吱呀呀地作响。晚上，殿中的邓尉塑像影影绰绰，阴森森、凉飕飕的。江文兰总觉得背后有双眼睛在注视着她，似阴霾一般挥之不去。所以，每天一到晚上，月亮已爬上半空，她磨磨蹭蹭，迟迟不愿去她独享的小房间睡觉。

每天早晨，吴宗锡等四人在庙内"清、奇、古、怪"四棵千年古柏旁的一口水井边洗漱。吃罢早餐，上午参加大队活动，垒土深挖，洒扫猪舍。下午外出访问，走访农户渔家，收集太湖游击队斗争事迹。他们或徒步于乡间土路小径，或攀山越岭穿行于竹林，或乘坐小船泛舟于湖中，足迹遍及光福及镇湖公社周边四乡。

太湖边上芦苇青青，远眺湖面烟波浩渺。美丽的景色，增添了他们对故乡山河的热爱；太湖游击队流血牺牲保卫家乡的事迹，激起了他们的创作热情，一定要把太湖游击队可歌可泣的斗争故事搬上书台!

为丰富当地农民的业余文化生活,吃罢晚饭要在村镇茶馆或村中场地上为乡亲们演出。演出结束已是夜深人静,他们背着乐器,踏着月光,高一脚低一脚地沿山间小径返回。大家非但没感到辛苦,一股诗情画意的浪漫之情油然而生,心绪更加高昂,一路上说说笑笑,直至驻地司徒庙。

那时,提倡文艺干部也要尽量参加演出。

"老吴,你也说一回书。"一次,在演出结束回司徒庙的路上,有人提议说。

"我怎么行?"月光下,吴宗锡摇摇手说。

见此情形,苏似荫借机鼓动说:"我们保着你。我和江文兰说一回《玉蜻蜓·恩结父子》,加上你,三个档。"

吴宗锡连连摇头,说:"不行,我真的不会说。"

"你就起一个船上人的角色,只有一句说白。"苏似荫不依不饶,再次鼓动说。

江文兰见状,也"火上浇油":"对,就一句话。"

至此,吴宗锡不便再推托。他转而一想,农村空场上演出,挂的是汽油灯,光线比较暗,听众看不清他的脸,况且只有一句说白,应该没有问题,松口同意了。

正式演出那晚,苏似荫、江文兰一递一和,配合默契。到了吴宗锡该起的角色接口了,谁知苏似荫一句话递过来,他突地站起来,一阵"场上昏",脑子里一片空白,张口结舌,一个字都说不出来,人像一根木头似的呆站着。好在苏似荫、江文兰都是经验丰富的演员,马上补漏洞,遮掩过去。稀里糊涂之中,吴宗锡不知那回书是怎么结束的。从此他再没登上书台,亮相演出。

说书"失败"了,收集素材却取得圆满成功。

从光福回到上海,吴宗锡和唐耿良、苏似荫、江文兰一起讨论,决定以太湖游击队打击日本侵略者的故事为题材,创作一部中篇评弹,定名《冲山之围》,吴宗锡以笔名"左絃"参加剧本写作。故事大意是:1943年夏,新四军太湖游击队短枪班受到日军袭击,退至冲山,隐蔽于芦苇之中。副班长顾春林进村与积极分子钟老太联络,日军突然来到,钟老太称顾为自己儿子梅生,偏巧此时梅生回家。迫不得已,钟老太忍痛舍子,梅生被作为游击队员押走,顾春林与队友府阿全冒着暴雨狂风游水突围求援。冲山岛上日军继续搜索,并将梅生押来,胁迫钟老太

苏州光福农村下生活，中站立者为吴宗锡

在荡边喊话。钟老太大义凛然，怒骂敌寇。游击队薛司令率大队及时赶到，短枪班里应外合，击退敌军。

十分显然，《冲山之围》属革命历史题材之作，1959年首演，吴宗锡对选用哪些演员上场格外慎重，经反复掂量，决定由张鉴庭、张鉴国、张维桢、朱雪琴、郭彬卿、苏似荫、江文兰等较强阵容出演。

1964年，为纪念抗日战争胜利20周年，吴宗锡对原演出脚本进行修改，陈灵犀参与润色补写部分唱词，以老百姓的视角描述故事，减少真人真事痕迹，突出游击队抗击日寇的主动性。江文兰为修改稿起了一个颇具诗意的书目《芦苇青青》。改后采用原有演员阵容再度首演。两度首演，"琴调""张调"有创造性发展，其中《游水出冲山》《望芦苇》《钟老太骂敌》等唱篇，成为脍炙人口的选曲。

修改后的《芦苇青青》，故事、人物和表演等各方面都有很大提高，听众非常欢迎。1965年1月10日，《新民晚报》报道称：革命现代评弹吸引大批听众，《芦

朱雪琴、郭彬卿在仙乐书场演唱《冲山之围》选曲《游水出冲山》

苇青青》连续客满 5 个月,听众近十万人次,打破了任何一部中篇评弹的上座纪录。

值得一提的是,吴宗锡安排朱雪琴起游击队员顾春林,唱一段《游水出冲山》,朱雪琴认为顾春林是男性角色,她唱不合适。吴宗锡耐心做工作:"评弹原来就有男演员起女角色,女演员起男角色。这段书,我看你是拿得下来的。"既然团长对自己有信心,朱雪琴不再固执己见,愉快地接受了任务。经潜心研究,在充分发挥唱腔明快爽利、气势豪放、感情充沛的基础上,一段《游水出冲山》唱得抑扬顿挫,爽朗雄健,成为"琴调"经典性唱段。后来,吴宗锡谈及朱雪琴的这一突破时说,局限和不足,有时反而能促使艺术家在艺术上进行突破与创造,很多新的艺术手法都是为了突破局限、弥补不足被逼出来的。这一带有理性色彩的总结,获得了大家的认同。同样,张鉴庭对钟老太形象的塑造,达到了登峰造极的高度,一段《钟老太骂敌》,张鉴庭用他特有的沙哑苍遒的声音,唱得酣畅淋漓,末一句"罢!罢!罢!扑向茅柴拼一死,丹心一片保乡村",余音未尽,台下已是一片叫好之声。张鉴庭的"钟老太"和刘天韵的"老地保",成了这一时期书坛塑造的经典人物。

继《冲山之围》之后，上海评弹团又先后推出根据杨沫、刘知侠同名长篇小说改编的长篇弹词《青春之歌》和《铁道游击队》，前者由赵开生、石文磊改编演出，后者由杨振雄改编，杨振雄、杨振言演出。

名作加名家，两部新编长篇很受听众喜爱与欢迎。《青春之歌》的改编还受到陈云同志的特别关照。在《陈云同志，评弹知音》一文中，吴宗锡回忆说："在青年演员赵开生将《青春之歌》改为长篇评弹时，陈云同志曾多次约见谈话，并写了书面意见，给予指导。"

由此可见，将长篇名作改编后搬上书台，创作方向是对头的。其后，《野火春风斗古城》《林海雪原》《苦菜花》等一批长篇小说陆续被江浙沪三地评弹团改编成评话或弹词，走进书场，丰富了书目内容。对这些改编，陈云同志也都提出了专业而中肯的意见，无论是改编者还是演出者，无不大受教益。

编演现代书目，除《冲山之围》《青春之歌》《铁道游击队》外，吴宗锡另组织人手，创作中篇弹词《江南春潮》《雪里红梅》等，斩获颇丰。

然而，文艺创作自有其内在的客观规律，一部精品力作，非一朝一夕，用"大跃进"方法能突击而成的，它需要几代人的精心打造，方能淬炼成钢。以这样的标准去检验整个戏剧界在"以现代剧目为纲"的号召下，创作的一批现代剧目，数量固然不少，却未能改变戏剧舞台剧目贫乏的现象。一些粗制滥造的剧目根本无法搬上舞台，少数虽搬上了舞台，因艺术质量太差，没演几场就被淘汰。

这一状况，引起了文化领导部门的反思。

1959年，文化部党组召开扩大会，检查1958年戏剧工作中忽视传统剧目的问题。田汉专门发表文章指出："我们不能一条腿，或一条半腿走路，必须用两条腿走路。"之后，戏剧创作从"以现代剧目为纲"，回到了"两条腿走路"的正确轨道。

1961年，文化部发出《关于加强戏曲、曲艺传统剧目、曲目的研究工作的通知》，鼓励戏曲艺人"翻箱底"，尽可能不受拘束地、原汁原味地回忆和传授传统剧目，再次将挖掘整理传统剧目，当作戏曲领域的一项重要任务。

这样，整旧工作在停顿一段时间后，再次起步，陆续整理出《老地保》《厅堂夺子》《三约牡丹亭》等一批传统题材的中篇评弹。

方法还是老方法，先由说唱老书的演员把原书说一遍，或把故事情节介绍一遍，接着编演人员分析讨论，再接着是吴宗锡重点辅导发言：研究主题、剖析人物、找出问题与如何修改,最后修改出脚本,轻车熟路,不用费太多周折。

《老地保》是传统长篇《描金凤》中一段比较精彩的"关子书",书情大意是:开封马藩王年老无子,将前妻内侄徐蕙兰认为螟蛉。书僮马寿因藩王曾有收他为继子之说,深怀不满。藩王奉命出征,马寿深夜行刺徐蕙兰,误杀因醉酒睡在徐蕙兰床上的藩王继室王氏内侄廷兰。王氏偏听马寿之言,认定徐蕙兰是凶手。地保洪奎良至马府,马寿行贿,引起洪奎良怀疑。及踏勘现场,发现马寿有行凶嫌疑,乃据实报官。知县受马寿贿赂,判徐蕙兰死罪。洪据理力争,反被杖责革职,开茶馆谋生,专向茶客诉说徐蕙兰冤情和县官贪赃枉法。一日,钦差白启私行察访至茶馆,洪奎良告之徐蕙兰冤情,白启审案,平反冤狱。

全书分《踏勘》《公堂》《茶访》三回,核心内容是冤案平反。不少传统弹词书目都涉及案情,大多属冤案。就故事而言,冤案能激起听众的极大同情和义愤,引起对受冤者的莫大关切,能显示各种各样人物的性格。

了解了《老地保》的书情,听取了参与整理人员讨论的意见,吴宗锡认为,原书人民性较强,生动地塑造了一个古道热肠、不畏权势的小人物形象,他为了徐蕙兰的不白之冤,宁可丢掉自己的职业,过着清苦的生活,不屈不挠地和恶势力斗争到底。其中很大一部分写得生动有力,应该保留。不足之处在于,有些人物不够鲜明,有损人物性格。如表现洪奎良遇见白启之后,退到了次要地位,冤案平反主要是靠钦差白启去完成,而白启是奉了皇上的旨意来查理此案的,有美化皇帝之嫌。

经过这样一番条分缕析,吴宗锡指出,《老地保》的主题思想,应该是彰显封建社会的"贫贱"人民中,存在着为正义和公理,不顾个人得失安危、顽强不屈的斗争精神。围绕这一主题,白启的形象应适度修正:他是一个正直的清官,因为正直才遭皇帝厌恶,要他出京只理钱粮,不理民情。在洪奎良正义言辞激励和斗争精神的感动下,他决心不管皇帝的约束,为徐蕙兰昭雪冤情。此外,删除一般公案书以"计"破案的俗套(原书中的"雪冤宝瓶"妙计),强化正面斗争。这样,洪奎良就不再是和一个为非作歹的马寿作斗争,而是和整个黑暗、丑恶的社会作斗争,其形象所具有的影响与意义,与整理前相比,非可同日而语了。

《老地保》的整理演出,受到广大听众的热烈欢迎,刘天韵在《老地保》中起主角老地保,登上了评弹表演艺术的巅峰。1959 年 6 月 23 日,吴宗锡在《文汇报》发表题为《刘天韵说唱〈老地保〉的特色》的赏析评论,文中写道:

刘天韵创造老地保这个人物的成功,首先是由于他对主题的理解,和对人物性格的掌握。他是紧紧抓住了洪奎良的既善于冷静分析,又善于热烈斗争这一特定的性格的。

那么,刘天韵又是怎样表现这些的呢? 吴宗锡进一步写道:

在说表方面,他更多地以第一人称的口吻来表说了书中介绍人物思想活动、行动等等的表白,使很多原来以说书人口吻说出的语句带有了"咕白"(即人物内心独白)的色彩。本来由说书人表说的语句一般往往容易流于过分客观和冷漠,而一旦带有了"咕白"的色彩,就会显得积极、主动得多。这一点用在表现老地保这样一个热爱真理、正义感强的人物是更为合适的。

后续的分析,吴宗锡由衷地盛赞刘天韵带有充沛激情的说表,正因为如此,自然"大大有助于他在'起脚色'时的表演。听众听他说表,如在听老地保对其思想活动作亲切的自我剖白。看他表演,就更觉得老地保这一人物栩栩如生了"。

整篇文章,既是对《老地保》成功整理的高度肯定,更是对一位说表大师精湛表演的由衷夸赞。一个是整旧工作的领导者、组织者,一个是整旧作品的实践者、表演者,彼此心有灵犀,互为知音。

《厅堂夺子》是传统长篇弹词《玉蜻蜓》中又一段"关子书",继《庵堂认母》整理成功后,蒋月泉、陈灵犀再次呕心沥血进行整理。讨论修改时,对全书结尾因意见不统一而伤透脑筋,吴宗锡提议增加徐元宰母子的结局,呈现一个开放式的结尾,为大家所接纳。整理后的《厅堂夺子》,共《逼子》《夺子》《训子》三回书,蒋月泉、杨振言、朱雪琴、王柏荫、苏似荫等参加演出。蒋月泉设计的《徐公不觉泪汪汪》、杨振言设计的《含泪忍悲看双亲》等唱篇的唱腔,对刻画人物内心活动、推进书情发展,起到了很好的效果,成为各自唱腔的代表作。

《三约牡丹亭》是长篇弹词《三笑》中的一段,根据书情,整理时吴宗锡提议,该书基调应是以唱为主的喜剧(闹剧),为参与整理的人员所认可。整理后共《三约》《巧骗》《闹园》三回书,分别由刘天韵、严雪亭、朱慧珍、徐丽仙、徐雪花,刘天

蒋月泉、苏似荫、杨振言在静园书场演出《厅堂夺子》

韵、严雪亭、朱雪琴、郭彬卿分回上场。演出时,人人有所发挥创造,运用多种唱调,使之成为一部具有轻歌剧风格的书目。

两条腿走路,《老地保》《厅堂夺子》《三约牡丹亭》,三部中篇评弹均在1959年首演成功,一时间轰动了评弹界,乃至整个上海文艺界,昭示上海评弹团整旧工作取得骄人业绩。更让吴宗锡高兴的是,同是这一年,他首次得到陈云同志的接见,聆听教诲。

事情来得有点意外,也有点突然,更富于戏剧性。

1959年9月22日,对吴宗锡来说和往常一样,是忙碌的一天。下午,一位穿呢制人民装的干部来到评弹团,礼貌地对吴宗锡说:"我是招待处的,有点事,请你去一次。"

来人说的"招待处",指上海市委招待处。市委招待处要他去一次,肯定不是一般的小事,起码是市委领导找他。可吴宗锡听了并没有特别重视,因为去年秋天,也曾经有领导派人到文化局找他了解评弹团的情况,拿走了一些评弹资料和《玄都求雨》《庵堂认母》等书目的脚本。

"我很忙，手头还有工作要处理。"吴宗锡应付性地回答道，没有要跟来人走的意思。忙是实情，非故意找借口推托。

"外面有车等着，你把这里的工作处理一下，我等你。"来人依然很有礼貌地对吴宗锡说。

听来人这么一说，吴宗锡意识到这次与上回有点不一样，说不定真有哪位领导有事找他，忙放下手边工作，跟来人上了在门外等候的小卧车。

车子开进瑞金宾馆，走进一幢别墅，来人招待吴宗锡在客厅坐下，说："请等一下，首长要见你。"说完，转身出了客厅。

坐在客厅中，从窗户中看见陈云在花园散步，吴宗锡这才知道原来是陈云同志要见他，心中忽地有点紧张。

稍顷，陈云面带微笑走进客厅。或许是紧张的缘故，一愣之下，不知是忘了还是不知怎么称呼，吴宗锡既没有向陈云同志问好，也没有打招呼，面容僵硬地站立着。倒是陈云招呼他落座后，先开口发问，态度和蔼可亲，问的主要是评弹团的演出情况。

紧张的心绪渐渐平静，吴宗锡如实汇报陈云提出的问题，一问一答间，时间不知不觉过去了快一个小时。会见临近结束，陈云提出希望到书场去听书。

回到团部，吴宗锡立刻落实安排，连续两天在仙乐书场欣赏上海评弹团演出。第一天华东局和上海市委领导陪同一起听书。演出书目有杨斌奎的长篇弹词《大红袍》选回《怒碰粮船》，张鸿声的长篇评话《英烈》选回《手托千斤闸》等。演出开始前，陈云秘书特别关照：首长现在休养期间，节目时间不能太长、太晚。

为保证陈云休息，避免提前退场引起听众注意，吴宗锡和张鸿声约定，发现陈云听书有倦意，他会发暗号给台上的张鸿声，看到吴宗锡发出的暗号，张鸿声尽快落回，以便陈云退场。谁知那天张鸿声的书说到一半，陈云未露倦意，吴宗锡下意识地摸了摸耳朵，张鸿声误以为是发出了暗号，忙匆匆落回。事后吴宗锡问张鸿声：书没说完，怎么落回了？张鸿声方知自己弄错了。

一眨眼工夫，两个月过去了。11月25日，吴宗锡接到通知，要他和文化局副局长李太成、上海人民广播电台戏曲组负责人何占春、上海人民评弹团副团长李庆福一起去杭州，向陈云汇报有关评弹和上海评弹团的情况。

从11月25日至27日，连续三天，每天下午在谢家花园，陈云专门听取上海的汇报。

弦内弦外两相辉 ◆ 艺术评传

向陈云同志汇报,以吴宗锡为主,直面中央级领导,紧张加拘束,刚开始吴宗锡有点放不开,说话不太顺畅。为缓和气氛,陈云不时插话,询问吴宗锡的求学经历,何时参加地下党等,吴宗锡的紧张心情才慢慢松弛下来,汇报变得顺利流畅。

对上海评弹团及书目演出情况,陈云听得非常认真,也很感兴趣,听到会心处会爽朗地开怀大笑。汇报中吴宗锡说到有些历史题材书目,历史人物的嘴中会暴出现代新名词。如评话演员姚声江说长篇评话《金枪传》选回《杨六郎告御状》,起潘洪脚色,哀叹:"老夫环境恶劣。"陈云听了忍不住放声大笑,边笑边连说了好几遍"老夫环境恶劣"。见此情形,吴宗锡有意识地说一些评弹艺人间的笑谈和书中噱头,陈云频频大笑,陪同的人也跟着一起笑,气氛变得活跃而融洽。一次,陈云高兴地戏言道:"我是上海人民评弹团的名誉团长。"

听汇报,进书场,读资料(脚本),对陈云这样一位党和国家的领导人来说,一方面是遵照医生的建议,使心脑得到放松和静养;另一方面,是秉承他一贯认真细致、重视调查研究的工作作风,作为从少年时就喜爱评弹的资深爱好者,对评弹艺术的历史和现状作广泛深入的调查研究,以便掌握第一手鲜活材料,为评弹艺术的传承和发展,提供个人意见,尽一个评弹忠实听众应尽的义务和责任。

几天听取汇报,陈云同志断断续续插话,发表了一系列关于发展评弹艺术的指导性意见。

首先,关于演出书目的分类,大体可分三类。

一类书,即传统书,也称老书。这类书精华和糟粕并存,有的毒素较多,有的少些。另一方面,传统评弹的说表艺术比较丰富。

二类书,是解放初期部分艺人发起"斩尾巴"运动中产生的。这类书目,大抵是根据古典小说和当时流行的传统戏曲改编。一般讲,反动、迷信、黄色毒素较少。但是,评弹的传统的说表艺术也运用得较少。

三类书,现代题材的新书。解放后新编的。这类书目,思想性一般比较强,艺术上比较粗糙。

其次,对各类书采取不同方针,分类对待。

对传统书要整理。整旧工作可以分两步走。先把最突出的坏的地方删掉,然后逐回整理,或整理成几个中篇,或整理成分回形式。

二类书传统艺术运用得不多,毒素也不多,可以慢一步整理。

现代题材的新书,要采取积极支持的态度。对老书,有七分好才鼓掌;对新

海上谈艺录 ◆ 吴宗锡卷 ◆

150

书,有三分好就要鼓掌。要发动艺人深入生活,创作新节目。

第三,加强政治思想的领导,发动艺人参加创新和整旧工作。

整旧工作是批判地吸收的过程,也是教育艺人的过程。整旧要防止反历史主义倾向,以免损害了精华部分。好的东西,优秀的传统艺术,千万不能丢掉。

通过创新和整旧,可以解决三方面问题:一是满足广大听众的需要;二是促进艺人的思想改造;三是提高书目的思想性和艺术性。

除此而外,还有长篇、中篇和短篇的问题,创作新书,可以考虑由短到长;苏州话和非苏州话的问题,贯彻两条腿走路的精神,除苏州话外,可以试用普通话及其他地方的语言;组织领导和管理工作的问题,评弹艺人及其事业都是属于人民的,要从全局出发,防止本位主义。评弹艺人一定要组织起来。

这些插话绝非一般的随口说说,而是经过深思熟虑的,充满科学辩证的思想方法,是具有高瞻远瞩指导性意义的精辟见解,可推动评弹艺术高质量发展。

亲耳聆听到陈云同志的这些插话,吴宗锡欣喜异常,一则当团长五年多来,无形中基本是这么做的,如果早一点知道这些意见,工作会做得更好。二则今后整理旧书、创作新书,有了明确而具体的指导方向,一定会取得丰硕成果。

1983 年,在中央文献研究室指导下,《陈云同志关于评弹的谈话和通信》一书出版,1959 年 11 月 25—27 日在杭州的讲话,以《评弹工作中的几个问题》,列为该书的首篇。

坚持两条腿走路,1958、1959 年及稍后,除创作革命历史题材,整理传统长篇分回,相继推出《冲山之围》《老地保》,改编长篇小说《青春之歌》《铁道游击队》等一批中、长篇新作之外,另催生了《蝶恋花·答李淑一》《见到了毛主席》《新木兰辞》《一粒米》《岳云》《秋思》等一批脍炙人口的开篇问世,以及传统书目《大红袍》《英烈》《金枪传》的整理创新。

新旧书目繁荣兴旺,不同流派精彩纷呈,新时代的评弹艺术,一步一个脚印迈向新的繁荣。

第十二章

演员需要调教

从 1954 年接到由陈毅市长签名的任命书,到 1960 年初,在评弹团团长位置上,吴宗锡已工作了近六个年头。

编演现代书目,整理传统长篇,传承、发展、创新,丰富了评弹的演出形式,一路走来硕果甚丰,受到领导、团员和听众的一致好评。

月亮爬上半空,好几个万籁俱静之夜,摆脱了创作、演出、接洽来人等繁杂行政事务的缠绕,吴宗锡陷入深思:能够取得一些成绩,靠的是什么? 答案似乎很明确,靠党的戏改政策,靠领导的支持,靠团员们的积极配合,细细一想又不尽是如此,尤其是作为一团之长,和全团演员能和睦相处,得到团员们的认可,靠的又是什么? 未来该如何继续走下去?

内心深处,吴宗锡一些初始的情结并未彻底消除,从事评弹工作是个误会,当评弹团团长更是个误会。他不善于做人的工作,不愿意处理人事纠纷;喜欢谈文学艺术,搞诗歌散文创作……总之,他不是个适合当领导的人,最适合他的岗位,或是站在大学讲台上教书,或一心埋头搞理论学术研究。是党组织要他"走近"评弹,任命他担任评弹团团长,身为党员他只能无条件服从。

只是,这个团长确实不好当啊!

评弹原是属于个体表演的艺术,成立评弹团,汇聚上海地区大多数的"响档"名家,这些精英人物,在同行的激烈竞争中脱颖而出,按周云瑞的说法,一个个都是从"枪篱笆"里钻出来的。旧社会,为了生存,为了尊严,他们和黑恶势力进行抗争,养成了他们不受拘束、挑战权威的个性和习惯。

再者,一个团,成立时间不长,从十几个人发展到三四十个人,人人各有一套,各自独树一帜的个人风格和超越前人的创新精神,上台表演各显神通。因为来自不同的环境,他们经历、学养迥异,各具所长,各有抱负,互相之间,特别在艺术方面,可协调之处不多,排斥之处却不少。团长的职责在于通过自己的不懈工作,把这些"响档"名家的特长、优点融合起来,发挥出来,帮助他们在已有基础上进一步提高发展。

问题在于,要做到这一点又谈何容易。

回顾曾经走过的路,展望未来要走的路,吴宗锡脑海中跃出两个字:调教。准确地说,"演员是需要调教"的。谁来调教?答案显而易见,团长。但这与以权势压人无关,也与"领导"与"被领导"的上下级关系无关。

说白了,"调教"是当团长的要和演员打成一片,团员要认同团长是他们中的一员,心悦诚服地接纳团长,在文化、艺术、思想上折服于他。因此,"调教"与一般的行政管理虽不无关系,但本质上"调教"是借助一系列措施与做法,使团长与演员能够融洽沟通,进而互相支持,互为依赖,推动全团从创作到演出不断迈上新的台阶。

一番思考,吴宗锡理清了思路,过去六年的路之所以走得平稳顺畅,"调教"得法是一大原因;未来之路要想步子迈得更大,有关"调教"的种种做法必须继续坚持。

2016年3月14日,92岁高龄的吴宗锡接受王其康、毛信军采访,谈他与新中国评弹,谈到对演员的"调教"时说道:

> 作为建设者,还有一项十分重要的工作,那就是调教演员。"调教"两个字我是从足球运动学来的,即使大牌球星也要有教练的调教。评弹团的演员,即使是"响档"名家,也还是要调教的。"调教"的内容除了要为人民、为社会服务和集体主义思想、团队思想外,还有文化,先进的文艺思想等……在这种经常的"调教"下,增强大家创新整旧的能力,也提高了演员"二度创作""三度创作"的能力。几次发动写新开篇,编说现代长篇,整理传统长篇等都取得了很好的成果,都得力于平时对演员的"调教"。在不断的"调教"学习中,评弹团的演员提高了气质,提高了审美水平和情趣乃至台风等,所以老听客们说:"一听就能听出是不是上海评弹团的演出。"

这是时隔近六十年后,吴宗锡对"调教"所作回顾的理性总结。

"调教",最初是从提高演员的文化素养,上文化课开始的。吴宗锡认为,作

弦内弦外两相辉 艺术评传

153

为国家级剧团的演员，不仅要能说会唱，还要有较高的文化素养，要学一点古典诗词，读一点文学名著。

说来让人不信，一些"响档"名家，跑码头走江湖，说起帝王将相、才子佳人、神话传奇，活灵活现，实际不少人连小学都没读完，念别字读错音，不说家常便饭，也是屡见不鲜。所说书目为业师口头传授，经年累月，久而久之，烂熟于胸，成独门一绝，为一家人衣食之来源。如徐丽仙进团时连小学都没上过，仅有的一点文化知识完全是靠自学获得的。张鉴庭也同样如此。公认的"大响档"，进了团要补上文化课。

吴宗锡至今印象深刻的一件事是，评弹团成立之初，演员们平时住在团里，过集体生活，星期天休息才回家。傍晚时分，吃罢晚饭，他组织没有演出任务的演员读唐诗，他负责讲解。

一次，吴宗锡把唐朝诗人杜荀鹤的五言诗《送人游吴》抄于小黑板上：

> 君到姑苏见，人家尽枕河。
> 古宫闲地少，水港小桥多。
> 夜市卖菱藕，春船载绮罗。
> 遥知未眠月，乡思在渔歌。

诗歌描写的是唐时苏州秀美风光，苏州人恬淡的生活场景，凡在苏州生活过的人，读之无不感到温馨亲切，兴趣盎然。评弹团演员基本都是苏州人和苏南地区人，读之倍加喜欢，很长一段时间，总是有意无意地将这首诗挂在嘴上哼唱。

由《送人游吴》，演员们爱上了读唐诗、读宋词，更进一步爱上了读文学名著。目睹这一变化，吴宗锡暗自欣喜，接着在团内办起图书室，抽空和图书室管理人员一起跑新华书店，帮助挑书。在他看来，优秀的文学作品对提高演员文化、艺术素养，所起的作用是无可替代的。

除了阅读，文化"调教"离不开集体讨论。

整个50年代，上海文艺界有个好传统，不同演出团体，包括外来演出团体都设观摩场，供兄弟演出团体学习借鉴。因为下午演员大多要参加演出，所以观摩场时间放在上午，票子发到团里，每个演员都可以去看。观摩的剧种样式丰富多彩，有话剧，有戏曲，也有歌舞，每次观摩结束回到团里，吴宗锡都要组织观摩者座谈讨论,人人发表意见,结合大家所谈,他最后发表自己的心得体会,算是总结也算是辅导,演员们感到获益匪浅。

有一件小事,吴宗锡一直记忆犹新,难以忘却。

很长一段时期中,每隔一周或十天左右,吴宗锡会把不到外地演出的演员召集起来开"通气会",由他介绍从文化局得来的各种文艺信息、兄弟剧团演出情况,顺带对社会反响热烈的文艺作品作介绍评论。

一次"通气会"召开时,根据陀思妥耶夫斯基同名小说《白夜》改编的苏联电影正在热映,吴宗锡借机介绍陀思妥耶夫斯基生平、创作及《白夜》原著,外加个人感受与评论,深入浅出,引人入胜,让参加"通气会"的演员接受了一次苏联文学的普及洗礼。

一阵好评赞叹声过后,事情就这么过去了。谁知"文化大革命"中,造反派到吴宗锡家抄家,乱翻乱找一气,没找到什么"有价值"的东西,甩手走了。吴宗锡收拾整理凌乱的书房,发觉书橱中陀思妥耶夫斯基的小说《白夜》不见了,默视良久,吴宗锡想起他在"通气会"上,从电影《白夜》讲到小说《白夜》,畅谈个人体会感受,参加者听得津津有味的情景,他明白了,书是给抄家的造反派顺手拿走了。

几天后,吴宗锡和几个人说起这件事,其中一人戏谑地反问道:"顺手牵羊的人不正是你'培养'的吗?"

吴宗锡听了淡然一笑,心中泛起一丝快意,这说明平时对演员们进行文化、艺术熏陶,起到了应有作用。

伴随文化调教的还有思教调教,这不同于一般意义上的所谓政治思想工作,而是引导演员们结合过集体生活、演出组合,潜移默化中改掉由长期单干养成的自由散漫的不良习惯,培养集体主义思想,明确人生目的。一个人活在世界上,不单单是为了个人的吃、穿享受,或是为了养家糊口,而是要为人民服务,新社会的演员尤其要如此,直至建立人生的最高理想,加入中国共产党。

所有这些思想方面的调教,并非靠团长一人苦口婆心的说教,而是靠融入艺委会日常演出调度安排,在和谐协调的人际氛围中逐渐实现的。

正是在这一人人争取上进、追求进步的团体中,朱慧珍成为上海戏曲界解放后第一个入党的党员,为评弹团赢得了良好声誉。

文化与思想的双重调教,促使演员普遍提高了思想境界,懂得作为国家剧团的演员,作为一个剧种的代表,出去了应该怎么做:要追求高品位、高目标。一个团要出好作品,就要有精品意识。"响档"除了要受听众欢迎,还不能坍团里的台。杨振雄说得更加干脆利落,上场演出"一定要打胜仗"!把演出比喻为"打仗",体现的是对集体荣誉的看重与珍惜。

谈起对演员的"调教",吴宗锡特别强调的一点是深入生活,在深入生活中帮助演员了解书情主题,重视塑造人物,在此基础上追求说功唱法。在评弹团成立第二天,全体团员到治淮工地参加治淮劳动,三个月后回上海,创作演出中篇评弹《一定要把淮河修好》,这让大家尝到了甜头。之后为创作中篇评弹《海上英雄》《王孝和》《江南春潮》《芦苇青青》,长篇弹词《夺印》,演员分别到广州海军基地、上海江南造船厂、太湖边农村下生活,走访烈士亲属,到烈士墓前凭吊,寻找感觉。深入生活成为一道必须履行的"工序"。生活中的人和事,为提炼作品主题、编织故事、刻画人物,提供了丰富的素材,打动感染了编创人员,让创作变得格外顺利。成书后抓紧排演,走进书场演出,情节生动曲折,人物灵动鲜活,说表富有真情实感,深得听众好评,上座率尤佳。

再进一步,基于现实题材的创作,编创人员在深入生活中寻找主题、故事、人物与说表灵感,吴宗锡又把这一收获引申到传统题材书目的"说"与"唱"上,要求演员在熟悉理解书情、人物性格的基础上,塑造人物,丰富情感。他给大家讲解明朝徐大椿《乐府传声》中的理论思想:唱腔要从内容出发,从人物出发,唱曲要唱情,不能形式主义地为唱而唱,纯粹耍腔的唱法。

太过理性或一般泛泛而谈,怕演员们不容易理解,吴宗锡又以伶界传谈及报刊发表的有关文章,介绍京剧大师梅兰芳教戏的特点,作补充说明。

梅兰芳教戏的特点是不教唱腔,而是教如何理解人物,感受特殊场合中人物的特殊感情。梅兰芳的唱腔大都是西皮原板,他把人物的内在感情融合在唱腔里,以情带声,声情并茂。人物不同,同样的西皮原板能唱出不同的韵味。

同样,京剧老艺人张荣奎(京剧表演艺术家张文涓的师傅),为后辈传授自己的绝活《战太平》时,先连着三天说历史,说剧情,说人物性格,不教一句唱腔,不走一个身段。

理论与实际结合,促使演员从书情与人物理解出发,设计选择不同的说唱方法,提高自己表演的艺术品位。

朱雪琴进团前的唱腔,曾被听众讥讽为"怪调""警报老生",有形式主义成分。进团后,她渐渐明白唱腔不能随心所欲,自由发挥,单纯地为唱而唱,而是应该用弹唱来刻画人物。20 世纪 80 年代,她在《我的唱腔风格的形成》一文中写道:"后来我进了上海评弹团,蒋月泉对我帮助很大,使我懂得唱首先要根据书情、人物性格以及周围环境,不能乱来。"

颇有意思的是,朱雪琴所说得到蒋月泉的很大帮助,恰恰来自于吴宗锡的"调教"。

蒋月泉原先奉行的表演原则是"说唱艺术优美第一,刻画人物思想感情第二",经吴宗锡的指导与启发,他的表演原则渐变为"刻画人物思想感情第一,说唱优美第二"。基于这一改变,尽管他的说唱仍然追求完美,却已把这一完美服从于刻画人物,使他的表演在艺术上有了质的升华与飞跃,既在演出现代书目上取得不俗成绩,更在说唱他的看家书《玉蜻蜓》的一些唱段上有了很大提高,成为听众百听不厌的经典唱段。

类似的例子还可举出一些。

譬如徐丽仙演出新编长篇弹词《情探》,故事的核心是"痴情女"与"负心郎"的爱恨情仇。徐丽仙起女主人公敫桂英,以"鬼魂"出现,"以情试探"负心郎王魁,其中一段唱有一句"喜从天降……"的唱词,徐丽仙从字面意义理解,唱得欢快喜悦。吴宗锡听后感觉对人物情感把握失当,直接了当指出:"你仔细想想,这段唱是敫桂英的鬼魂在叙述以往的事情,她是不是真正喜悦?"经此一点拨,徐丽仙恍然醒悟,再次演出时唱出了敫桂英由"喜"传"悲"的情感,层次分明流畅,这段唱成了"丽调"的代表作之一。

自此以后,徐丽仙一拿到新开篇、新唱词,会主动找吴宗锡帮助指点:"倷(你)搭吾(给我)讲一讲。"吴宗锡则有求必应,逐词逐句地分析讲解,帮助徐丽仙深刻理解新开篇、新唱词内涵,准确捕捉人物性格与情感。

虽然如此,"调教"并非一言堂,也不仅仅是团领导的事,不能靠权势压人,而是从艺术出发,以理服人。吴宗锡提倡以能者为师,"调教"是有能力者共同的事,他只是一个推动者和组织者。

苏似荫、江文兰演出传统长篇弹词《玉蜻蜓》,衍生出一回《智贞探儿》。这原是一段"接榫书",大意是陈述法华庵佛婆黄夜将智贞所生金贵升遗腹子送往金府,行至桐桥头,受惊将婴儿置于桥堍,为豆腐店主朱小溪拾去。智贞得知实情后,于婴儿满月之日,偕佛婆同去豆腐店探望……作为衔接、过渡上下段情节的书回,长篇中仅简略表过。

基于书情、人物性格的分析，苏似荫、江文兰对原本简略表过的这段情节大胆挖掘，借助丰富的想象，进行合理延伸，重点展现智贞爱子、思子的内心起伏变化，使其作为母亲的形象更加丰满感人。

对苏似荫、江文兰从书情、人物性格出发，在演出传统书目时能抓住关键节点，延伸出新的回目，吴宗锡大加赞赏，多次在团内表扬并推广。

苏似荫、江文兰则认为，他们之所以能在演出《玉蜻蜓》时衍生出《智贞探儿》，得力于吴宗锡像电影导演给演员讲戏那样，给他们分析书情，解剖人物，用他们能理解接受的方式，提高他们的鉴赏能力，激发创造性，帮助他们对老书进行再创作，赋予老书新的生命力。

苏似荫、江文兰演出《玉蜻蜓》

作为《玉蜻蜓》的选回，《智贞探儿》成为苏似荫、江文兰的代表作和评弹团的保留节目，屡演不衰。1964年，《评弹丛刊》第四集刊载了《智贞探儿》的演出脚本。

此外，中篇评弹《林冲》，根据李少春的京剧《野猪林》改编，分上下两集，各四回书。书情讲述北宋太尉高俅之子高世德，垂涎东京八十万禁军教头林冲之妻张贞娘美色,设计将林冲诱入白虎堂,诬其持刀行凶,发配沧州。高俅命解差于野猪林谋害林冲,幸得鲁智深一路保护,林冲方免遭遇害。一计未成,高俅再生一计,命虞候陆谦赶往沧州,欲火烧林冲看管的草料场,林冲从藏身的山神庙逃脱,怒杀陆谦,夜奔梁山。1951年初排演出,1954年复排演出,演员阵容强大,蒋月泉起林冲,刘天韵起陆谦,姚荫梅起高世德,朱慧珍起张贞娘,张鸿声起鲁智深,吴子安起高俅,另有周云瑞、张鉴庭等一干"响档"助阵,称得上是名家云集,珠联璧合,各展其长,各显身手,是大"响档"们精彩技艺的一次集中展示。

在京剧《野猪林》中,为表现林冲的英勇无畏、八十万禁军教头的赫赫武功,舞台上林冲一人与陆谦及其手下十余人厮打,腾挪跳跃,剑劈枪挑,煞是好看热闹。演员的超强武功,不时博得观众的阵阵喝彩之声。

当时,有些社会评弹艺人说中篇评弹《白毛女》,说到杨白劳喝盐卤,为表现他的痛苦表情,上手演员唱,下手演员则在一旁做出各种痛苦的表情。据此,有人提出,说到《血溅山神庙》这回书,刘天韵唱"林冲踏雪"唱篇,蒋月泉一旁要像京剧演员一样做手面(武打)动作。蒋月泉坚持不同意。在他看来,评弹艺人手面动作再大,功架摆得再足,无论如何也达不到像京剧武打表演那样的效果。

有人主张尝试一下,看看实际演出效果。

面对同道人的不同意见,蒋月泉找到吴宗锡,说起此事,算是征求团长的看法。

"你是不是可以试一试?"吴宗锡不说反对,也不说支持,态度折衷。

"我不试!"蒋月泉一口回绝,没有商量的余地。

艺术上的问题,仁者见仁,智者见智,没必要高下立判。见蒋月泉态度坚决,吴宗锡欣赏他对艺术的执着,表示尊重他的意见,怎么演由蒋月泉本人决定。

后来的演出,为表现与陆谦等惊心动魄的恶斗场面,蒋月泉采用以生动细腻的说表为主,辅以适当的手面动作。不过,此处的说表已非一般的叙述,而是重在一个"理"字,即把事情的来龙去脉交代得合情合理,合乎逻辑,在此基础上再追求细致入微,奇妙有趣。手面动作由一人对十余人厮打,改为一人对三人的交手。两者有机结合,将林冲怒火满腔、报仇雪恨的英雄形象表现得洗练干净,一清二楚,令听众心服口服,击节叫好。反之,对陆谦等几个卖友求荣、临战惶恐、急于逃命偷生的丑态心理,揭示得惟妙惟肖,趣味横生,听众忍俊不禁。

《林冲》复演,在沧洲书场连续客满三个月,一票难求。张鉴庭的《误责贞娘》、朱慧珍的《长亭泣别》、刘天韵的《林冲踏雪》、蒋月泉的《酒店思家》等,成了弹词中百听不厌、脍炙人口的选曲，广为流传。

1952年，上海人民评弹团在延安中路团部夏季集训时全团合影，右一为吴宗锡

　　"调教"，结合日常创作和演出，贵在细水长流。从1955年夏季开始，因酷暑高温，文艺剧团大多歇夏休整。抓住这段大好时光，吴宗锡集中全团演员进行"夏补"。方法是运用新文艺思想，对一部中篇或正在整旧中的一回书目，分析其主题、情节与人物。他先作辅导讲解，接着大家展开讨论，各抒己见。发言可以提问题，也可以发表不同看法，互相切磋，取长补短，目的是提高演员对书目的分辨理解力、鉴赏水平，进而提高演员的艺术品位、创作热情与创作能力。

　　日积月累，持之以恒，催生评弹团的"群体风格"——发扬现实主义传统，从生活出发，从内容出发，从人物出发，坚持艺术的创造与革新，艺术情趣上增强共性，说功唱法追求高雅，演出台风端庄大方。演员一上台，一开口，老听众就听得出这是上海评弹团。

　　艺术风格是一种个性特征，比较抽象，一群个人风格完全不同的艺术家集结到一起后,所谓"群体风格"是怎样形成的? 具体表现在哪些方面?

1996 年 10 月 19 日,在离开评弹团团长岗位十二年后,经过深思熟虑,吴宗锡握笔写下了长达六千余字的《上海评弹团的群体风格》。

20 世纪 50 年代初,上海评弹团成立,网罗了上海地区许多一流的评弹名家和拔尖的中青年演员,他们底子好、起点高。不久,严雪亭、薛筱卿、杨斌奎、朱介生、吴子安、杨仁麟、杨振雄、徐丽仙、朱雪琴等又陆续进团,团里几乎囊括了上海大部分评弹高手。他们大多在解放前已成名,进团后通过艺术实践,艺术更趋成熟,成为自成一派的评弹大家,不少还是弹词流派唱腔的创始人。

然而,群体风格并不是许多艺术家结集到一起之后便能自然形成。相反,因为来自不同的环境,有着不同的经历和学养,且既已成为名家,也就各有千秋,各有抱负,上台若只是各显神通,就谈不上有什么群体风格了。风格之所以能够形成,是艰辛经营、刻苦努力的结果。

在《上海评弹团的群体风格》一文中,吴宗锡首先回顾了"艰辛经营""刻苦努力"的大致过程。

评弹团自建团开始,即注重对创演人员正确艺术思想的灌输、教育,结合深入工矿、农村、部队,广泛接触各阶层群众,使演员从以前为谋求衣食丰足而鬻艺于市民有闲阶层的狭小境界,开始步入服务于社会、国家、人民大众的广阔天地,逐渐认识到要为人民服务,不但要满足人民群众的需要,更要反映其生活、理想。引导演员从对艺术与时代、社会、人生之间的关系的领悟,进而明白人民群众的生活是一切艺术之源。然后写道:

> 由此,他们对评弹这种优秀的民族说唱艺术所固有的现实主义传统,有了更深切的通晓。在他们此后的艺术创造中,树立起了从生活出发,从人物出发,从内容出发的原则。这些长期从艺的名家,对评弹艺术本有着深厚的感情,从此更以艺术为崇高、圣洁的事业,加强对艺术事业的责任感和使命感。在思想上也就进入到一个更高的境界……毅然舍弃了一切媚俗的廉价效果和冗杂的赘言繁词。同时,建立起了发挥特长,调动全部书艺以塑造人物,加深主题的共同书风。

接着,文章对"群体风格"从四个方面作了扼要陈述。

一、书是要人说的，说书人对书中人物、情节，应有其思想观点和感情倾向，即叙事、状物、写景都要结合表现者的主观情愫、感受，重要的便是说书人（演员）对书情、人物乃至书的内容主题、结构形式的理解。作为双档、三个档，尤其在中篇演出时，更需要有整体统一的认识和理解。

二、注重塑造人物。说唱任何一部书都要调动丰富的生活经验和高卓的艺术手段，倾注主要精力于人物的塑造与刻画上，创造出众多的新旧时代的艺术形象。这种对人物的塑造，不仅体现在角色的表演上，更体现在以人物口吻表述的说表方法和弹唱中。

三、注重艺术上的发挥，讲究说功与唱法。所谓"功法"，实是通过前人艺术经验的积累，总结而提炼成的规范法度。评弹团的演出追求正宗，正宗不是守旧，而是指演出契合法度，注重艺术趣味的精雅。演员的书艺有高下或老练与稚嫩之分，但人人必须符合评弹说唱的规范法度，达到说唱表演上的高标准，注重艺术上的创新发展。

四、演员登上书台，切忌卖弄炫耀，表现自我，而是以艺术创造为唯一职责。上台之前，认真准备。静坐默书，或手捧家什，低吟慢唱。一登书台便悉心艺术，全神贯注投入书中情境。言行举止皆以有助于听众的艺术欣赏，给听众美的印象为准则。其起坐、动作乃至拿起放下弹奏乐器，皆形成一整套美观大方的规范。

四方面内容，文中陈述比上述摘录要详细得多，并有演员和书目实例说明作证，限于篇幅只能点到为止，无法逐一照录。

如同吴宗锡 20 世纪 80 年代中期告别上海评弹团一样，因自然规律不可抗拒，创造"团体风格"，受"团体风格"熏陶成长起来的老演员，也陆续退出书台，最初一批上海评弹团团员，大多数已先后谢世，书台从此再无蒋月泉、刘天韵、张鉴庭、张鸿声、杨振雄、朱慧珍、徐丽仙、朱雪琴……为此，吴宗锡在文末呼吁：

我们今天要振兴评弹，要贯彻"出人出书走正路"方针，继承和发扬上海评弹团的艺术风格和经验，也是不容忽视的一个重要方面。

壮哉，斯人之言，不愧为新中国评弹的建设者和开拓者！

第十三章

尝尝梨子的滋味

一句名言：要知道梨子的滋味，必须亲口吃一吃。一切真知都是从直接经验发源的。

身负团长职责，吴宗锡知道，除了做好日常行政、演出，另一项重要工作是组织指导创作。开拓书目，整旧创新，调教演员，不仅要懂创作，还要会创作。

有人对吴宗锡说，评弹既有文学性，又有戏剧性、音乐性，所以要从事评弹创作，需要懂文学、懂戏剧、懂音乐。吴宗锡深表赞同。回顾从走出大学校门到进入社会舞台，他投身过文学创作，参加过戏剧改革，又爱好音乐，"文学""戏剧"与"音乐"，三者都有所涉猎，应属在"懂"之列。因此，他没有理由不在评弹创作上作一番努力，取得应有的成绩。

最初的尝试，吴宗锡只是评弹团教导员，离挂上团长的头衔还有两年多时间。扎实的中外文学功底，为他从诗歌、散文创作转向评弹创作，奠定了良好基础，一出手就让人亮眼，刮目相看。接着，文思泉涌，开篇、短篇、中篇迭出，三十年间留下了一批属于他的精品佳作，在顶级评弹理论家的称谓之外，又赢得了著名评弹作家的美誉。

初次尝试，处女作是短篇评弹《不能走那条路》。

1953 年 11 月，作家李准在《河南日报》发表短篇小说《不能走那条路》。故事讲述的是虽参加了互助组，却仍抱着旧思想的翻身农民宋老定，手中有了余钱，想置业买地。同村的农民张拴，土改分到十几亩地不好好种，想靠捣腾牲口买卖赚钱发财，欠下一笔巨债。为还债，张拴打算把分给他的村上最好的一块地卖掉，卖地的钱一部分还债，剩下的做买卖再捞一把。一个想买地，一个欲卖地，双方一拍即合，两人要走的是一条发家致富的老路。事情为共产党员、宋老定的儿子宋东山和乡亲们知道，遭到异口同声的反对。在宋东山和乡亲们的帮助教育下，宋老定、张拴终于醒悟，决心好好下劲种地，一心一意迎着太阳走。

小说真实地反映了解放初期我国农村的生活面貌,主题触及当时农村社会主义与资本主义两条道路的斗争。人物刻画生动,性格各具个性。语言极富特色,切合人物性格特征,读来如闻其声,如见其人。

《不能走那条路》的发表,当时普遍认为是表现农村生活较好的小说,先后被包括《人民日报》在内的全国四十多家报刊转载,被改编成话剧、梆子、坠子等搬上舞台。

在此情况下,吴宗锡认真阅读了原小说,意识到《不能走那条路》很适合改编成短篇评弹,即刻不容缓地动手改编。初稿脚本写了一本多练习簿,完稿后向姚荫梅请教。姚荫梅看完后认为写得不错,若搬上书台,说、演要一个多小时,对短篇评弹来说用时过长。后经姚荫梅润色整理,说表精炼了,书情更顺了,时间压缩到 55 分钟,长短适宜。排演时由张鉴庭、张鉴国等演出,受到听众的欢迎和认可。

初战成绩不俗,吴宗锡信心倍增。1954 年 8 月,新婚不久的吴宗锡又将峻青的小说《党员登记表》改编成同名短篇评弹。原小说讲述的故事是,黄淑英母女为保存一张全区的党员登记表,与敌人进行英勇斗争。有了《不能走那条路》的实践,这次改编由吴宗锡个人独立完成。排演时由朱慧珍、江文兰分起黄淑英母女角色,演出非常成功,听众反响热烈,获得由中国曲协颁发的作品改编奖,并灌制成唱片。

二次涉足再度告捷,进一步激发了吴宗锡的创作激情。不久,他和陈灵犀合作,把绍剧《三打白骨精》改编成中篇评弹《白虎岭》。其中一段书,吴宗锡写时觉得特别顺,演出时发觉张鸿声并没有删减脚本提供的文字,只是把前后顺序稍作变动,书场效果就变得特别好。吴宗锡琢磨、分析两者之间的差异,从中寻找、体会评弹表演是如何抓住、调动听众心理的。

最初的几部短篇、中篇之作,或经名家修改指点,或独立完成,或与他人合作,多属从小说、戏曲改编,非真正意义的创作。这一阶段,吴宗锡重在借助改编、摸索、熟悉评弹的叙事方法及评弹表演和语言艺术的诀窍,为后来的创作积累经验。

不得不提的是,这一阶段吴宗锡和柯蓝、蒋月泉、唐耿良根据真人真事合作编写的中篇评弹《王孝和》,尤其是最后一回吴宗锡撰写的两段唱词,在表现现代题材、塑造革命青年形象时增添了新时代的气息,广获赞誉。

王孝和,解放前夕是上海电力公司杨树浦发电厂工人,工会常务理事,地下党员,从事地下革命活动,站在工运斗争的前沿,与国民党特务展开激烈斗争,成为特务的眼中钉,被列为"借人头,平工潮"的对象。1948 年 4 月的一天,在上班途中被秘密逮捕。国民党中央特种刑事法庭严刑逼供,要王孝和承认是共产党员,承认实施"破坏发电机事件",王孝和英勇不屈,坚决抗争,被判处死刑,同年9 月被押赴刑场。就义前,他向在场记者慷慨陈词,痛斥反动派冤杀无辜,壮烈捐躯。解放后,上海市人民政府追认王孝和为烈士。

1955 年初,评弹团决定将王孝和的英勇事迹创作成一部中篇评弹,再现于书台。因此前柯蓝依据王孝和事迹已写了一本小册子,创作便在小册子的基础上进行。参与人员为柯蓝、吴宗锡、蒋月泉、唐耿良,对外称集体创作,具体由吴宗锡、唐耿良执笔。

为缅怀先烈,熟悉时代背景,了解烈士生前生活状况,增强内心体验感受,四人一起拜访了王孝和烈士的遗孀忻玉瑛和亲属,走访了王孝和烈士的战友、难友和工友,阅读王孝和牺牲前写给家人的信,掌握了大量第一手素材。随后,吴宗锡又组织全团演职人员瞻仰祭扫王孝和烈士的墓。

中篇评弹《王孝和》,是由新文艺作家和评弹艺人合作编演的一次成功实践。脚本创作十分顺利,全书共四回书,第四回《不死的人》,表现王孝和英勇就义前的思想活动,以及王孝和利用各种机会揭露敌人的阴谋罪行,英勇斗争,最终壮烈牺牲的经过。其中"党的叮咛"和"写遗书"两段唱词是王孝和在狱中所唱,凸显王孝和就义前的高尚思想境界。两段唱词由吴宗锡执笔。

一般情况下,写两段唱词对吴宗锡来说不是什么难事,问题是王孝和临刑前接到地下党指示,根据斗争需要,直到最后时刻都不能暴露共产党员身份,也不能高呼"共产党万岁"的口号。王孝和内心深感痛苦,但为了革命事业,他理解这样做是必要的。所以,最后行刑时,面对记者和群众,他昂首高呼"冤枉""特刑庭不讲理""特刑庭乱杀人""看你们横行到几时"等口号,慷慨就义。这一切,在电影《王孝和》中有真实的表现。

这就给吴宗锡的创作增加了难度,无论是"党的叮咛"还是"写遗书",不能用激昂的政治语言,只能以纯真、深挚的亲情和人性的语言,揭露反动派的凶恶暴行,抒发内心对党、对亲人真挚深沉的情感。

好在吴宗锡有地下党员的生活经历,王孝和临刑前写信给亲人,表达对亲人的怀念、对革命的忠诚的思想感情,和他入党前的思想活动、心理准备颇为相似,深有感触和体会。一番斟酌,根据王孝和牺牲前写给双亲和妻子的信中平易亲切的语句,吴宗锡运用新诗的表现手法,采用符合评弹演唱要求、富有韵律感的词句,突出抒情性,写出了"党的叮咛""写遗书"两段唱篇。

排演时,对"党的叮咛",蒋月泉等演员没有丝毫异议,对"写遗书"用说念的形式表现提出了不同看法,认为这样达不到理想效果,最好改用唱篇形式来表现。

"你能不能把它改写成唱篇?"蒋月泉试探性地问。

正式演出时,蒋月泉起王孝和,最后一回书也由他上场。听取蒋月泉的意见,吴宗锡将说念改成了唱篇。

演出实践证明,"党的叮咛""写遗书"两段唱词堪称经典。抄录如下,以飨读者。

党的叮咛

王孝和:我家是世世代代把鱼捕。祖父他风里浪里受折磨。父亲从未读过书,在那"太古轮"上当伙夫,吃了半世苦,到处去奔波,像鸟雀离了窠,为的是把窠中小鸟哺。他们是受尽欺凌和迫害,却不知真正的仇人是哪一个,也不知不能翻身却为何?

我像迷失方向的夜航者,找到了灯塔出迷雾。得到了帮助,就再也不糊涂。(白:我像飞向南方、追求太阳的燕子)方才离了窠,就找到了同伴与队伍。是党召唤我,指引我,搀扶我,鼓舞我,教育我,培养我,考验我,锻炼我,使我像生铁,投入到斗争的大熔炉。有了你,共产党,方有我今日的王孝和。就在这最后牺牲时,我像儿子即将离慈母,怎能不把你亲爱的名字呼?怎能不把你亲爱的名字呼?

吴宗锡本人在《甘为革命献生命——中篇评弹〈王孝和〉王孝和唱篇》一文中谈到,这段唱词是写王孝和接到党的指示(叮咛),不能暴露共产党员身份时的内心波动。唱词没有多写他思想上的斗争,而是着重于抒发他对党的感情。起句从"世世代代把鱼捕"和父、祖两代的贫寒家世,讲到当时的渔民未能认识自己贫苦的根源,而自己受到了党的指引,才认清了奋斗的方向。接着用排句唱出"党召唤我,指引我……考验我,锻炼我,使我像生铁,投入到斗争的大熔炉",既表现了自己在党的指引下的成长,又体现出他内心对党的培养教育的感激,和与党的亲密关系,同时表达了"怎能不把你亲爱的名字呼"的强烈愿望,也为他最后遵从党的指示,放弃了个人的强烈欲望埋下伏笔,显示了这位忠烈的年轻党员为革命献身的高尚思想境界。

唱篇中运用了"夜航者""灯塔""飞向南方的燕子",以及"生铁投入熔炉"等过去评弹唱篇中少见的崭新的,也是没有深厚生活和社会阅历的作者所想象不到的形象比喻,为现代题材创作和塑造青年革命者的形象,增添了新时代的气息。

写遗书

王孝和:(白:父母双亲大人)好容易养儿到如今,今天完成了我一生,总算是做人目的未违背,也未曾轻掷好青春。(白:我牺牲了)不必为我多悲痛,你们保重身体最要紧。(白:想到妻子忻玉瑛)盼双亲把她当作亲生女,要常关心,多照应,就是儿死之后也感恩。(白:阿瑛啊)你也要把身体保重好,千万莫伤心。但愿你生产多顺利,这未来的孩儿就叫"佩民"。我对你是既感激又怜悯,要把我平日的叮咛记在心。你要好好学习求进步,只要你能幸福过光阴,我就更放心。我牺牲在我们家中是大事,对整个社会又何足论。反动政府要垮台,看他们还有几时好横行! 写到其间心激动,愤怒之情笔底生。

这封"遗书"是王孝和接受了地下党要他不要暴露身份的指示后,临刑前夕给父母双亲和妻子写下的,语气平和亲切,富有韵律感的词句,充分体现了遗书的抒情性。

遗书从"好容易养儿到如今"起句,表明王孝和与父母之间的亲密感情。紧随其后,"今天完成了我一生,总算是做人的目的未违背,也未曾轻掷好青春",既是对父母双亲的劝慰,也表现了一个对党忠诚坚定的青年革命者的坦荡胸怀,对反动派残害诬陷自己的严正辩白。接着是对妻子的殷殷嘱咐、抚慰和眷注,吐露出深切的伉俪之爱。最后则写到"我牺牲在我们家中是大事,对整个社会又何足论。反动政府要垮台,看他们还有几时好横行",更显示了王孝和大义凛然、气贯长虹、视死如归的坚定信念。

两段唱篇,行云流水般一气呵成,读之唱之,心潮起伏,激情澎湃。

蒋月泉、唐耿良、周云瑞演出中篇评弹《王孝和》

　　1955 年 1 月 25 日,《王孝和》在上海静园书场演出,蒋月泉、张鸿声、张鉴庭、姚荫梅、唐耿良、周云瑞、陈希安、张鉴国等先后登台,连演三个月,获得观众一致好评。蒋月泉起王孝和,由于对人物的理解、敬仰和热爱,加上艺术上独具匠心的处理,他所谱唱的"写遗书",声情并茂,动人心魄,成了他的经典代表作之一。连同陈希安所唱的"党的叮咛",两唱篇都成为颇有影响的选曲。

　　蒋月泉由衷地对吴宗锡说:"你写的这些唱词,我们是写不出的。"

　　中篇评弹《王孝和》大获成功,1955 年 4 月,吴宗锡率领上海评弹团,带着《一定要把淮河修好》《海上英雄》《王孝和》等一批新编现代题材书目,赴北京、天津巡回演出。返回时到安徽梅山水库工地体验生活。与治淮时的佛子岭水库工地相比,此时的生活条件已好了许多,接待方很热情,早餐不仅丰盛,知道苏州人爱吃甜食,还特意在餐桌上加了一碟白糖,团员们感慨激动不已。

　　时隔六十六年的 2021 年 3 月,为迎接中国共产党诞生 100 周年纪念,上海评弹团重排中篇评弹《王孝和》,专门请"写遗书"中提到的"未来的孩儿就叫'佩民'"的王孝和遗腹女王佩民,讲红色家书的往事。

红色经典永不过时,烈士事迹再现书台,成为一段佳话。

继中篇评弹《王孝和》之后,吴宗锡的创作激情如汩汩泉水,不断喷涌。诗歌创作对他而言驾轻就熟,与评弹开篇有相通之处。发挥这一特长,一段时间他全身心地投入开篇创作。《昭君出塞》《黛玉葬花》《见到了毛主席》《饮马乌江河》《红纸伞》等一批开篇佳作相继问世,成为演唱者的流派代表作。久唱不衰,百听不厌,几无新作可与之媲美。

在诸多开篇中,《红纸伞》以创新的尝试,别具一格。

与传统的运用唐诗格律的开篇不同,《红纸伞》运用民谣式的新诗体,押"天仙韵"。在运用平声韵的同时,夹用了不少仄声韵,但在一般"下呼"结句都落在平声韵上,仍为五七言音律,符合评弹的演唱要求。

开篇与中、短篇评弹不同,虽无曲折的情节故事与多姿多彩的人物,但也有大体的内容与相应的人物,在写景抒情中说理叙事,褒贬人物。

《红纸伞》叙述 20 世纪 60 年代初,江南农村一个多雨的春天的早晨,村支部书记关心农家的生产和生活,在村里村外到处走访的情景。

开篇吸收新诗手法,用火红雨伞的飘浮走动,形象地写出老支书的行动,反映出农村干部对群众的情谊。

起句"江南二月杏花天,春雨正连绵",引出了地点、时序和气象,描绘春雨连绵的农村景色——池塘涨水,檐溜如帘,道路泥泞,坑洼处如一面面水镜,映见天空,雾气蒙蒙,使初晓的大地犹如笼上了轻烟,俨然一幅农村水墨画。

正值此时,一顶红纸伞引出了"一夜听雨未安眠"的老支书,水墨画顿时转化为水彩画。老支书"村里村外都走遍,察看麦田积水,满仓的粮棉,农家的耕牛,喂养的小猪……""水深路滑难行走,为使人人行路便,他边走还边把石块垫",显示老支书是一位责任心强,关心生产、爱集体、爱群众的村干部。

高潮出现在最后一节,老支书的热忱为公,点燃了群众的热情,"红火纸伞行过处,顶顶纸伞跟上前,像朵朵红花色鲜艳",飘浮在葱茏的田野间,"伞上水珠蹦又跳,伞下人人笑语连,把料峭春寒都驱散,大地蒸腾热气添"。这里,明是写伞,实是写人,因为伞是人打的,写了伞自然就写了人——投入春耕的人们。

《红纸伞》是美的,它描绘出二月江南农村如画的美景。

《红纸伞》是雅的,它充满诗情画意,把春的温暖带进了听众的心中。

谈起《红纸伞》的创作,吴宗锡介绍说,这首开篇是依朱雪琴的"琴调"写的。"琴调"属"马调"系统,节奏快,腔短句繁而多用叠句。开篇中"雾蒙蒙,雨涟涟,曙光现",以及"他挂念着……"等连缀句,运用的便是这种格式。《红纸伞》由朱雪琴谱唱,后由余红仙演唱,是"琴调"的代表作之一。

接连不断的实践,吴宗锡对评弹唱篇、脚本的创作技巧日臻娴熟。他不再满足于单纯的改编,更不满足于短篇和开篇的创作,而是向往尝试更具挑战意义和审美价值书目的创作。主观愿望与客观机缘的巧遇,催生了中篇评弹《晴雯》的问世。

直接的动因,来自听众的询问。

1961 年 4 月,吴宗锡率团到北京演出,演出书目中有长篇弹词《西厢记》中《莺莺操琴》等选回,热心听众听后赞不绝口,转而问:评弹有没有《红楼梦》的书目?

这一问问到了要害处。评弹中有关《红楼梦》的开篇倒不少,如《宝玉夜探》《黛玉葬花》《潇湘夜雨》《黛玉焚稿》《紫鹃夜叹》等,唯独没有具体书目予以呈现。北京热心听众的这一问,吴宗锡记在了心里。

演出结束,在北京返回上海的火车上,吴宗锡和杨振雄谈起这件事。

"你来编,我来演。""大响档"杨振雄对吴宗锡说,口吻中对吴宗锡的创作能力充满信心。

回到上海,因忙于团务和其他原因,拟定中的创作耽搁下来。

1963 年是曹雪芹逝世 200 周年,1962 年底,文化部要各地上报纪念剧目,吴宗锡遂和陈灵犀计议,决定根据《红楼梦》,改编创作中篇评弹《晴雯》。

文学巨著《红楼梦》自问世后,没有评弹书目加以表现,吴宗锡认为,评弹以细腻见长,改编其他文学作品,必须有所敷衍生发,才能好听,而《红楼梦》刻画人物细致入微,情节对话又细腻生动,已经够"细"的了,再要敷衍生发就困难了。或许前人曾想过改编,因为太难,只好望而却步了。

一部《红楼梦》,男女老少,主子下人,公子小姐,百多号人物,不选凤辣子王熙凤,不选贾宝玉、林黛玉和薛宝钗;同是丫环,不选袭人、紫鹃,为什么偏偏选晴雯? 对此,吴宗锡曾反复思考。他从小读《红楼梦》,书中人物最喜欢的就是晴雯。

晴雯身世飘零,是出身低贱的女奴,身上却没有半点奴性。她鄙夷袭人的卑屈、奉迎和虚伪,厌恶坠儿的偷懒、贪小、手脚不干净,气愤王善保家的之流的狐假虎威、仗势欺人的奴才相……这样一个 16 岁的美丽、聪明、灵巧的姑娘,有胆识,有骨气,知痛痒,竟成了封建礼教的受害者和牺牲品,被诬以"狐媚惑主"的莫须有罪名,含怨夭亡,是一个可爱又可怜的小人物,值得用评弹艺术来再现和传扬——写晴雯可以揭露、控诉封建社会的黑暗和残酷,写晴雯可以颂扬爱憎分明、不畏强暴的斗争精神。

创作的对象、意图清晰明确了,但要借助细腻生动的故事表现出来,难度依然不小。

《红楼梦》原著,涉及晴雯的事件不多,分散在第三十一回"撕扇子作千金一笑",第五十二回"勇晴雯病补雀金裘",第七十四回"惑奸谗抄检大观园",第七十七回"俏丫环抱屈夭风流"中。为描绘晴雯不同侧面及其性格,不能不写撕扇、补裘这些重大关节事件,同时要处理好晴雯和宝玉的关系。如果突出他们是恋爱关系,这或多或少会有损晴雯的高洁。宝玉和晴雯主要是情投意合的知己,两人之间有深情,主要却是一种纯洁的友谊。

经慎重考虑,《晴雯》的书情大意是:以蔑视封建礼教的晴雯、宝玉为一方,以维护正统的王夫人及趋炎附势的袭人、王善保家的为另一方,两方展开了激烈斗争。最后晴雯被驱逐出大观园,诟谇谣诼纷起,不但撕扇被作为大逆不道,连力疾补裘都成了罪状,这样就把前面的撕扇、补裘都串了起来,前后得到了照应和贯通。

一批老艺人很喜爱《红楼梦》,为《晴雯》创作,给吴宗锡提出了很多宝贵建议。晴雯、宝玉等人物在书中的"开相"及服饰穿戴,是刘天韵设计的。陈灵犀精心构思念白、唱词。朱介生设计了"俞调"唱腔和"锁南枝"曲调。杨振雄为说好这一中篇,在起好贾宝玉角色上,作了认真探索。所有这一切,使《晴雯》生色不少。

《晴雯》分《撕扇》《补裘》《抄检》《夜探》四回书,排练成熟后,为纪念曹雪芹逝世 200 周年,1963 年春节在上海大华书场首演,演员杨振雄、余红仙、张如君、江文兰、刘韵若、苏似荫分回上场。首演后赴扬州、常州等地演出,很受欢迎。待再回上海演出,书场门口鹄立等候,通宵达旦,购票队伍绕着书场转了几圈。

听众普遍评价:《晴雯》为评弹改编《红楼梦》做出有益的尝试! 评弹艺术的发展就是要多积累这样的书目!

《晴雯》喜获成功,吴宗锡准备再接再厉,继续创作一部中篇评弹。所写人物也已确定,是他喜爱的南宋爱国词人辛弃疾,书目定名《霜天号角》,粗略的构想提纲基本成形:写青壮年时代的辛弃疾,以《北固楼》开场,让老年辛弃疾回忆生平往事,运用评话艺术的技巧,表现战斗场面,驰马杀叛,铁衣渡江,并在说白、唱词中嵌用辛词。合作伙伴依然是陈灵犀,他也提前作了很多案头准备工作。

一切都在谋划之中,脚本创作还未起步,吴宗锡已预设了演员安排,杨振雄、吴子安、苏似荫等都在考虑之列。

万事俱备,只待开笔,意想不到的是,一阵极"左"思潮之风突然刮起,在"大写十三年"的号召之下,演、写"古人""死人"成了不合时宜之事,迫于无形的压力,演了不到一个月的《晴雯》撤出书场,沉寂十余年后才得以复演。在此形势之下,《霜天号角》胎死腹中。

幸运的是,"左"风虽烈,不少剧目受到点名批评,《晴雯》反躲过了这一劫,未受到"特别"青睐,仅退出书台,停演了事。

面对这样的"待遇",吴宗锡嘴上不好说什么,心里还是有想法的。他想到了《晴雯》里的几句唱词:

> 霜雪哪能凌松柏,
> 云霾哪能碍月明,
> 纵然是众口悠悠金可铄,
> 然而此心皎皎玉同贞。

想法归想法,除了借机发泄一下之外,能有其他什么表示? 至于《晴雯》能否再登书台,重见天日,吴宗锡连想都不敢去想。

谁知,"想都不敢想的事",十三年后变成了现实。"四害"被翦除,"文艺黑线专政论"被否定推翻,一大批遭受禁锢的剧目得到解放,重新走进剧场,与观众再次见面。

《晴雯》也不例外。幸喜的是,原来参加演出的杨振雄、余红仙、刘韵若等仍然精力充沛,嗓音嘹亮,丝毫不减当年。他们再一次通力合作,使《晴雯》得以本来面目重与听众相见。

一场场演出,新、老听众报以热烈的掌声。曾经的被诬陷、受批判,终究是一出丑剧、一出闹剧,在听众掌声中,吴宗锡感受到精神的慰藉,收获了创作的愉悦!

第十四章

"吴团长是伯乐"

伴随新中国的前进脚步,全团演出、创作和管理不断步入正轨,声誉影响日渐增长扩大。接下来的路怎么走?该做些什么?不满足于现状的吴宗锡陷入了新的思考。

从建团之日起,上海评弹团就会聚了一批评弹界精英人物,之后队伍一年年扩大,成为评弹界的一支中坚力量。数十名老、中、青演员,各怀艺术特长,各有看家书目,深得听众喜爱与欢迎。

年复一年的朝夕相处,反复观摩创排演出,加之对评弹艺术特性的熟悉了解,吴宗锡觉得许多演员还大有潜力可挖。如何像电影导演开拓演员戏路那样,进一步发挥他们的艺术特长,开拓新的书路,是他当团长义不容辞的职责。

经过一番深思熟虑,根据不同对象的禀赋性格,结合日常创作演出,吴宗锡甘当伯乐,不时给演员加压出难题,推动他们在原有流派风格的基础上,寻求突破提升,攀登新的艺术高峰。

一系列做法,赢得了演员们发自内心的拥护欢迎,收获与效果是明显和巨大的。

徐丽仙 20 世纪 50 年代创立"丽调"流派唱腔,以女声真嗓演唱,曲调优美,韵味醇厚,尤以表现古代女子悲惨遭遇及哀伤感情为主,行腔深沉隽永,缠绵凄切,增强了唱腔的抒情性。在弹词音乐发展及女声唱腔与演唱方法上,有卓著贡献,被选为中国音乐家协会第二届理事。

吴宗锡早就注意到徐丽仙的天赋,又觉得她的唱过于哀怨低沉,缠绵悱恻。1958 年的一天,他偶尔从收音机听到徐丽仙唱的开篇《花木兰》,感觉和她原来的唱腔有点不同,根据开篇内容,她有意识地缩短了拖腔,增加了演唱中刚健爽利的成分。从这一细微变化中,吴宗锡受到启发,如果徐丽仙能演唱花木兰代父从军的节目会非常合适,这既符合当时提倡妇女投身社会主义建设、勇挑重担的时代精神，又可以乘此机会使以唱哀怨内容的"丽调"有所变化突破。

然而，事情并非想象的那样简单。

开篇《花木兰》的唱词出于封建文人之手，内容偏重对"孝"的宣扬，有些唱词比较陈旧平淡，要使徐丽仙的唱腔增加刚健爽利成分，必须进行再创作。

想法一定，吴宗锡和徐丽仙商量，拟以古诗《木兰辞》（又称《木兰诗》）为基础，参照《花木兰》开篇进行改编，由她谱唱。

徐丽仙表示乐于接受，希望唱词句式有所变化，她喜欢句式长短不一，不全是七言的唱词。此时的吴宗锡已进入创作的成熟期，不但能熟练掌握运用评弹唱篇的创作技巧，而且还能有所发挥与创新。

徐丽仙的要求，他欣然采纳。

古诗《木兰辞》以五言为主，多次换韵。改编时，吴宗锡根据弹词唱篇一韵到底、需要平仄协调的特点组织唱句，将唱词句式写得长短不一，不全是七言的唱词，尽可能地吸收原诗较为动情的五言诗句。如最后一段的五言句："开我东阁门，坐我西阁床；脱我战时袍，着我旧时裳；当窗理云鬓，对镜贴花黄"，以表现木兰代父从军得胜回家，合家欢聚的欢乐心情，形成情绪高潮。传统开篇《花木兰》的最后一句是"木兰孝勇世无双"，强调的是一个"孝"字，改编后的开篇以"谁说女儿不刚强"为结句，突出主题题旨。篇名定为《新木兰辞》，凸显出新之意。

改编的唱词写在一张旧纸片上，事务冗杂来不及誊抄，吴宗锡直接把纸片交给了徐丽仙。

徐丽仙自觉文化水平不高，每次拿到新唱词，总要求作者为她讲解一遍，力求对唱词内容有深切理解，然后谱曲试唱。《新木兰辞》亦同样如此。

拿到新的唱词，听了吴宗锡对唱词内容的讲解，半个月不到，徐丽仙就交出了谱好唱腔的《新木兰辞》。这期间，她每天仍然演唱长篇，《新木兰辞》是利用业余时间谱成的。

吴宗锡急于了解演唱效果，约了几位团内同事，一起聆听徐丽仙自弹自唱的初稿。

"唧唧机声日夜忙，（木兰是）频频叹息愁绪长。惊闻可汗点兵卒，又见兵书十数行。卷卷都有爹名字，老父何堪征战场。"徐丽仙刚开口唱了六句，听的人已被深深吸引住。接着，伴随一段段曲调的转化，层层推进，给听众以强烈的感染和美的享受。这是"丽调"，但又不是昔日印象中的那个"丽调"。曲调一脱过去那种委婉纤丽,显示出昂扬劲健的阳刚之气。

1958 年《新木兰辞》开篇谱成时,恰逢上海举行曲艺会演。上海评弹团将这一开篇列入参演节目之一。徐丽仙提出增加伴奏乐器,以加强气氛。她选定自弹三弦演唱,因为手抱琵琶的形象比较显得女性化,改拿三弦,还可以辅加一些手面动作。与此同时,另增加琵琶、二胡、阮和碰铃。

排练时,受北方和四川曲艺演出的启发,吴宗锡建议末尾的"伙伴见她尽惊惶,同行一十有余载,不知将军是女郎"三句,由伴奏的男演员作为伙伴来伴唱。试唱的结果,大家一致觉得非常好。这样,《新木兰辞》有了两种演唱方式,一是由演员一人弹奏三弦,自弹自唱;一是加上多件伴奏乐器,在结尾处合唱。

徐丽仙演唱开篇《新木兰辞》

会演在上海静园书场举行。那天,《新木兰辞》是中场休息后的第一个节目。看了演出海报和节目表,不少听众凭老印象议论说:《花木兰》不是徐丽仙的拿手,徐丽仙么,应该唱《罗汉钱》或者《杜十娘》。他们把《新木兰辞》误以为是传统开篇《花木兰》。谁知到正式演唱时,徐丽仙刚开口唱第一句,乱哄哄的剧场立刻安静下来,及至最后一句唱完,全场顿时沸腾起来,很多听众从座位上站起,一边鼓掌,一边喊"再来一个"。有的人干脆喊道:"再唱一遍!"如此景象,在以往演出中几乎从未有过。

徐丽仙没有思想准备,犹豫片刻,把《新木兰辞》从头至尾重唱了一遍。

当天,《文汇报》总编辑陈虞孙正巧在场聆听。第二天,《文汇报》以显著位置发表专评,称《新木兰辞》为评弹"珍品"。

从此,《新木兰辞》很快在听众中有了广泛影响,多次在内部晚会演出,受到周恩来总理、陈云同志、叶剑英元帅的喜爱。之后上海评弹团赴京演出,《新木兰辞》受到在京文艺界大家齐燕铭、茅盾、夏衍、徐平羽、袁水拍等人的赞赏。

1959年,周恩来总理听了《新木兰辞》的演唱,向徐丽仙指出,唱词"辗战十年才奏捷"的过程处理得太快了。"花木兰是个封建时代的女子,代父从军是了不得的事,要经过多少艰难曲折啊。"

文艺界的几位领导同志也提出:"对花木兰的战斗生活感觉写得不够,最好能在这方面再添几句。"

《新木兰辞》原是根据古诗《木兰辞》为基础改编的,原诗写木兰的征战生涯也仅"万里赴戎机,关山度若飞,朔气传金柝,寒光照铁衣"等数句。改编时写成了"关山万里如飞渡,铁衣染血映寒光"两句。

听取周恩来总理等领导的意见,回到上海,吴宗锡在"关山万里如飞渡"句的前面,增写了"鼙鼓隆隆山岳震,朔风猎猎旌旗张;风驰电掣制强房,跃马横枪战大荒"四句,交给徐丽仙谱曲,添补进去。

事前吴宗锡曾担心,《新木兰辞》曲调有其整体构思,此时离最初谱曲已隔了两年多时间,在此期间徐丽仙又谱唱了《六十年代第一春》《社员都是向阳花》《红叶题诗》《黛玉焚稿》等多首开篇和选曲,题材、内容及曲调都有很大不同,"丽调"也因此有了不少新的发展,添加进去的四句与原来的曲调会产生不协调,显出添补进去的痕迹。可等徐丽仙谱好曲一听,竟是补得天衣无缝,如一气呵成一般,吴宗锡再一次感受到了徐丽仙的音乐天赋。

《新木兰辞》以优美的旋律和精湛唱法,成为"丽调"的代表性曲目,也成了开篇中的经典,久演不衰,百听不厌。

《新木兰辞》的成功,标志徐丽仙唱腔风格的突破与拓宽。后来,吴宗锡发现评弹没有"三拍子"的唱篇,又一次和徐丽仙探讨,希望她能进行尝试。

1960 年 7 月 22 日，吴宗锡赴北京参加中国文学艺术工作者第三次代表大会，毛泽东主席等党和国家领导人接见全体与会代表。激动兴奋之际，吴宗锡创作开篇《见到了毛主席》，徐丽仙运用了"3/4"拍（三拍子）成功谱唱，为评弹艺术宝库填补了这一空白。

为充分拓展徐丽仙的艺术风格，吴宗锡或自己，或与人合作，编写了多首不同内容、题材的开篇和选曲。如《红叶题诗》（与陈灵犀合作）、《饮马乌江河》（与饶一尘合作）、《黛玉葬花》等，由徐丽仙谱曲演唱。他告诉徐丽仙，音乐不仅仅是为了好听，更是用来传达情感的，是情感的升华与更深层次的表达。

经徐丽仙谱曲演唱，这些作品大都成为评弹艺术宝库中的精品。入声字多而富于特色的《黛玉葬花》、长达七十多句的《大柳树》，广受听众欢迎。

1977 年 6 月，由陈云同志提议，在杭州召开评弹工作座谈会，座谈中陈云指出："徐丽仙在评弹音乐发展上是有其地位的。"这一评价，对徐丽仙的艺术成就给予了充分肯定。

正当徐丽仙满怀壮志，准备为评弹事业多做贡献之时，1976 年底，49 岁的徐丽仙罹患癌症。凭借顽强的毅力，她打退了病魔的一次次折磨，赢得六年多时间，记录经验，谱唱新作，教徒授艺，于 1984 年 3 月 6 日不幸辞世。对评弹而言，不能不说是一个无可弥补的损失。

1996 年 6 月，上海市曲艺家协会和上海评弹团在苏州为徐丽仙半身汉白玉塑像举行揭牌仪式，徐丽仙的儿子对吴宗锡说："我母亲（艺术成功）全靠你。"

类似的例子，还有以演唱毛泽东诗词《蝶恋花·答李淑一》一举成名的余红仙。

1957 年 1 月，《诗刊》发表毛泽东的十八首诗词，全国掀起一股毛主席诗词热，音乐界纷纷为毛泽东诗词谱曲和传唱。

第二年秋天，上海红旗评弹队的青年演员赵开生谱写了一首《蝶恋花·答李淑一》，交同队的青年演员余红仙演唱。赵开生大胆尝试，曲调融合了"蒋调""丽调""俞

余红仙演唱毛主席诗词《蝶恋花·答李淑一》

调""薛调"等多种流派唱腔的旋律,很有新意。随之在西藏书场以正书前的开篇试唱。出乎意料的是,听众非常欢迎,末句"泪飞顿作倾盆雨"唱毕,余音尚在缭绕,场内已是一片热烈掌声。

1959年,赵开生、余红仙参加评弹团和评弹协会所属团队青年演员夏季集训,对《蝶恋花·答李淑一》进行修改加工。著名演员周云瑞、徐丽仙、张鉴国等分别从作曲、乐器、演唱等方面精雕细琢,提出了一条条具体而可行的改进建议。

在这些"响档"名家的关心支持下,《蝶恋花·答李淑一》日臻完善。全曲以弹词曲调为基本骨架,注意增强歌唱性,融合多种流派唱腔,优美、抒情、清新,加上合理运用速度、节奏变化,使曲调层次分明,跌宕多姿。唱词"寂寞嫦娥舒广袖,万里长空且为忠魂舞",旋律舒展摇曳,而"忽报人间曾伏虎,泪飞顿作倾盆雨",则激昂有力,响遏行云。特别是余红仙嗓音洪亮,音色华美,演唱富于激情,生动展现了革命家的伟大情怀,具有很强艺术感染力,演唱效果奇佳。

此后,余红仙又和杨德麟合作,谱唱了《卜算子·咏梅》;二度和赵开生合作,谱唱了《十六字令三首》。

一时间,一曲《蝶恋花·答李淑一》风靡全国,也使评弹走向全国,堪称20世纪中国文艺史上的奇迹之一。

用评弹谱唱毛主席诗词是件大事,每有新作问世,吴宗锡总适时撰写赏析文章,予以推介评说。在《"刺破青天锷未残"——重听评弹谱唱的毛主席词作〈十六字令三首〉》一文,在逐首解析评价之后,文末写道:

> 余红仙为毛主席的这首词谱曲和演唱,吸收了评弹丰富的乐汇、唱调和润腔,如"沈、薛调"的明快,"蒋调"的甩腔,"丽调"的滑、顿、喷音等等。如果说《蝶恋花·答李淑一》的谱唱抒发着更多对忠魂的颂扬、缅怀之情的话,那末,《十六字令三首》则更多地抒发了坚毅刚强的战斗豪情。有了这样良好的基础,我们相信这首词在演唱实践中是可以日臻完美的。

所谓"重听",指不止听了一遍,体现了对《十六字令三首》的偏爱,而结尾的那一段文字,则是对余红仙从谱曲到演唱,广采所长、为我所用艺术才能的由衷肯定与赞赏。

1960年底,余红仙加入了上海评弹团,书艺的提高与发展,进入了更为广阔的空间。与她同时进团的还有赵开生等人。

作为一团之长,吴宗锡的考虑是,吸收青年演员进团,目的是为改变演员队伍的年龄结构。当时的上海评弹团,从旧社会过来的老艺人比重偏高,年轻演员人数偏低,从长远看不利于评弹艺术的传承发展。这一考虑,具有前瞻性。

进了上海评弹团,和未进团前相比,余红仙的体会是,不仅演出任务多,新的书目多,而且能跟多位为她所仰慕的老艺人同台演出,学习前辈名家的演唱经验和唱腔。一段时期中,作为女性演员,她学得最多的是朱慧珍、徐丽仙和朱雪琴,尤其是"丽调"和"琴调"。

在吴宗锡心目中,余红仙是有进一步培养前途的新秀,所以格外重视给余红仙压担子,亟盼她在已有成绩基础上,继续发扬评弹艺术的优秀传统,尽快形成自己的流派风格,成为年轻一代演员中的佼佼者。

1963年,经吴宗锡提议,艺委会讨论通过,余红仙与蒋月泉拼档说《夺印》。

长篇弹词《夺印》,是现代长篇中较有代表性的一部作品。尽管它属于典型的文艺为政治服务的"遵命文学",然无法否认的是,这部书的编、演人员,凭借高超的艺术造诣和创作能力,硬是将这部书打造成了一部艺术精品,创造了一个奇迹,让人赞叹不已。

余红仙最初学的是"蒋调",深知蒋月泉在整个评弹界的影响与地位,一直都把蒋月泉作为艺术上学习和追求的榜样。突然间得知团里将她和宗师级的前辈拼档说《夺印》,担忧惶恐之际打起了退堂鼓。

余红仙找到吴宗锡,表示如果和蒋老师拼档"说中篇是不怕的,就是一两回书"。要说长篇做下手,"蒋老师的要求多高啊",她担心胜任不了,产生不良影响。

吴宗锡不为所动,劝说余红仙不要有顾虑,蒋月泉要求高是好事,有利于她艺术上的进步,一般年轻演员能和蒋月泉拼档,求之不得。要珍惜这次机会,不能错过。"这个任务,非完成不可。"临了,吴宗锡加重语气说。

一番劝说加激励,余红仙和蒋月泉拼档说起了《夺印》。一路从嘉善、嘉兴说到杭州,余红仙渐渐体会到,和蒋月泉拼档大有收获,"蒋老师真正是有本事",不仅唱反面人物到位,即便是唱一个小人物陆水根,也是活灵活现。她以徐丽仙为师,从徐丽仙身上学作曲、演唱方法和怎样运用嗓子;跟蒋月泉拼档,她学到的是对人物的研究,对角色内心的琢磨,然后考虑如何用唱去体现。更让余红仙无法忘怀的是,作为老一辈艺术家,蒋月泉对年轻后辈真诚无私的扶持与提携。

弦内弦外两相辉 艺术评传

《夺印》说罢，政治风云突变，随之而来的是"文革"掀起。十年内乱，评弹和所有的文艺样式一样，亦陷入一片"红色旋风"之中。当一切风平浪静之后，余红仙已人届中年，到了一个演员由成长向成熟转化的关键时期。

为进一步提升余红仙的书艺，1978 年，吴宗锡决定余红仙和杨振言拼档说长篇《描金凤》。

杨振言是评弹名家杨斌奎的次子，少时从父学《描金凤》《大红袍》，后与父拼档在江浙沪一带演出。参加上海评弹团后，与兄杨振雄拼档，蜚声书坛，成就卓著，系名誉四方的"杨双档"。

跟杨振言拼档，杨振言有多年演出《描金凤》的经验，余红仙从中学到了不少东西。譬如杨振言的起角色、口劲及说表苍劲有力等，值得学习仿效。此外，《描金凤》角色多，从花旦、小生、老生、老旦到走江湖、做小生意的各色人等，为培养余红仙，凡书里的下三路角色（社会底层小人物），杨振言都有意让余红仙去起，让她得到更多的锻炼与提高。

与杨振言拼档说《描金凤》结束，吴宗锡再找余红仙谈话，安排新的工作，要余红仙和陈希安拼档说长篇《双珠凤》。吴宗锡认为，她和陈希安两个人都是好嗓子，拼档说《双珠凤》，演出反响不会比《描金凤》差。而且，跟陈希安合作拼档，对余红仙而言，是又一次向名家学习、提高磨炼的好机会。

《双珠凤》是余红仙的出科书，该书有很多精华，也有不少糟粕，经多部长篇的演出实践锻炼，与多位大师名家合作求教，年龄 40 多岁正当年，对评弹艺术的理解认识积累了一定经验，余红仙觉得，对《双珠凤》进行整理修改，她责无旁贷，结合整理修改，她想从下手翻上手，即便整理修改或翻上手不成，个人名誉受些损失，也值得去尝试一下。

经慎重考虑，余红仙向吴宗锡、陈希安坦诚说出了个人想法，取得了吴宗锡与陈希安的理解。之后，余红仙找沈世华合作拼档，几回书几回书的整理演出，边演出边修改，在众多前辈名家鼓励帮助下，取得圆满成功。

2008 年，余红仙成为非物质文化遗产保护项目评弹的上海市级传承人，2009 年又被评为国家级传承人。

功成名就，荣誉连连，回顾自己的成长经历，余红仙感慨地说："吴团长是伯乐。如果不进上海团，就学不到好的本事，所以一直感激他。"

此时，吴宗锡已从团长的位置上退下二十多年，曾经的属下仍以"吴团长"相称,实是超越了一般身份的认同,上升到了内心与情感的服膺。

在当团长的日子里,吴宗锡并不只是单纯地给演员压担子,出难题,也常常创造条件,组织编创人员为演员写唱词,在加工、修改、演唱及伴奏等方面提供意见,供演员参考,使演员的表演针对书路,适合书情,发挥各自的流派风格。

经吴宗锡授意,陈灵犀、饶一尘为严雪亭编写开篇《一粒米》,流传极广,农村田间广播喇叭日夜播放,20世纪60年代响彻江浙沪一带农村每家每户。

陈灵犀根据北方曲艺改编的白话开篇《懒惰胚拾鸡蛋》,由张鉴庭、张鉴国双档演唱。张鉴庭运用"小热昏"演唱技巧,穿插各种方言,边唱边演,效果奇好。

"祁调"是弹词流派中以小嗓为主的唱腔。1960年代,"祁调"创始人祁莲芳年纪渐长,嗓音枯涩,无力再谱唱新篇。当时流传的"祁调"代表性唱篇,只有《霍定金·私吊》,唱腔受内容所限,过于凄怆。

1961年,上海评弹团赴京、津等地演出,吴宗锡向周云瑞提议,可以用嵌唐诗的传统开篇《秋思》为内容,谱唱新的"祁调"。

周云瑞"奉命"执行,十余天后谱唱了《秋思》和《晴雯补裘》两支开篇。两支

周云瑞演出开篇《秋思》,伴奏苏似荫、张鉴国

开篇中,《秋思》充分把握了"祁调"的神髓,曲调与内容融合贴切,幽艳缠绵,颇具新意。原本"祁调"上呼下呼,变化不多。新谱唱的《秋思》曲调波折重重,变化婉转,特别是新设计的伴奏过门与唱腔起伏相随,浑成自然,中间转调如峰回路转,奇景突现,全曲又不脱"祁调"的风格韵味。《秋思》超越了《霍定金·私吊》,成了"祁调"的主要代表曲目。后来,人们往往把《霍定金·私吊》看作是"老祁调",称《秋思》为"新祁调",认为"祁调"在《秋思》唱腔问世后,才得以更加完善、美妙。

扶持名家的同时,吴宗锡不忘培养新人。

上海评弹团 1951 年成立,五年后的 1955 年,吴宗锡已意识到在团艺人年龄偏大,必须采取措施补充新鲜血液,培养一代新人。这年 5 月,经他签发,上报文化局一份"情况汇报",其中写道:目前团内主要艺人年龄多接近 40 岁,因生活问题而体弱多病,加上演出任务繁重,影响评弹艺术进一步繁荣,为了促使评弹艺术更好地向前发展,必须注重下一代的培养工作。"情况汇报"同时提出,希望"重启招收与培养青年学员的工作",作为"随团学员"拜老艺人为师,跟随老艺人学习。

文化局迅速批复,认可招收"随团学员"的设想方案。1955 年 5 月,刘天韵、吴子安等开门收徒。第二年 10 月,蒋月泉、朱慧珍、徐丽仙、周云瑞、杨振雄、杨振言、薛筱卿、徐雪月等也吸纳年轻人为门下弟子。

开门收徒,拜师学艺,行事方式按原有习惯,举行隆重的拜师仪式。1956 年 10 月 13 日,《新民报晚刊》在二版对此作了专门报道。报道标题极为醒目。主标题:"老师面前三鞠躬,递上一个红封袋";副标题:"评弹团举行'拜先生'典礼,九位艺人招收八个青年学员"。内容如下:

> 不久之前,上海市人民评弹工作团举行了一次学员"拜先生"的典礼。……
>
> 典礼很简单,但是很动人。学员们恭恭敬敬走到先生们面前,行三鞠躬礼,递上红封袋。先生们接受了它,并还了礼。红封袋里是学员的贺敬,每一个学员六十元。这钱并不由学员自己出,是由组织上拿出来的。

从报道看,拜师仪式既是对传统拜师仪式的继承——"行三鞠躬,交纳拜师金",又凸显了新社会的新做法——"拜师金"由个人出资改为组织交纳,体现国营剧团的优势与特点：人是组织的人,组织包办一切。

继评弹团招收随团学员之后,培养年轻一代人才、加强队伍建设的工作进一步加大了力度。

1956年10月,上海市戏曲学校增设评弹班,招收38位学生。评弹班采用集体教学方式上大课,学制三年,头两年先学习文化课,后一年学习业务课和业务辅导课,吴宗锡选派周云瑞担任教授演唱艺术的负责人,大家公认周云端是最合适的人选。结果三年毕业,学生普遍有较高的文化水准,但缺少演出实践,业务水平较差,经考核进入评弹团的只有6人,首次青年汇报演出,无一人得奖。进团的6人,时间不长,先后转业离团。

鉴于这一教训,吴宗锡提出,为培养一批合格的评弹工作者,拟采用自力更生的办法,在团内办学馆,培养新艺人,再次得到文化局的认可。

1960年6月,评弹团正式开办学馆,团内成立由吴宗锡负责,周云瑞、朱介生、杨仁麟、杨斌奎等艺人参加的招生小组,在报纸刊登招生广告,报名考生达千余人。经层层考核删选,录取28人,男生8人,女生20人。

评弹团办学馆,师资雄厚。吴宗锡指定刘天韵、薛筱卿、周云瑞、朱介生、杨斌奎、杨仁麟组成教研组,周云瑞任教研组组长,一个个全是响当当的一流评弹名家。

课堂教育重在评弹基本功学习与训练,从乐器、发音、字眼,到说表和唱腔,全方位传授。任教老师更是倾其所有,如薛筱卿的“薛调”、朱介生的“俞调”、杨斌奎的说表、刘天韵的角色、杨仁麟的手面,毫无保留地传授给学生。

除课堂教育,吴宗锡还要求教研组组织学生到各书场观摩老师们的演出,目睹老师在台上的风采,力求在学艺阶段就开始感受与积累演出经验。

十分显然,团办学馆更有利于优秀人才的培养。因此,从1960年6月办首届学馆班,到1984年9月吴宗锡离开评弹团,评弹团共办了两届学馆班,一批评弹新秀脱颖而出。由于种种原因,尽管其中不少人离开了评弹团,转向别的职业,还是留下了沈世华、江肇焜、秦建国、王惠凤、范林元等一批新生代中坚,秦建国不仅成为了蒋派艺术的传人,2004年还担任了团长,挑起了评弹艺术在新世纪承上启下的重担。

评弹团办学馆,培养新生力量,吴宗锡并不认为是十全十美的,潜意识中总觉得中间似乎隔了一层。原因是招收的学生大多是上海人,不会说苏州话,而要学评弹必须先学说苏州话。如若改从苏州招收学生,又无法解决上海户口。当时的户籍制度,严格以居住的省(市)级地域划定,不能随意迁移。

怎样解决这一难题? 吴宗锡和原评弹团团长刘天韵商量,两人一合计,决定借与陈云同志见面的机会,向陈云同志建议:由上海、江苏、苏州三方联合办评弹学校,苏州落实建制和校址,招苏州户籍学生;江苏解决办校资金;上海负责师资和教育,学生毕业分配,户口可进入上海。

陈云同志听了吴宗锡和刘天韵的建议,十分赞成,随即找苏州市委领导协调沟通,很快达成共识,由江苏省曲艺团、苏州市文化局和上海评弹团共同筹建苏州评弹学校,三方合作培养青年评弹演员。

1962 年,原苏州市戏曲学校评弹部改建为苏州评弹学校,吴宗锡安排周云瑞、朱介生、吴子安为专职教师,周云瑞任教研组组长。此外,根据教学需要,另安排蒋月泉、严雪亭、张鸿声、张鉴庭、杨振雄、姚荫梅、唐耿良等评弹名家轮流参与执教。

在今天看来,多方携手,发挥各自优势,共同培养新生力量,怎么说都是件值得提倡的大好事。可或许应了一句老话,好事多磨。三年后首届苏州评弹学校学生毕业,围绕优秀学生的分配去向,沪、苏两地产生分歧,几经磋商,始终无法统一,上海方面被迫选择退出。不久,"文化大革命"开始了……

五十余年后,谈起这件往事,吴宗锡不免心存遗憾,好事没办好,有负陈云同志的支持和重托。不过,实事求是地评价,为评弹艺术的传承发展,后继有人,他尽心了!

第十五章

登上新高峰

日月如梭。

转瞬间,新中国迎来十周年大庆。紧随其后,是上海评弹团成立十周年纪念。

十年耕耘,十年收获。整旧创新,推动创作,活跃演出,书目、流派和人才日渐繁荣、成熟与积聚。围绕"双十年"喜庆之日前后,或主动,或奉命,或受邀推出的一系列演出,无论从规模、质量还是影响看,堪称翻开了自评弹艺术有史以来新的一页。

首先,评弹走进了万人广场。

"万人广场"指的是文化广场,原是法国人邵禄1928年开设的跑狗场,为当年远东最大的赌窟之一。1951年,因资方拖欠国家税款和员工工资,上海市中级人民法院判决,由市文化局出资还债,获得其土地和建筑使用权。1952年改建成大会场,占地从72亩扩大到116亩,1954年竣工,初名人民文化广场,后正式命名为文化广场,能容纳七千多人,民间称之为"万人广场",是当时上海最大的集会和演出场所。至20世纪90年代,在长达近50年的日子里,发生在文化广场的重大集会与演出,成为几代上海人无法忘却的记忆。

对评弹而言,演出场所的大小及听众的多少,是衡量评弹兴旺与否的重要标志之一。

早期的评弹,演出多在村舍茶肆,仅几十到一两百个座位。若有名家"响档"登场,听众超过两百,行话所说"出双百",艺人已是欣喜不已。

20世纪初,评弹进入大中城市,听众日渐增多,有了专业的一流书场,如沧洲书场,座位增至四五百座。上海解放后,取缔舞厅建书场,如静园、西藏、仙乐、大华等书场,座位扩至七八百、近千个。偶尔进剧场演出,可容纳听众近两千人,还常常满座,一票难求。

书场和座位不断增加与扩大,体现评弹事业的兴旺与发达,艺人们心中自有一股说不出的兴奋与喜悦，亟盼能走向更为广阔的舞台。

1957 年 8 月，上海音乐家协会在文化广场举办"星期音乐会"戏曲专场，邀请蒋月泉、朱慧珍参加，演唱弹词开篇。

接到邀请，高兴之余，蒋月泉、朱慧珍心情又有点紧张：广场式的场子，近万名听众，演出效果会怎样？没想到的是，正式演出听众反响热烈，效果出奇地好。

文化广场舞台开阔，深约 19 米，台口约 21 米，音响效果绝佳，近万个座位，听众十倍于一般书场，带给演员的感受与激动更是无法相比。由此，评弹演员们进文化广场演出评弹专场的愿望悄然滋生，且日益强烈。

两年后机会来了。一则新中国成立十周年大庆临近，二则国家处于经济困难时期，提出多演出回收通货，评弹团顺势而为，进入文化广场演出。

首场演出是 1959 年 7 月 11 日，名称为"开篇·选曲·分回大会串"，节目有严雪亭、朱雪琴的《杨乃武》选回，杨振雄、杨振言、朱慧珍的《长生殿·絮阁》；开篇选曲有蒋月泉的《莺莺操琴》，徐丽仙的《新木兰辞》，江文兰的《大九连环》，周云瑞的《私吊》，张鉴庭的《懒惰胚拾鸡蛋》等；评话有张鸿声、姚声江的《八虎闯幽州》。

第二场是 7 月 12 日，名称依旧。节目为严雪亭、张鉴国的《顾鼎臣》选回，朱雪琴、郭彬卿的《梁祝·十八相送》；开篇选曲有蒋月泉的《战长沙》，徐丽仙的《黛玉焚稿》，朱慧珍、江文兰的《夏收夏种》，薛筱卿的《见姑娘》，周云瑞的《情探·离魂》，杨振雄、杨振言的《武松·杀庆》。

两场演出，既是听觉的盛宴，也是视觉的盛宴，合计售票一万三千余张，平均每场六千多张，创下评弹问世以来从未有过的奇迹。演出时听众集中精力欣赏，台上台下呼应，反响热烈。演出后好评如潮，听完纷纷来信要求定期安排演出。

为回应广大听众的要求，7 月 25、26 两日再度在文化广场举行"开篇·集锦·中篇精华大会串"，一个月内连续四场演出，听众通宵达旦排队购票，让人惊叹不已。

以此为开端，至 1961 年，逢重大节庆或暑期，评弹团常组织文化广场演出。每场节目各具特色，除整旧的传统书目和新编历史书目外，1960 年春节还演出两场原创现代书目。如青年队的《向秀丽》，蒋月泉的开篇《迎春曲》，徐丽仙的《开门红》，朱雪琴、郭彬卿的《保炉英雄》，杨振雄、杨振言的对白开篇《万水千山

1960年春节,在文化广场举办评弹专场(早场)演出,图为评弹大合唱《笑迎东风》合影

赶牛来》,蒋月泉、徐丽仙的短篇《错进错出》,严雪亭、朱慧珍的短篇《礼拜天》等。最后是全团大联唱《上海英雄颂》,受到听众热烈欢迎。

其时,评弹谱唱毛泽东诗词《蝶恋花·答李淑一》风靡全国,引发多首毛泽东诗词谱唱问世。1960年7月30日、31日,为庆祝建军节,在文化广场演出以诗词谱曲为主的专场,谱唱毛泽东诗词《蝶恋花·答李淑一》《送瘟神》《沁园春·长沙》《长征》《六盘山》,以及开篇《毛泽东思想放光芒》。

文化广场的演出,激发出演员们的积极性和创造力。吴子安和张效声双档演出乒乓球题材的评话《威震海外》,将道具折扇改为实物乒乓球拍,虚中有实,实中有虚,虚实并济,突出了"球拍扬威"的主题。

张鉴庭演出开篇《懒惰胚拾鸡蛋》和《暴落难》,凭借其丰富的演出经验、扎实的演出功力,改坐唱为走场,利用舞台空间,加强了表演和动作,产生了强烈的感染力。

为适应特大舞台的演唱,倾全团之力编演的大联唱《上海英雄颂》,由蒋月泉、严雪亭、张鉴庭、薛筱卿、朱雪琴、徐丽仙等各流派唱腔创始人,流派唱腔传承

吴子安、张效声双档乒乓球题材评话《威震海外》，将道具折扇改为实物乒乓球拍，突出"球拍扬威"主题

者朱慧珍、周云瑞等，演唱当时上海各条战线的先进人物、劳动模范，激情充沛，声势浩大，激起全场近万名听众热情沸腾，掌声与欢呼声此起彼伏，盛况空前。

一时间，评弹进文化广场演出成了上海文艺界的热门话题，凡参加演出的演员和工作人员无不引以为自豪，几十年后谈起这段往事，仍津津乐道，赞不绝口。

2016年7月26日，吴宗锡在《新民晚报》副刊《夜光杯》发表《评弹与文化广场》一文，六十年前的点点滴滴，他如数家珍般娓娓道来，如同发生在昨日一般。临了，他写道：

> 评弹进文化广场演出，是新中国成立后评弹艺术革新、创新成果的一次大展示，是上海评弹团建团近十年来在书目创新整旧、艺术的创新发展上的一次大总结，也是上海广大评弹爱好者的一次大欢聚，可以说是评弹发展史上不容忽视的一页。

曾经的组织者与参与者，对评弹进文化广场演出作如此评价——"三大"（大展示、大总结、大欢聚)"一不"(不容忽视),既客观又恰如其分。

几个月后的 1961 年 3 月,当全团上下还沉浸在文化广场演出成功带来的兴奋之时,吴宗锡接到通知,中宣部和文化部调上海评弹团晋京演出,他异常欣喜。

1953 年 10 月,作为第三届赴朝慰问团华东总分团第一分团副团长,结束在朝鲜的慰问演出,吴宗锡曾率上海淮剧团、杂技团、评弹团部分演员回国途中赴京演出。那一次是顺道,是多剧种演员联合演出。这一次是奉中央两部之命,专程单剧种演出,非八年前的北京之行所能相比的。

而且,吴宗锡知道,包括陈云同志在内的不少中央和国务院领导,许多都是评弹爱好者,另有中央各部委办乃至广大北京市民,也有不少是评弹知音。因此,这次晋京演出,对评弹团来说是喜事,更是件大事,不能掉以轻心。

接到通知后,吴宗锡和团领导班子、主要演员认真研究,细致策划,分析北京听众群的组成,考虑书性、地性、人性的南北方差异,精心选择书目和挑选演员。

却在此时,蒋月泉嗓音失润,不能登台,未列入晋京演出名单。最终确定的演员和书目有杨振雄、杨振言的《西厢记》《长生殿》,朱雪琴、郭彬卿的《珍珠塔》,徐丽仙、周云瑞的《王魁负桂英》,赵开生、石文磊的《青春之歌》,张效声的评话《林海雪原》,以及《岳云》《秋思》等一批流派唱腔的高质量开篇。诸多书目中,杨振雄、杨振言的《西厢记》《长生殿》是吴宗锡特意安排的。因为杨振雄的说表演唱,大量借鉴昆曲的技巧,以中州韵的官白为主,易为北方听众所接受。

或许是中宣部、文化部的联合邀请,规格较高,《人民日报》为此发了社论。行前,文化部副部长徐平羽特地从北京给吴宗锡打来长途电话,询问赴京演出准备工作情况。

1961 年 4 月 7 日,上海评弹团赴京演出。在京一个月,招待演出 5 场,工厂学校演出 5 场,公演 12 场,听众九千余人次。《人民日报》《光明日报》等中央和北京报刊,逐日采访报道演出盛况,反响十分热烈,为一般地方剧团赴京演出所少有。

在北京大学演出《青春之歌》,大礼堂座无虚席,拉线广播直接拉到每个教室,别出心裁,绝无仅有。同学们说:我们不是听书,是在听"北大"的校史。

根据不同要求,吴宗锡随时和演员商量调整演出节目。

招待国务院工作人员演出,有人提出要听没有公演过的书目。周云瑞提出

1961年4月赴京演出，和文化部领导及首都文艺界知名人士合影

说一回《珍珠塔》的"噱书"《八面活观音》，搭档陈希安未来北京。朱雪琴、郭彬卿人虽去了，演出的也是拿手书目《珍珠塔》，但当天另有任务，无法拆开，周云瑞便和自己的学生赵开生合作登台。

演出时，舞台两边站满了包括吴宗锡在内的评弹团领导、前辈和同仁，暗中为赵开生捏了把汗。赵开生刚进团不久，长时间未和师父同台，人们担心他能否扛得下这一艰巨任务。

那天，周总理因事来晚了，到时《八面活观音》已开演。他随便找了个位子坐下，全神贯注地听书。

所幸，周云瑞、赵开生表演出色，现场效果感人。周总理哈哈大笑，身体后仰，为有趣的书情所深深感染。

演出结束，吴宗锡脸漾笑意，轻轻舒了一口气。先前的忐忑不安如一阵烟似的随风飘逝。徐丽仙等人跃上舞台，握住赵开生的手，祝贺演出成功。事后赵开生对人说，握手时，他和徐丽仙的手心里汗渍渍的，足见台上台下的人心情是多么紧张。

北京演出期间，陈云同志多次亲临现场聆听，休息时接见吴宗锡和部分演员，齐燕铭、夏衍、徐平羽、袁水拍等中宣部、文化部领导一起参加。他特别关注

1961 年 4 月 22 日，陈云在京观看上海人民评弹团演出后接见演员。左起：赵开生、沈伟辰、朱雪琴、周云瑞、杨振雄、陈云

长篇评弹《青春之歌》的改编和修改，专门接见赵开生和石文磊，谈对该书改编的优缺点和进一步修改的意见。

　　一次，在文化部小礼堂为文化部干部演出，事前陈云提出，想听一回生辣点的书。

　　吴宗锡和杨振雄商量，决定由杨振雄单档说一回《戏梅》。书情描述的是唐明皇兄弟间的关系，情节类似于京剧的《摘缨会》。先是唐明皇摆宴，梅妃进酒。宁王戏弄梅妃，梅妃向唐明皇告发。唐明皇屏退群臣，独留宁王，要宁王认罪。宁王虽然认罪，又怂恿唐明皇召儿子寿王的妃子杨玉环进宫。

　　单档说唱，演员能自由发挥。《戏梅》杨振雄说了 1 小时 20 分钟，散场时已近深夜 12 点，陈云兴奋地说："今天听到一回好长的大书，过瘾。"当天，一起听书的还有茅盾、夏衍、齐燕铭和徐平羽等。

更有一段意外插曲，让北京听众见证评弹艺术的特有魅力。

北京演出期间，恰逢苏联"联盟 TMA—21"载人飞船从现在的哈萨克斯坦境内的拜称努尔航天发射场升空，飞向国际空间站。苏联第一个飞天宇航员叫加加林，这艘载人飞船命名为"加加林号"。周云瑞当天看报看到这条消息激动万分，夜不能寐，连夜写了一首开篇《宇宙行》："自从盘古到如今，人人都想上天庭……"

开篇想象丰富，构思奇巧，以浪漫主义的笔法歌颂人类航天技术的伟大进步，全篇没有一个字说教，如同一首形象生动而又美妙的诗作。第二天晚上，正式节目前，朱雪琴加演了这曲《宇宙行》。评弹反映现实竟能如此之快捷，令人叹为观止。朱雪琴唱罢，观众报以热烈掌声，经久不息。

一时间，苏吴软语响彻北京大小胡同，说评弹、听评弹成一时之风气。

中国文联、中国曲协和中国音协先后举行座谈会，就评弹的文学、表演与音乐进行研究和探讨。齐燕铭、徐平羽、阳翰笙、袁水拍、阿英、王朝闻、吕骥、陶钝、陈笑雨等领导和著名专家学者先后参加。中央广播说唱团举行茶话会，邀请全体赴京演职人员参加，气氛隆重、欢快、热烈。

有感于上海评弹团赴京演出成功，中国剧协主席、文化部艺术局局长田汉写了"听评弹四绝"。题记曰：上海市人民评弹团到京演出，使首都观众得到一次丰厚的艺术享受，对戏剧界启发亦多，写此感谢，并以赠别。

　　捉王郎又惜王郎，探出真情更断肠。一曲琵琶凄婉绝，丽腔端合唱焚香。（情探）

　　待见方卿行又止，人情剖析到毫厘。唱完十八因何句，才下妆楼一半梯。（下扶梯）

　　一个无情一个痴？可怜懵懂是红儿。恼人真有才人笔，待拆瑶笺未拆时。（回柬）

　　威虎山头战马喧，贼巢今日子荣掀。江南三月花如海，却整精神写雪原。（真假胡彪）

演出临近尾声，陈云同志让秘书毛崇横陪同演员参观颐和园、香山、中国人民革命军事博物馆，组织去青龙桥看詹天佑所建铁路及其铜像，去周口店看北京猿人头盖骨出土洞穴,参观当时尚未对外开放的人民大会堂和天安门城楼。

4月26日去八达岭长城观光,25日演完夜场回到住处,已近半夜11点,陈云同志特地让秘书打电话提醒大家,第二天登长城爬山路,大家最好穿布鞋,别穿皮鞋。

点点滴滴,殷切关怀,细致周到,吴宗锡和全体赴京人员感动不已,终生难忘。

北京演出结束,演出队在天津、合肥各演九天,在蚌埠、芜湖、马鞍山各演四天,于6月6日载誉回到上海,历时两个月。

水乡江南的曲艺奇葩,先北上后南下,一路是那样的理想顺利,一切是那样的圆满成功,吴宗锡感受到评弹发展的美好前景,内心无比喜悦,回到上海即投入筹备评弹团成立十周年纪念活动。

纪念活动简单而隆重,相关安排一俟结束,前进的脚步已跨入1962年。和逝去的1961年一样,对评弹团而言,新的一年同样是大事、喜事不断的一年。

1月23日,吴宗锡率部分演员赴湖南、广西、广东巡回演出。评弹的触角向中南和西南延伸。

在广州军区内部招待会上演出,叶剑英元帅出席聆听,对徐丽仙演唱的《新木兰辞》非常满意。

第二天,在广州市"听雨轩",广东省副省长兼广州市市长曾生以叶剑英名义,设宴招待巡回演出的演员。叶剑英、曾生和吴宗锡、杨振雄、杨振言、朱雪琴、徐丽仙、江文兰、余红仙等围坐一桌。主、宾边吃边谈,话题自然离不开评弹。叶剑英关切地询问评弹团的创作和演出情况,问起蒋月泉等为什么没同来广州。吴宗锡作了简短扼要的汇报。吴宗锡的话音刚落,叶剑英面带微笑地看着吴宗锡,说:"领导有方!"还说他要向中共上海市委宣传部部长石西民建议,在重视昆剧的同时,也要多关心评弹。

宴会在轻松欢快的气氛中结束。叶剑英元帅的平易近人、对评弹的关爱,给吴宗锡留下深刻印象,至今无法忘怀。

湖南、广西、广东三省巡演,进一步扩大了评弹在非吴语地区的影响,取得圆满成功,于3月下旬回到上海。一项更加艰巨又光荣的任务正等待吴宗锡去接受并完成——上海评弹团赴香港演出!

20世纪50年代末60年代初,海峡两岸关系紧张,窝踞台湾的国民党蒋介石,利用内地经济处于困难时期,一批老艺术家演出机会较少,污蔑中共迫害老艺人。为了用事实粉碎台湾当局的谣传,文化部指示北京、上海等地组织一批知名度较高的艺术家赴港演出。

1961年,上海越剧院、上海青年京昆剧团赴港演出,受到香港各界人士热烈欢迎,演出轰动香港。是年,上海评弹团接到去香港演出的任务。

正式接到上级通知,吴宗锡和团内一批著名演员兴奋不已,欣喜之余又不免有所疑虑:这是评弹团成立后的第一次赴港演出,成功与否,直接影响到新中国文艺事业的声誉;它不同于一般跨省市的内地巡演,而是一项艰巨的政治任务,压力不小。除此而外,曲艺与戏曲不同,京剧、昆曲和越剧在香港受到欢迎,评弹在香港是否一定会受到听众青睐? 没人敢拍胸脯保证。负面的教训倒是有一例。1950年初,"四响档"受邀到香港做"年档",原承诺有一笔丰厚报酬,去后才发现空欢喜一场,不得不狼狈而归。梦魇一般的前车之鉴,常萦绕在评弹演员心头,久久挥之不去。

疑虑归疑虑,香港之行非去不可。一则这是上级领导部门指派的任务,二则更是接受考验的一次大好机遇。吴宗锡和其他团领导迅速统一思想认识:十年前新中国刚刚成立,百废待兴之中"四响档"以个人身份南下香港,势单力孤,只好任人摆布;十年后新中国蓬勃兴旺,各项事业呈现一派生机,组织起来的评弹团,从书目到演出非十年前可同日而言。所以,赴港演出定会一炮打响,奏凯而归。

疑虑消除,信心倍增,赴港演出前期筹备,1962年4月便开始有条不紊地陆续进行。书目、演员包括服装仪表,无一不精心准备,并与香港方面出面接待与组织的何贤爵士及其旗下的丰年娱乐公司、新华社香港分社交流沟通,发现问题随时调整弥补。

任何演出,排在第一位的始终是节目选择。对此,中共上海市委宣传部部长石西民与上海市文化局局长孟波特别关照:"要强调艺术,不做政治宣传,艺术成功,就能收到政治效果。"

根据这一要求,吴宗锡和团艺委会反复挑选权衡,最后敲定两部中篇评弹《三约牡丹亭》《点秋香》,长篇分回46个,开篇与选曲45支,全是传统菁华,如《玄都求雨》《庵堂认母》《厅堂夺子》《喷符》《关亡》《姜林拜客》《面试文章》《七十二他》《见姑娘》《追舟》《银盆泼水》《三堂会审》《刑部翻案》《絮阁争宠》《别兄》《访九》《闹柬》《战樊城》《割瘤移瘤》《大闹扬州府》等,另有一场流派演唱会。后来的事实证明,节目挑选"强调艺术,不做政治宣传",结果是艺术、政治效果双丰收。

节目敲定,演员跟着落实。上海评弹团有刘天韵、蒋月泉、严雪亭、杨振雄、杨振言、徐丽仙、朱雪琴、唐耿良、薛惠君、刘韵若,多为声名显赫的"响档"。另有上海长征评弹团的名家沈笑梅、青年演员程丽秋,老、中、青三代,阵容齐整,人强马壮。

1962 年 6 月,赴香港演出全体人员合影

6 月 18 日,赴港人员先到与香港毗邻的广州集合,作演出前的彩排检阅,确保在香港的演出万无一失。香港《大公报》总编辑费彝民、何贤爵士借机前来预审节目,顺利通过。

至此,一切准备就绪。

7 月初,以《文汇报》副总编辑陈虞孙为团长,吴宗锡、刘天韵为副团长的上海评弹团正式启程,从广州乘火车奔赴香港。

几乎在同时,香港《大公报》等左派媒体已开始造势,欢迎上海艺人来访。如 7 月 3 日至 5 日连续三天,《大公报》发表署名惠斋的《闲话评弹》一文,介绍来港的演员蒋月泉、刘天韵、严雪亭等;追溯历史,讲解评弹的起源及近代组织结构。另邀请在香港颇有影响的内地著名影星舒适、王丹凤撰文谈评弹艺术。主编费彝民亲自上阵,在 6 日的头版发表题为《为各省听众介绍苏州曲艺,评弹可听亦可看》一文,向在港的非江浙沪人士推广评弹,强调评弹表演的戏剧性和音乐性,以消除或降低"各省听众"对于语言障碍的担心。

此前一日,在各界人士欢迎上海评弹团赴港演出的宴会上,团长陈虞孙说:"我们是带这一江南土特产来探望乡亲的。"

舆论的锣鼓轮番敲响,只待演出大幕徐徐拉开。

7月6日,上海评弹团在完工不久的香港大会堂音乐厅开演,一千四百个座位的大场子,对评弹演出来说有点大,全场仍满坑满座,一票难求。7月初的香港已是酷暑天气,挡不住港澳同胞排队"扑飞"(争先买票)的热情。

日、夜两场。当天日场的节目是:程丽秋的开篇《刀会》,朱雪琴、薛惠君的《珍珠塔·七十二他》,杨振雄、杨振言的《西厢记·闹柬》,孙淑英的开篇《黛玉葬花》,严雪亭、刘天韵的《三笑·面试文章》。夜场的节目是:蒋月泉、孙淑英的《庵堂认母》,徐丽仙的开篇《红叶题诗》,杨振雄、杨振言的《西厢记·回柬》,严雪亭的《杨乃武·三堂会审》,薛惠君的开篇《拾画》等。精彩的书目,名家云集的演员阵容,乐得全场听众笑颜逐开。有听众撰文道:"(书迷)勿(不要)说是听名家说书,就是看格(这)本节目表,段段戏肉,节节精彩,焐心(高兴)得来!有人扬扬手里的戏票笑道:'格张末事(这张东西)比方卿格(这)包干点心还重要。'"

次日,《大公报》报道称:"昨日下午日场演出时,本港工商、电影、新闻、文化等各界知名人士均前往欣赏。《面试文章》全场不断发出笑声。"

头炮打响,之后高潮迭起。

第一个高潮是7月7日的"评弹曲调演唱大会串"。演出剧场仍是大会堂音乐厅。程丽秋的《紫鹃夜叹》("薛调")、刘韵若的《梅竹》("俞调")、严雪亭的《密室相会》("严调")、杨振言的《换监托三桩》("夏调")、孙淑英的《秋思》("祁调")、蒋月泉的《莺莺操琴》("蒋调")、薛惠君的《寇宫人》("徐调")、刘天韵的《林冲踏雪》("陈调")、杨振雄的《剑阁闻铃》("杨调")、朱雪琴的《拷红》("琴调")及徐丽仙的《新木兰辞》("丽调"),共11档节目。其中"严调""蒋调""杨调""琴调"与"丽调",均由创始人演唱,其他曲调亦由流派中的佼佼者担当。

整场演出超乎想象地受到欢迎,每唱一曲都一再要求加唱,原定约两小时的节目,最后延长至三个多小时,超时近乎一半。第二天《大公报》如实报道演出盛况:

评弹曲调演唱大会串陶醉了一千多名听众,博得了新老听客热烈的欢迎和赞赏。大会堂音乐厅在三个多小时内,不断响起春雷般的掌声和喝彩声。听众们认为这是一个多年难逢的机会,欣赏到多彩的各种流派的曲调,曲曲优美,支支动听,是一次雅致而十分有韵味的音乐艺术享受。广东听众表示,由于配有灯光字幕,句句看得清楚,曲曲都能听懂;也能辨出各派曲词美妙的特色,觉得津津有味,对评弹发生了浓厚的兴趣。

类似的高潮,在移师九龙普庆戏院、中华总商会礼堂、百乐门跳舞场、银都剧场时一再出现。普庆戏院的最后三场,一千七百多个座位的大场子,"场场客满,座无隙地","节目未经露布,书票已经抢购一空","有人联名请求续演 10 场"。

费彝民对香港观众的欢呼雀跃之情描摹得尤为仔细:"不少年近 80 的老太太,老先生们,由幼辈搀扶进场。一位听众统计:一段 45 分钟弹词或评话,听众大笑 15 至 18 次,浅笑或赞叹 12 至 15 次……江南听众爱听书,广东朋友爱听开篇。"从演员的角度看,香港听众反响之热烈,犹胜过上海老听客。

综合香港媒体的报道,听众的普遍反映是:现在的评弹和过去不大相同了,过去是消闲的玩意儿,现在是高尚的艺术了;曾经熟悉的一些老演员的风采亦和过去不大相同了,过去是为了谋生迎合听众,现在是服务听众,多了一份自信……从中他们感受到了共产党"百花齐放,推陈出新"政策的具体体现,和新中国建设取得的伟大成就。

从 7 月 6 日至 7 月 20 日的半个月时间内,上海评弹团在港演出 20 场,场场满座,观众达 18800 人次。合计演出中篇一个,长篇分回 46 个,开篇与选曲 45 支,取得极大成功。

回到上海后的 8 月 10 日,陈虞孙、吴宗锡联名在写给上海市文化局并中共上海市委宣传部、中央文化部的《上海评弹团(赴港演出)工作报告》中写道:这次我团赴港演出,"政治上扩大了我们的影响,打击了反动派的无耻谣言和嚣张气焰"。"演出上的认真严肃态度,不仅使老听客刮目相看,而且吸引了许多新听众,包括不懂苏州话的广东籍同胞在内。评弹的听众面扩大了,听客的胃口吊足了。这为今后再次赴港演出打下了较好基础。"

走进万人广场,奉命组团晋京,受邀赴香港,先后发生于 50 年代末 60 年代初的三次演出,成为评弹有史以来的三大亮点,合而使评弹艺术登上新的高地(巅峰期)。

1962 年 7 月赴香港演出，香港大会堂演出后上台谢幕

原因何在？

作为领导者、组织者与亲身参与者，吴宗锡在《我与新中国评弹》一文中写道：

新中国评弹的发展繁荣，不是某一个人的力量，而是得益于天时、地利、人和。天时是新中国的建立，没有共产党就没有新中国，一切要归功于党的领导；地利是上海这个海纳百川的大都市，评弹在上世纪三十年代的发展繁荣就是进入了上海，融入了海派文化，五六十年代更得益于上海的文化环境和政治经济繁荣的各种条件；至于人和就是当时评弹团和评弹界拥有的艺术才俊们，不仅如此，评弹还得到了广大热爱评弹听众的支持。一门艺术的发展，要深入群众，跟上时代，这是很重要的。

如此分析，直达事物演变发展的本质逻辑，独到精当，让人击节赞叹！

第十六章

逆势而上再收获

　　香港演出载誉而归，吴宗锡满心欢喜，全团人员亦同样如此。此时处于创作、演出的最好时期，全团上下同德同心，一致考虑如何在既有成绩基础之上，再接再厉，开创新的辉煌。可偏偏在此时，形势急转直下。

　　事情来得有点突然，吴宗锡毫无思想准备。演出、创作正常安排被全盘打乱，一切仿佛要从头开始。

　　1963 年元旦，蒋月泉接到团部通知，要他和唐耿良代表评弹团去文艺会堂开会。与以往不同，会议是什么内容，出席对象有哪些人，要不要发言等，都没有特别说明和要求。

　　当日下午，蒋月泉和唐耿良来到文艺会堂，会议安排在小会议室，与会者有戏剧学院、作协、剧协、音协、美协等文艺界各协会负责人，另有各文艺团体的代表性人物。

　　令蒋月泉和唐耿良感到意外的是，规模不大的文艺界内部会议，时任中共上海市委主要领导和分管宣传文教的负责人竟双双出席。两人先后发表重要讲话，提出文艺创作要"大写十三年"，提倡和坚持"厚古薄今"，"要写活人，不要写古人、死人"，标志着极"左"文艺政策的公开抬头，日益蔓延膨胀。

　　在回忆录《别梦依稀——我的评弹生涯》一书中，唐耿良写下了两位上海主要领导的发言要点：旧社会的文艺作品，只能教人自私自利，从个人利益出发考虑问题。社会主义集体主义思想只有在社会主义社会里才能产生。现在经济基础已经是社会主义了，而上层建筑的文艺却还是封建主义、资本主义的内容。至今剧场里的部分节目，广播电台有些节目还是解放前的节目，潜移默化起着什么作用？

　　……

　　这段讲话从"政治"的高度，对上海剧场演出、广播播放的文艺作品存在的问题及其危害,给予了严厉批评,提出要消灭封建主义、资本主义的文艺。

怎么消灭? 没有明说,转而在与长篇小说作者吴强的对话中泄露了"天机"。

问:"你近来在写什么小说?"

答:"写苏北地区抗日的小说。"

接过吴强的话头,问者直奔主题:"你这个慢慢再写,要写就写四九年解放到六三年间的题材,大写十三年嘛。"口气是毋庸置疑的。接着,他鼓吹起"大写十三年"的意义。

会议之后,"大写十三年"成为一个响亮口号,影响并主导了上海的文艺演出与创作,以此反对所谓封建主义、资本主义的文艺。

正在演出的节目和创作选题,凡与"大写十三年"无关的,都被束之高阁;寻找"四九年解放到六三年间"的题材,成为各文艺院团创作的重中之重。

对于文艺政策的这一急速转向,许多人很不理解,嘴上不说,内心却满是疑虑与担忧:"斩尾巴运动"又来了?

因事情重大,会议一结束,蒋月泉和唐耿良就回到团部,把会议内容向党支部书记吴宗锡作了汇报。在评弹团,吴宗锡是团长兼党支部书记,属"双肩挑"干部。

"大写十三年"不是一般的行政要求或布置,是党的号召,听了蒋、唐二人的汇报,吴宗锡立即召开党支部会议,研究如何贯彻落实"大写十三年"的指示。

评弹团演出的,几乎都是帝王将相、才子佳人的传统书目,经过"整旧",书情与主题虽焕然一新,但与"大写十三年"的要求仍相去甚远。即使根据同名小说改编的《青春之歌》等几部现代题材中、长篇书目,也是十三年前的题材。细细一梳理,大家感到了压力,不及时采取有力措施,演出将面临巨大困难。

形势使然,只能顺势而为。经认真讨论,党支部做出两项决定。一、上演不到一个月的中篇评弹《晴雯》撤出书场,正在创作中的描写南宋爱国诗人辛弃疾的中篇评弹《霜天晓角》暂停。二、编创人员和主要演员下生活,下基层,去农场,寻找表现 1949 年之后的题材,编创新的书目。

支部会议后,唐耿良从说《三国》的岗位上撤下来,带青年编剧程志达参加社会主义教育工作组,到七宝镇七一人民公社一个大队蹲点,串门采访。3 月初,再去崇明县江口人民公社,旁听由上海市委农村工作部召开的市郊十县三级干部会议,主题是谈农村阶级斗争情况,从中了解到,该公社有个生产队长,三年困难时期被人诬陷盗窃队里 15 斤油,搞得走投无路,求死不能,全家人痛苦不堪,后来总算水落石出,还他清白。经下沉深入了解有关细节,两人合作了一部中篇评弹《如此亲家》,大意讲阶级敌人用结干亲的卑劣手法,陷害生产队长,最后真相大白,生产队长沉冤昭雪,阶级敌人落得应有下场。

10 月 1 日,《如此亲家》在静园书场开书,刘天韵、严雪亭、周云瑞等名家分起书中脚色。经验丰富的"全明星"阵容,加上书情曲折离奇,并有一定的生活气息,该书倒也受到听众欢迎。

《如此亲家》快速创作成书,进场演出,解了评弹团一时无书可演的燃眉之急,以及形势突变引发的无所适从的窘境。

在此前后,蒋月泉、苏似荫、江文兰、余红仙四人组成一个小组,到松江县泗泾农村深入生活,参加劳动,收集创作素材。

不久,扬州专区扬剧团在上海演出《夺印》,参加华东戏剧汇演,得了奖。综合各方面情况,吴宗锡心中不由一动。

扬剧《夺印》不是原创,系编剧李亚如、王鸿、汪复昌、谭暄根据 1960 年 11 月 22 日《人民日报》发表的通讯《老贺到了小耿家》,在反复深入生活后改编创作而成。公演后受到社会各界重视和农村干部群众的好评。

《夺印》的情节大意是:江南农村陈家湾大队被坏人陈景宜窃取了领导权。队里生产落后,社员生活困难。公社党委派何文英到陈家湾担任党支部书记。陈景宜极尽拉拢挑拨之能事。何文英依靠群众,调查研究,得到胡素芳等积极分子的支持。她夜访知情人陈友才,动之以情,晓之以理,使顾虑重重的陈友才放下包袱,吐露了真情。然后抓住稻种这一关键问题,揭露陈景宜一伙的破坏阴谋,之后陈家湾大队重新走上正道。

无疑,不论是故事、人物还是主题意涵,《夺印》与"大写十三年"的要求高度吻合。正因为如此,1964 年,八一电影制片厂将其改编拍成同名电影。

因萌生了将《夺印》改成弹词的想法,吴宗锡便到松江泗泾检查工作,一则了解在泗泾蹲点的蒋月泉、苏似荫等四人小组情况,是否发现有创作价值的题材;二则征求改编《夺印》的意见,特别想听听蒋月泉的看法。

吴宗锡没有想到,和四人一见面,蒋月泉先向他提议可根据《夺印》改编创作,不仅是提议,而且有了初步设想:先写出改编提纲,编成四回一个中篇,试演成熟后铺开,扩展成长篇。

听罢蒋月泉的提议与设想,吴宗锡心中窃喜,正所谓英雄所见略同,对《夺印》的看法,两人不谋而合。没有丝毫犹豫,吴宗锡当场拍板,同意蒋月泉的提议和设想,考虑安排陈灵犀协助写唱词。

改编《夺印》的计划就此敲定,离开松江泗泾,吴宗锡和苏似荫一起前往扬州,走访原编剧之一的王鸿,落实改编事宜,顺道拜访了扬州评话老艺术家王少堂。

一切准备就绪,改编工作正式启动。唐燕能在《皓月涌泉:蒋月泉传》一书中简述了有关改编演出的若干细节。

起初,中篇评弹由蒋月泉、苏似荫、江文兰、余红仙四人合作改编,苏似荫、江文兰负责执笔,先编写了四回,去松江泗泾演出,听取当地干部、群众的意见。后再用半年时间拉成十五回的长篇,每回可说一小时,总计 15 小时。

《夺印》内容与唐耿良创作的《如此亲家》相似,写农村被打倒的地主,企图通过腐蚀拉拢的手段夺取农村基层领导权。

苏似荫很聪明,借用传统表演手法,创造了一个没有主见、说话瓮声瓮气的魟鼻头形象,令人捧腹。

江文兰写了几段不错的唱词,其中一段是蒋月泉起陈友才脚色唱的,有二十来句。江文兰回忆,写这段唱词时已近傍晚,她一个人戤在门上,太阳落山了,天色暗下来,田头蛙鸣不已,天上大雁飞过,这情景让她灵光一闪,文思打开,就落笔成句了。可惜时隔半个世纪,这些唱词全已忘记。今人记录在案的只有《夜访》一段,江文兰印象中,这段唱篇是苏似荫写的。

长篇《夺印》改编成功后,首次由苏似荫、江文兰在杭州演出,继之蒋月泉、余红仙在上海仙乐书场演出时加了一些内容,部分唱词经陈灵犀润色,《夜访》成了"蒋调"后期代表作之一。唱词叙述余红仙起的支部书记何文英,为了弄清陈家湾被坏人操纵、生产落后的复杂情况,夜访蒋月泉起的贫困户陈友才,使陈友才吐露了真情。蒋月泉、余红仙以"蒋调"及"俞调"对唱,蒋月泉结合人物感情,对"蒋调"作了颇多发展。

从上述简述中不难看出,虽是为适应形势变化发展的应景之作,但因建团后逐渐养成的良好创作氛围,不论是创作抑或是改编,必须从评弹艺术特性需要出发,编书情,写唱词,谱唱腔,方使长篇《夺印》取得较高的艺术成就,受到方方面面的好评。

陈云听了十五回书的《夺印》,非常高兴。1964 年 3 月 31 日,他给吴宗锡写

信,信中说:

> 《夺印》十五回听过之后非常高兴,虽然还是初期作品,但是在我看
> 来已经很成功,绝大部分可以使我重复听的。这是总结了传统书、二类
> 书、新长篇之后的创作,吸收了它们的长处,改正了他们的缺点,把几百
> 年来评弹传统开始较好地继承,在新的时代以新的姿态出现。几年来,
> 我大体听完了二类书,但是还没有引起我复听任何一部的兴趣。传统
> 书的许多部分,故事情节我已熟悉,但还是百听不厌,重要原因就在于
> 对这些故事情节进行了艺术加工的缘故。

收到陈云的信,如同陈云听了十五回的长篇《夺印》"非常高兴"一样,吴宗锡
同样非常高兴。信中所说,《夺印》"绝大部分可以使我重复听的",而"几年来,我
大体听完了二类书,但是还没有引起我复听任何一部的兴趣",《夺印》"把几百
来评弹传统开始较好地继承,在新的时代以新的姿态出现"。这是一个很高的评
价,因为陈云同志酷爱评弹,是真懂评弹的"老听客"!

让人感叹不已的是,1978年党的十一届三中全会召开,全党工作重心转移,
在政治任务驱使下,服务于"阶级斗争"的《夺印》,与时代的主基调格格不入,渐
渐被人们所遗忘,变得悄然无声,偃旗息鼓了。

但客观地评判,对文艺创作来说,少有人能突破历史与时代的局限,其间出
现的种种问题(如主题思想等),不能掩盖创作者、表演(唱)者付出的辛勤劳动,
因此剔除政治上有悖时宜的内容,对艺术上取得的成功,应合情合理地给予必要
的肯定。

高兴归高兴,"大写十三年"旋风越刮越大,题材寻找不能松懈,必须继续抓紧。

吴宗锡为此不断翻看各种文学刊物,很快在一本专发电影文学剧本的刊物
上看到李准创作的电影剧本《龙马精神》,觉得很不错,很适合改编成评弹,找饶
一尘合作,将《龙马精神》改编成中篇评弹《人强马壮》。

改编后的《人强马壮》,农村生活气息浓厚,情节一波三折,人物生动,逼真风
趣。书情讲述的是某农业生产队队委芒种,为改变穷队面貌,将妻子蔡水鹅买苗
猪的20元钱,贴上私蓄,为队里买回一匹病马。饲养员满斗不愿饲养,芒种在队
长鼓励下领回自养,水鹅受满斗挑拨回了娘家。芒种搬进马棚,以土方治愈病

马,后将水鹅接回,为她买了小猪。因猪、马争食,芒种又将猪出售,夫妻俩再次发生矛盾。水鹅趁芒种上街,将马退给队里。芒种和水鹅一起回忆苦难往事,促其醒悟。马匹被交还队里后,满斗克扣饲料,虐待马匹,为生产队长、芒种和水鹅发现,受到应有处分。

颇有新意的是,水鹅的"鹅"字,一般都用"娥"字,既显得文雅,又突出人物性别。吴宗锡在农村下生活时,曾在一份社员分粮名单中看到有女性社员的名字,用"鹅"而不用"娥"字,毅然将"水娥"改写"水鹅"。一字之差,既增加了活泼的农村气息,又便于演员放噱,活跃演出气氛。

《人强马壮》四回书,首演演员阵容:第一回《得马》,苏似荫、杨德麟、余红仙;第二回《养马》,蒋月泉、余红仙、徐雪花;第三回《失马》,蒋月泉、江文兰、杨德麟;第四回《保马》,苏似荫、江文兰、杨德麟,精兵强将,阵容豪华。围绕一个"马"字,四回书情节紧凑,环环紧扣,可听性极强。蒋月泉两次登场,起芒种脚色,挑重担,听众大喊过瘾,所唱《芒种忆苦》唱篇,为"蒋调"后期代表作之一,不愧为"一代宗师"。

在《夺印》《人强马壮》演出广受好评之际,香港一家报社的老总发出怀疑之声:现代书目到底有多少艺术性? 当他有机会听了《人强马壮》之后,态度大变,称赞说:"完全达到了传统书的水平。"

先是怀疑,后是肯定,新编现代书目"完全达到了传统书的水平",这是一个很大的变化,也是一个很高的评价!

围绕《夺印》《人强马壮》创作演出前后,另有《李双双》《战地之花》等一批现代书目陆续问世。

《李双双》,1962 年先由施振眉根据李准同名电影文学剧本改编成长篇弹词,1963 年再由张如君、刘韵若同样根据李准的同名电影文学剧本改编成长篇弹词,再在长篇的基础上压缩成中篇。不同版本,演出均在"大写十三年"提出之后。

无论中篇还是长篇,主要书情基本相同,讲述农村妇女李双双与喜旺结婚后,生儿育女,缝衣做饭,家务做得出色,喜旺甚为满意。喜旺虽心地善良,工作勤奋,但胆小怕事。公社化运动中,双双为维护集体利益,不顾丈夫反对,揭发了某些人为私利而损害集体利益的行为,这导致夫妻间产生矛盾。此外,双双在大队支部书记的支持下,担任了妇女队长。针对队里存在的各种封建意识和保守思想,她不断斗争:阻止包办婚姻,支持自由恋爱;组织妇女参加劳动,支援水利建设。持有男尊女卑和明哲保身思想的喜旺不能接受双双的行为,离家外出。双双不断创造新的成绩,不时以各种方式照顾喜旺生活,喜旺幡然悔悟,夫妻和好。

显然,这样的故事与人物关系,表现的又是集体主义与个人私利、先进思想与封建意识之间的矛盾冲突,与社会主义经济基础高度吻合,在文艺创作"大写十三年"号召提出后,把《李双双》搬进书场,适逢其时。

与农村题材的《夺印》《人强马壮》《李双双》不同,《战地之花》属于革命历史题材,1963年由华士亭根据军旅作家陆柱国的小说《踏平东海万顷浪》改编,先长篇再中篇。故事讲述解放战争时期,解放军某部英雄排长雷振霖作战勇敢,个人英雄主义突出。一日,团里派来副排长高山,雷振霖以高山身材瘦小,刚从民兵参加解放军为由,甚为轻视。其实,高山在民兵中因战斗需要而女扮男装,参加解放军后继续隐瞒性别。一次战斗中,雷振霖逞强莽撞,单身追敌,被困于磨房,幸得高山机智相救脱险,而高山却因此负伤。在医院里,雷振霖向高山检讨错误,恳求"他"伤愈后归队,高山告知女扮男装的实情。

以题材而论,《战地之花》不属于"大写十三年"范畴,表现的是革命战争年代的生活,讴歌的是人民战士的英雄事迹,不在"厚古薄今","古人"与"死人"之列,任何时候都是值得提倡和需要的。相反,由于它的出现,"大写十三年"不再单纯地都是写农村的"人"和"事",而是呈现出创作题材的多样性。

跌宕起伏的故事,鲜活生动的人物,不俗的演员阵容,使《李双双》和《战地之花》一经亮相书场,便广获赞誉。

除此之外,这一时期还有长篇弹词《红色的种子》、中篇评弹《急浪丹心》《红梅赞》《水乡春意浓》《她在丛中笑》等革命历史和现实题材的书目。

"大写十三年",现代题材书目编创新作不断,评价之高、好评之烈,不亚于整旧创新中对传统书目的欢迎与反响,令江浙同行羡慕不已。从上海调往苏州评弹团的潘伯英说:"上海评弹团就像'相堂发令',任务布置下去,过一段时间,作品纷纷出来。"

《相堂发令》是传统长篇评话《三国》中的一回(《英烈》《隋唐》等长篇评话中也有类似回目),表现的是重大战役前,丞相(曹操、诸葛亮)坐堂,召集诸将,发布命令,调遣各路人马,先分后合,左拥右护,或各路埋伏,或分兵合击,如期克敌取胜。

"相堂发令",这是说书人用书中的人和事,风趣幽默地对吴宗锡领导有方的夸赞。

从自由创作的"巅峰状态",一变为"戴着镣铐跳舞",面对政治气候的突然转弯,吴宗锡带领一团人积极开拓,逆势而上,在山雨欲来风满楼的前夜,一批可圈可点的现代题材书目先后问世,诸多收获,多少让人有点意外。

三十年后,时过境迁,这批书目鲜为人提起,书场也不再上演,对于曾经走过的路,吴宗锡不想忘记,也无法忘记。无论政治风云如何变幻,这是评弹艺术发展绕不开的一个历史阶段。历史的经验一再告诉人们,"否定一切"或"肯定一切",不是辩证唯物主义和历史唯物主义的应有态度。

弹指一挥间,时光的列车驶入 1966 年,吴宗锡到评弹团已经十五年,当团长也已十二年。在此期间,在他的带领下,全团上下齐心协力,整旧创新,传承发展,繁荣书目,评弹事业出现了一个新局面,登上了有史以来的新高峰。这时,他才刚过不惑之年,正值精力充沛之时,特别是 1959 年遇到陈云同志之后,在他的教诲鼓励之下,坚定了搞好评弹工作的信心,决心再接再厉,进一步抓好创作,多出政治与艺术俱佳的新书目,把评弹事业推向更高的新高峰。不过,这一次吴宗锡的心愿难圆了。

"左"向之风越刮越紧,吴宗锡隐隐约约感到会发生些什么。但到底会发生什么? 个人的命运将如何沉浮? 他说不清楚。

没有答案,也没有人能告诉他答案,一切的一切,唯有拭目以待。

第十七章

"挑起来干吧"

暴风雨真的来了,而且越刮越猛。

1966 年 6 月,具体是哪一天,吴宗锡记不清了,中共上海市委派工作组进驻评弹团,作为"当权派",团长吴宗锡,副团长李庆福、唐耿良被宣布"靠边站",接受群众审查,边监督劳动边写交代材料。

稍后不久,作为资产阶级文艺黑线的代表人物,"反动学术权威"蒋月泉、严雪亭、杨斌奎、杨振雄、姚荫梅、陈灵犀、张鸿声、苏似荫等也先后被靠边,和"当权派"吴宗锡等一起组成"靠边组",享受同样待遇,接受群众审查,边监督劳动边写交代材料。此前评弹团所有书目已全部停演,大小书场一律歇演关门。

1968 年春节后,工宣队进驻评弹团,勒令靠边分子不许回家,一律住在团部。学馆的床被拆下来,集中在一起,靠边分子住进去,名曰"牛棚",成了名副其实的"牛鬼蛇神"。

戴上"走资派"的帽子,关进了"牛棚",没完没了的批斗,目睹"人性"丑陋一面的同时,吴宗锡也感受到了"人心"闪光的一面,为关爱之情所深深感染打动。

评弹团大门前,有一位四五十岁,说话带常州口音,像解放前"缝穷婆"样的中年妇女,天天收拾垃圾和捡破烂,似以此维持生计。"文革"前每次进出团部,吴宗锡对她从未正眼相看,更不用说打招呼说话了。"文革"开始,吴宗锡被打倒,落魄失意,这位中年妇女能认字,从大字报上看到了吴宗锡的身份状况,主动和吴宗锡攀谈搭话,告诉吴宗锡,她的儿子也是大学生。吴宗锡听后惊讶感慨,貌不惊人的这位普通劳动妇女,心地是那样的豁达善良。重获"解放"后,凡见到她,他都会主动上前招呼问候。

更让吴宗锡无法忘怀的,是来自"同是天涯沦落人"的关心、体贴和呵护。

自隔离审查,蒋月泉便沉默寡言,几乎听不到他说话。造反派叫他写"检查",他只写自己,不涉及别人。

一天，造反派逼他写大字报，指名要他揭发吴宗锡和朱慧珍。在造反派眼里，吴宗锡是评弹团的当权者，十足的"走资派"；朱慧珍是反动路线培养的"驯服工具"，紧跟"走资派"的"帮凶"。蒋月泉不信这个邪，反其道而行之。他写好底稿，让人用毛笔抄好，贴了出去，直言不讳地亮明自己的态度："吴宗锡是党的好干部，朱慧珍是个好党员。我从旧社会过来，有旧思想，是我腐蚀了他们……"造反派大失所望，把他拉出去狠狠地批斗了一番。

在严峻的政治高压之下，能不顾个人安危，服从真理说真话，凸显的是金子般闪光的高尚品质和崇高人格。

1969年，随着"给出路"政策的落实，一大批干部被宣布"解放"。这年下半年的一天，工宣队宣布吴宗锡结束审查，可以回家了。那一刻，吴宗锡并未感到特别的高兴，三年多梦魇般的日子，他已经习惯。尽管如此，在一脚跨出"牛棚"的瞬间，他还是感到好一阵轻松，轻松得甚至有点怀疑：自由了，这是真的吗？

考虑到吴宗锡是个懂业务的"解放"干部，工宣队把他安排到编剧组参与书目创作。能够摆脱无聊的政治喧嚣，发挥所长搞创作，吴宗锡求之不得，爽快地服从了。只是经过三年多的靠边隔离，他成了"桃花源"中人，昔日的评弹，在史无前例"大革命"的冲击下，已面目全非了。编、演人员摇头叹息，听众更为不满，直言批评："你们唱的是评歌，演的是评戏，就是没有评弹！"情绪激烈者气愤地说："（今天）走错场子，买错票了！"

听众不满意，工宣队让吴宗锡听节目，提意见，反使他左右为难，进退失据。那样的政治环境，那样的评弹节目，他能说什么？真提意见，不仅毫无作用，还会引火烧身，自讨没趣；不说真话说假话，道德良心过不去，又会惹来"心怀不满"的指责。真话不能说，假话说不得，干脆真真假假，虚虚实实，胡乱应付了事。

没有尊严的无聊日子，并不比失去自由、关"牛棚"快乐多少。

工宣队不懂装懂、蛮不讲理的牵强附会，令吴宗锡心灰意冷。既然动辄得咎，不如远远地离开。他先找到好友肖岱，希望能得到帮助，调离评弹团。肖岱有他的难处，表示爱莫能助。

迫于无法可想，吴宗锡直接去文化局，请求调离评弹团，希望去博物馆工作。

文化局认为，吴宗锡在评弹界已经有相当影响，几经研究，最后回复：不行。

时光一天天地流逝，干不能干，走不能走，苦闷焦虑中的吴宗锡急切希望，过往的美好日子能尽快到来……

终于,晨曦出现,希望像种子般发芽,破土而出。

1976 年 10 月,"四人帮"垮台,举国上下一片欢腾,宣告一个时代的结束。

……

1977 年 6 月 15 日,陈云同志在杭州主持召开评弹座谈会,点名让吴宗锡参加。接到通知,吴宗锡暗自思忖,亟盼中的好日子要来了。他草草梳理了一下手中杂务,欣然离沪赴杭。"文革"十年,吴宗锡没见过陈云,也没有听到过陈云同志的任何指示。这一次,陈云同志会说些什么,他翘首以待。

1977 年 6 月 15 至 17 日,陈云在杭州主持召开评弹座谈会,同与会者合影。左起:施振眉、张育品、吴宗锡、陈云、王正春、周良、尤惠秋

座谈会上,陈云开门见山,说:"在杭州听了一些评弹,做了点调查,有点数了,想了想,有几点意见,就把你们找来了。"

陈云同志一贯的工作作风,不经过调查研究从不轻易开口。所谓"听了些评弹,做了点调查,有点数了",意即他已做过调查研究,所以才"有了几点意见",把大家找来说一说。

接下来的发言,陈云一针见血,直指在极"左"思潮泛滥下评弹存在的问题。

——评弹要像个评弹的样子。可以有所改进,但不能改掉评弹的特色。

——我的心是平的,要求不高,只希望评弹能像评弹。1973 年,周总理问过我,评弹听过没有,我说没有。他当时是听过了,就是没有讲意见。在收音机里听到的评弹,已改得不成其为评弹了,很扫兴。

——打倒"四人帮"八个月来,评弹回到了自弹自唱,基本像评弹了,是有了进步的,虽然有缺点,这样也就很好了。这些成绩要巩固,评弹要像评弹。

——关于书场的问题,要增加城镇书场加农村书场。公社还是在镇上,要到农村去演,生活上不要担忧。农民听到书是高兴的,他们会炒鸡蛋给你吃的。现在书场太少,要多开一点。

除上述四点,陈云还谈到传统书目利用、政策落实(如下放问题、工资问题)等方面的问题,没有具体展开,仅一带而过。在当时政治气候条件下,这些问题尚不宜过多涉及。

讲话最后,陈云特别强调:我的意见是,一要保持评弹特色,评弹要像评弹;二是说新书;三是城镇书场加农村书场。这三点是主要的。

讲话中,陈云多次强调"评弹要保持评弹特色""评弹要像评弹",一语中的,直指问题的要害。吴宗锡听了兴奋激动,深感真要照陈云同志讲的去做,评弹不仅有救了,而且能再接再厉,开创新的辉煌。

会议期间,与会人员讨论,陈云并不参加,由吴宗锡每天向他汇报,他有什么新的想法、指示,也通过吴宗锡传达给与会人员。

三天后座谈会结束,吴宗锡等几人被留下起草《评弹座谈会纪要》等文件,另安排参观游览杭州,看《四库全书》。陈云每天抽空和大家随意交流漫谈,特别指出:成绩跑不了,不要吹法螺。《评弹座谈会纪要》要搞得朴素些,只要写上"这次会议是重要的就可以了"。会议起什么作用,过两年看,可以让人家来说。实事求是,这是党的传统做法。

谈到新书,陈云认为新书粗糙一点不要紧,对新的东西要鼓鼓掌,撑撑腰。要加强对评弹的理论研究。评弹究竟来自人民群众,还是来自士大夫阶级? 我看,评弹主要是来自人民群众。

一系列谈话,看似轻松随意,实质有的放矢,观点鲜明,为拨乱反正做舆论引导。聆听者如临春风秋雨,精神为之一振。

会议结束,吴宗锡心情愉快地回到上海,把座谈会精神及陈云同志讲话,在评弹团内认真传达。

7月5日,陈云同志在上海西郊宾馆找吴宗锡谈话,询问杭州评弹会传达后大家的反应。吴宗锡如实作了汇报。陈云同志指示吴宗锡立即组织评弹晚会,向上海市委领导同志推荐介绍评弹。粉碎"四人帮"后,上海市委主要领导是党中央新任命的。

两天后,一场评弹晚会在锦江饭店小礼堂举行,上海市委主要领导彭冲、林乎加、陈锦华等出席。

不久工宣队、军宣队宣布撤离,上海人民评弹团改名上海评弹团,经征求演员意见和民主推荐,靠边十一年的吴宗锡恢复职务,重新担任评弹团团长。吴宗锡写信向陈云汇报了此事。1977年11月5日,陈云同志回信说:"你就挑起来干吧,明年到上海时听你们的新书。"

信任、关爱之情不言而喻。

重当团长,百废待兴,吴宗锡做的第一件事,是为在"文革"中非正常死亡的周云瑞、朱慧珍、郭彬卿举行追思会。缅怀他们的优秀品质,颂扬他们为评弹艺术作出的贡献。他们的不幸离世,给评弹事业带来不可弥补的损失。在主持讲话中,吴宗锡指出:"一个人生命是有限的,艺术是不朽的,三位艺术家将永远活在热爱评弹艺术的人们心中。"

为逝去的艺术家举行追思纪念活动,这在评弹团深得人心,关于"生命是有限的,艺术是不朽的"讲话,触动了一些老评弹艺人的心灵。

弹词名家杨振雄积数十年之功,不断修改丰富,把一部《长生殿》打造成弹词经典。后又整理成话本。"文革"中话本稿子和几十年收集的资料全部遭毁。听到吴宗锡在朱慧珍追思会上关于"生命是有限的,艺术是不朽的"讲话,杨振雄振作精神,再次握笔创作,不期又遇意外家庭纠纷,40多页手稿不翼而飞,杨振雄痛不欲生。二次中风抢救过来后,医生对他说,手稿没了就没了,不要再写了,再写会没命的。杨振雄百感交集,扪心自问:继续写折寿;不写,书不能出版,活着有什么意思?杨振雄不甘心,发誓要把缺失的内容补上。他拖着病体,拼命般地伏案写作,补齐缺失的文字,使《〈长生殿〉话本》顺利问世。

手捧出版的新书,杨振雄感慨系之:"有人说我呆,为了一本书送掉半条命。

左起：杨振雄、蒋月泉、吴宗锡、张鸿声（1978 年 4 月）

我觉得我杨振雄真聪明。生命和金钱都是有限的，只有艺术是无限的。现在书出来了，可以传世了，我的生命也得到了延续。"

追思会后，重要的是恢复演出。首先恢复演出的是中篇评弹《夺印》。绝响书坛十余年的正宗评弹旋律重新响起，如久旱逢甘霖，老听众大呼过瘾，在大华和西藏两书场，《夺印》竟连演四个月。由于"文革"刚结束不久，流派唱腔虽然恢复，吴宗锡仍不敢擅自开禁传统书目，继《夺印》之后，日常演出依然安排演说现代题材的书目。陈云同志几次和吴宗锡谈话，都谈到传统书目开禁和京昆技艺失传的问题。

开禁传统书目是一个带有全局性的问题，陈云同志怕吴宗锡胆小，不敢率先示范，便分别在 1978 年 7 月 8 日和 15 日，连写两封信给吴宗锡，表明他对开禁传统书目的看法。

7 月 8 日的信中，陈云用商量的口吻写道："请你考虑一下，评弹是否也可以把一些传统题材较好的回目经过审查批准后上演。这样既可以解决书目太少的困难，也可以让一些老艺人登台。"

如何上演传统书目，陈云指出有三条路："第一条路是上演虽不连贯，但内容较好的回目，这条路可能较快，因为这些是能放心演出的，而且绝大多数书中都有这样较好的回目。第二条路是连贯地说三五回或十回左右的书目。第三条路是加工几个中篇，但并不是每个评弹团都有这种加工力量的，看来困难些。"

信的末尾，陈云写道："我主张上演一些传统书的回目，如何办，请考虑，必要时可找周良、施振眉商量一下。"

周良是评弹理论家，著有《苏州评弹旧闻钞》《评弹史话》《苏州评弹艺术初探》等专著，曾任苏州市文化局局长、苏州市文联主席、江苏省曲艺家协会主席等职。施振眉是评弹、戏曲作家，编创作品有长篇弹词《李双双》，中篇评弹《东海女英雄》，短篇评话《壮志雄心》《闯海》，以及开篇《幸福井》《红柳》等，另与他人合作编写中篇评弹《新琵琶行》《叱咤风云》，协助整理出版《古城会》《赠马》等传统长篇书目选回，曾任浙江省曲艺家协会主席等职。

细读这封来信，从中可感受到陈云作为老一辈无产阶级革命家的工作作风，凡事从不以行政命令压人，代之而起的是循循善诱，既提出要求，又指出实现这一要求的路径，使当事人茅塞顿开，自觉自愿地为实现"要求"付诸具体行动。

收到陈云同志的来信，经认真考虑，7月18日，吴宗锡给陈云同志写了回信，汇报开禁传统书目，"国庆节先演出传统书的五个分回"，随信附寄了7月6日《文汇报》刊载的有关上海评弹团书目建设的报道。

7月20日收到吴宗锡的信，7月22日陈云便回了信："同意你们采取有步骤的谨慎办法，于国庆节先演出传统书的五个分回。这样谨慎处理，对于你们团在评弹界的地位来说是必要的，可以给其他团一些好影响。"

信中，陈云特别指出："闭目不理有几百年历史的传统书，是一种历史虚无主义。只有既说新书，又努力保存传统书的优秀部分才是百花齐放。"

不久，经陈云同志同意，新华社转发了给吴宗锡的这两封信。

在陈云同志的督促指导下，1978年国庆节，上海评弹团上演被禁十余年的传统书目，一时间老听众奔走相告，盛况空前。然好景不长，经过"文革"浩劫和时代发展的变迁，包括评弹在内的传统戏曲日渐滑坡，书（戏）场上座率大幅下降。尤其让人揪心的是，老一辈评弹艺术家大多已步入晚年，病的病，退的退，基本不能上台。极少数能在书台拼搏的，精气神也大不如前，风光不再。

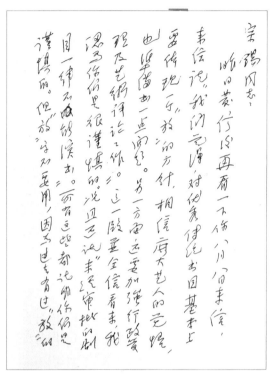

陈云写给吴宗锡的信

那几年,吴宗锡常在评弹团和医院间奔波。

张鸿声住院手术,吴宗锡赶去探望。张鸿声说:"你又当团长了,我真替你高兴。"

严雪亭患病不能正常上班,吴宗锡去家中慰问。严雪亭连连叹气,重复说一句话:"哎,要能勿能,要能勿能(想要做,不能做)。"

张鉴庭罹患肺癌住院,吴宗锡赶在赴京开会前去探视,张鉴庭反过来安慰他:"你放心去,我不碍事的。"

徐丽仙病重期间,碰到任何事,特别是艺术上有新的创意,都要把吴宗锡找去,和吴宗锡畅谈。她只相信吴宗锡。

还有苏似荫、张维桢等或病重或住院,吴宗锡尽量抽空前往医院或家中慰问探视,顺带对过去的一些不当做法,表示抱歉,得到的是真心的宽慰。如张维桢,在团内搞重点拼档时,有不同看法,受到吴宗锡严厉批评。张维桢病重,

陈云同苏似荫亲切交谈,中为吴宗锡、张振华

吴宗锡去她家中看望,谈话中忆及过去,对当年工作方式的简单粗暴表示道歉。张维桢淡然一笑说:"我不记得了。"她说的是真话,她从未因受批评记恨在心,对吴宗锡一直是尊重的。她对徒弟郑缨说:"艺术上多问问吴团长,他是真正懂行的。"

眼看老一辈评弹艺术家和中坚力量相继淡出书台,甚至告别人世,吴宗锡心头掠过丝丝凉意。与此同时,更坚定了一个信念,让中青年演员尽快挑起大梁,成为评弹团的中坚力量。

机缘巧合,新创作的中篇评弹《真情假意》正待进入排练演出,吴宗锡决定由刚毕业的74届(第二届)学馆班学员秦建国、倪迎春、黄嘉明、王惠凤、顾建华、王松艳、卢娜担此重任,老一辈艺术家负责带教。

或许是"隔代亲"的缘故,相对60届(第一届)毕业的学馆班学员,老一辈艺术家带教像孙辈般一样的74届学馆班学员,辅导授课,更加尽心尽力;日常生活,体贴入微。

《真情假意》原名《新婚前夕》，由后任评弹团团长的徐檬丹编剧。书情大意是：董琴琴和董佩佩是孪生姐妹。琴琴未婚夫、青年技术员俞刚因保护国家财产，被歹徒袭击，双目极有可能失明。琴琴听张医生介绍病情后，感到嫁给盲人无幸福前途，舍俞刚而去。妹妹佩佩劝说无效，又因仰慕俞刚的崇高品质，便冒名琴琴到医院照顾俞刚。经治疗和精心护理，俞刚视力逐步恢复，误认佩佩为琴琴。俞刚病愈重见光明，被提升为工程师，琴琴冒称护理者，与俞刚筹备婚事。新婚前夕，张医生突然来访。此前俞刚也发现琴琴的言行举止前后有些异样。最后真相大白。全篇三回书，第一回《患难见真情》，第二回《假意换真心》，第三回《真假全分明》，情节紧凑，主题谴责以金钱、私利为选择伴侣标准的恋爱观，赞扬能自我牺牲、关心他人的崇高品德。讴歌真善美，鞭挞假丑恶，立意鲜明，人物形象丰满。

创作之初，吴宗锡对徐檬丹提出：不要仓促，不要慌，要的是质量。

徐檬丹是上海评弹团评话名家吴君玉的夫人，当时为解决夫妻分居两地的问题，她从苏州刚调到上海不久，渴望能尽快在创作上做出些成绩，以感谢组织的关心。为此，她先后对两部旧作修改润色，结果不甚满意而未能搬上书台。《新婚前夕》同样是一部旧作，经历了前两次的挫折，这次她决意一定要拿出一部像样的作品。正是在此背景下，吴宗锡劝慰徐檬丹"不要仓促"，"要的是质量"。徐檬丹牢牢记住"质量"二字，潜心创作。

秉承评弹团的老传统，凡新书创作，由领导、作者、演员组成"三结合"小组开展讨论，集思广益，保证新书的艺术质量。

经一番刻苦努力，剧本很快成形，讨论中大家认为书名《新婚前夕》过于抽象，叫不响。又经多次讨论，最后改为《真情假意》。

吴宗锡认为，新书创作，领导在关键时刻点一点、拎一拎很重要，能激发当事人的能动性和积极性，使其能迸发出创作能力。

老一辈艺术家悉心带教，年轻一代演员奋起直追，青年版《真情假意》立起来了，响弹响唱的艺术特色，朝气蓬勃的舞台形象，深受听众欢迎。

1981年9月18日，江浙沪青年会书在上海西藏书场拉开帷幕。吴宗锡专门去书场听《真情假意》的演出，他喜上眉梢，一代新人基本传承了上海评弹团的群体风格，后继有人了。会书结束，青年版《真情假意》荣获大奖。

半年后的1982年3月，全国曲艺（南方片）汇演。兄弟剧团纷纷派出精兵强将出征,力争获得相应荣誉。1981 年,《真情假意》由华士亭、石文磊、周介安、沈世华等合作首演(中老年版)。"青年版""中老年版"各有千秋,派哪一版出征参加会演? 权衡利弊,吴宗锡一锤定音,决定派青年版《真情假意》代表上海评弹参赛。

青年演员果然不负众望,首次参加全国性大赛,一举摘取创作、表演两项桂冠。消息传出,华士亭激动地对吴宗锡说:"㑚(我们)上海格(这)张牌出得好,㑚(我们)是棉纱线扳(拉)倒石牌楼。"

后来,在陈云同志关心下,《真情假意》被改编成话剧、歌剧和广播剧,影响遍及全国。

为繁荣书目,多少年来,评弹多从兄弟剧种物色成熟作品改编创作,如今也能为兄弟剧种提供改编创作的母本,亲身经历这一发展变化,吴宗锡心中溢满说不出的喜悦与快慰。

变革的年代,一切都在变化中。

1984 年 8 月,吴宗锡当选为上海市文学艺术界联合会副主席,任党组书记,主持文联日常工作。从 1952 年 5 月到评弹团,一转眼已跨过三十二个春秋,忽然间要离开评弹团,吴宗锡百感交集,依依不舍之情陡然在心中涌动。

新的岗位,新的工作,未来会是怎样一种情形? 吴宗锡暗自思忖,一时间说不清,道不明。令他意想不到的是,彼时彼刻,他的属下也在一起帮他思考:该怎样适应新的工作环境?

一天,吴宗锡收到演员沈世华写给他的一封信。不是邮寄,是直接放在他的办公桌上。信中先祝贺他"高升",接着开门见山直抒胸臆,说吴宗锡性格太直,容易得罪人,评弹团的人了解他,接受了他,担心他在新的岗位上会不适应,希望他能处理好各方面关系,处理好各种矛盾……一片关切提醒之情,可叹可敬。

沈世华是 60 届学馆班学员,毕业后留团当演员,师从蒋月泉、朱慧珍说《玉蜻蜓》,擅唱"蒋调""丽调"和"俞调",是青年演员中佼佼者之一。有感于吴宗锡对她的严格要求和多方帮助,在吴宗锡工作变动之际,不避嫌疑,写信说出了自己的心里话。

读罢沈世华的信,吴宗锡心潮起伏,感慨良多,多好的"部下"啊! 如果说他在评弹团做了一些事,取得一定的成绩,那一定离不开全团上下的理解支持,鼎力相助。吴宗锡暗下决心,一定不能辜负大家的厚望,在新的环境下继续努力,全心全意为艺术家服务,在新的岗位上做出新贡献。

吴宗锡、袁鹰（1988 年 11 月）

吴宗锡、张乐平（1988 年春）

巴金、吴宗锡、储大泓(1989年1月)

对文学艺术界,吴宗锡并不陌生,几十年间他和文化人多有交往,有一定的自身优势。新中国成立前,他参加地下党,就和袁鹰、吕林、刘厚生、蒋锡礽、包蕾相识。解放后,他先在军管会文艺处,后在文化局,因工作关系结交了一大批文艺家。在治淮工地,和杨村彬、司徒汉、姚牧、葛鑫等人共同战斗,结下深厚友谊。再后来,因共同喜爱评弹的缘故,和张乐平、郭绍虞、华君武等文化名人认识交往。一次,陈巨来、陈从周、俞振飞等在绿杨村酒家雅聚,邀请吴宗锡参加。席间,陈巨来以一枚为他所刻的名章相送。所有这些新交故旧,已成为上海乃至全国文学艺术界的名人大家。有此为基础,到文联工作,吴宗锡心中有了不少底气。

上任前,文联主席夏征农找吴宗锡谈话,作为德高望重的宣传文艺界前辈,他给吴宗锡打预防针,提醒说:"文联党组书记,在文艺上还是小字辈。"言外之意是要吴宗锡谦虚谨慎,为文艺家们做好服务。

吴宗锡很感谢夏征农的善意提醒,他本就热爱文学艺术,对其中的前辈大家尤心怀敬仰之情,乐意和他们交流接触,竭尽全力地为他们服务。

正式到岗后,吴宗锡首先着手的工作是对文艺界代表性人物拜访探望。第一位拜访的是作协上海分会主席巴金。礼节性的招呼问候后,为便于拉近彼此之间的关系,他对巴金说:"巴老,1978年我们曾经一起去北京开会。"

"1962年,在广州我们就见过面了。"巴金的回答把两人的首次见面,一下提前了十六年。

听巴金这么一说,吴宗锡才想起,1962年上海评弹团赴香港演出回来,途经广州,他曾和陈虞孙一起看望过巴金。他惊讶巴老的记忆力是那样的好。

此后,吴宗锡多次到巴金家中,有节前探望,有登门请教,离不开谈文论艺。每次告辞,巴金坚持把吴宗锡送到寓所门口,老人把他看作是服务党的事业的文学后辈。

拜访音协上海分会主席、原上海音乐学院院长贺绿汀,吴宗锡多了一份亲近感,他曾陪贺绿汀访问过徐丽仙,促成上海音乐学院为徐丽仙录音录像(音配像),徐丽仙逝世后又为其举行追思会。

贺绿汀为人耿直,疾恶如仇,敢讲真话。他曾对人说:"文联林子大,什么鸟儿都有。"他告诫吴宗锡处理问题要"多个心眼",免得好心办坏事。对音乐的共同爱好,拉近了吴宗锡与这位音乐老人间的距离,可谈话题很多,每次见面总要谈上一两个小时,仍言犹未尽,依依不舍。

经李玉茹介绍,曹禺认识了吴宗锡。曹禺喜欢听杨振雄的书,吴宗锡陪他一起去书场。到文联工作,他多次和曹禺一起接待外宾。

曹禺看见吴宗锡,玩笑式地大声招呼:"吴老、吴老。"

吴宗锡连称"不敢、不敢"。

曹禺一脸笑意地重复说:"是吴老、是吴老。"

曹禺平时谨言慎行,循规蹈矩,能与吴宗锡打趣说笑,说明心目中他把吴宗锡当作亲密无间的朋友。

文人相交,贵在知心。此话说易做难,可遇而不可求也。

吴宗锡和文学前辈柯灵原本没有正式接触,反是柯灵通过听评弹、朋友介绍和吴宗锡发表的文章,和吴宗锡神交已久。

未去文联工作前的一次内部电影观摩,柯灵发现吴宗锡坐在他座位的后一排,入座后便回头像老熟人似的说:"王殊要退休了。"

王殊是吴宗锡在圣约翰大学读书时的同学,曾任驻德国大使,在任时卓有建树,是著名外交家。一个不起眼的小细节,足见柯灵对吴宗锡的了解之深。

俞振飞、吴宗锡(1988 年 3 月)

吴宗锡、贺绿汀

在拜访了巴金、贺绿汀、曹禺之后，吴宗锡专程赴柯灵家中探望。有过内部电影观摩时的巧遇，再次见面，两人交谈变得亲切自然。吴宗锡虚心请教，柯灵坦陈己见，彼此心心相印，俨然像多年的老朋友一般。自此，柯灵每有新作，必签名赠给吴宗锡。一次还特地写信给吴宗锡，建议将钱钟书的小说改编成评弹。在《纪念许广平同志——〈遭难前后〉新版序》一文中，柯灵说自己"可以无所顾忌地谈谈"的熟人很少，却把吴宗锡看作是一个可信赖的朋友，愿意和吴宗锡说说心里话。

桑弧、柯灵、吴宗锡（1988 年 4 月）

尊重前辈，广交朋友，竭诚为文艺家服务，吴宗锡希望能像在评弹团一样，在文联做出一番新的成绩。谁知刚到任不久，就遇到一个棘手的难题。

1981 年年尾，吴宗锡收到解放初在上海军管会工作的老领导、著名文学翻译家姜椿芳的一封来信，希望吴宗锡能帮助成立上海翻译家协会。

吴宗锡懂文学翻译，也喜欢文学，大学毕业后翻译过外国文学作品（诗歌和理论），如今老领导来信，希望他促成翻译家协会的成立，而文联本就是组织领导

吴宗锡、夏衍（1988 年 11 月）

吴宗锡、侯宝林、周柏春、杨华生等

海上谈艺录

吴宗锡、孙道临（2000年1月）

224

吴宗锡、王元化、姚以恩

白杨、吴宗锡

黄绍芬、吴宗锡、草婴(1992 年 2 月)

韩尚文、吴宗锡（1986 年 6 月）

吴宗锡、陆文夫（1988 年 11 月）

吕其明、吴宗锡、王汝刚

各文艺家协会开展工作的专门机构，吴宗锡觉得，无论从哪方面说他都应该鼎力相助，满足老领导提出的要求。不料一了解，问题远非他想的那么简单。

1979 年前，全国尚没有严格意义上的全国性翻译团体。翻译，包括口语翻译、外事翻译、科技翻译，范畴较广，负责群众团体登记审批的民政部门认为，各地成立的都是"翻译工作者协会"，上海为什么要另外成立"翻译家协会"？"翻译家"特指哪类翻译人群？民政部门提出这样的疑问，原因是当时国内学术界对翻译还没有统一认识，一般都把文学翻译看作是外国文学的一个组成部分，文学翻译队伍主要由中老年翻译工作者组成。连基本的学术概念都没厘清，欲成立相应的组织机构，障碍自然在所难免。

球踢到了吴宗锡脚下，既然连学术概念尚未统一认识，那就先务虚"正名"。经一番协调沟通，进而组织探讨争论，不同看法互相碰撞，看法渐趋统一。最后一致认定："翻译家"，指术有专攻的文学翻译专家，标准是至少有两本公开出版的（外国）文学译著。

"翻译家"名称及量化标准有了，成立"翻译家协会"也就名正言顺，但作为专门的组织机构,现行体制下还必须解决"编制"问题。

这更难不倒吴宗锡,身为上海市文学艺术界联合会副主席和党组书记,他"一朝权在手,便把令来行",通过向其他协会调剂两个编制,"借船出海",克服了"拦路虎"。又经一番上下周旋,1986年初,上海翻译家协会挂牌成立,隶属于上海文联名下,是当时全国绝无仅有的翻译家的专门组织。

上海翻译家协会成立后,在翻译创作、评论研讨、业务培训及对外交流等方面做了大量工作,推动了会员间的交流合作,促进了上海文学翻译事业的繁荣发展。上海率先示范,不久全国翻译家协会跟着应运而生。

与大多数文艺家赞同吴宗锡离开评弹团相反,持"负面"看法的人也大有人在。

戏剧评论家、原《上海戏剧》副主编傅骏在一篇文章中写道:"多了一个党组书记,少了一个评弹专家,对评弹艺术来说,对吴宗锡个人来说,也未必是好事。正像当年沈雁冰当了文化部长,带来了作家茅盾萎缩一样,未必是福。"

著名电影导演谢晋两次问吴宗锡:"你怎么去当官了?"口气中充满不解与惋惜。谢晋曾告诉吴宗锡,他听评弹,记了八本记录簿的心得体会。

著名历史学家唐振常说得更加决绝:"你不当团长,我就不听评弹了。"

吴宗锡心里清楚,朋友们的种种议论,是出于对评弹艺术的热爱,以及对他个人的关心与信任,在包括评弹在内的整个民族戏曲处于滑坡下行的大背景之下,大家希望他能留在评弹团,为振兴与发展评弹艺术再做贡献!

但是,吴宗锡同样清楚的是,个人服从组织是共产党员必须遵守的一条铁的纪律,没有讨价还价的余地。上级党组织找他谈话的第一天,他已成竹在胸,人不在评弹团,心不离评弹,在文联的领导岗位上,以另一种方式服务于评弹。

果不其然,摆脱繁琐事务的羁绊,文思泉涌,数十篇评论理论文章陆续问世,振聋发聩,汇成别开生面的评弹观,让人耳目一新。

此是后话。

第十八章

无法忘却的友谊

一位西哲说过,友谊是一种温静与沉着的爱,为理智所引导,习惯所结成,从长久的认识与共同的契合而产生,没有嫉妒,也没有恐惧。

吴宗锡是幸运的,从受命走近评弹之日起,他就与蒋月泉、严雪亭、刘天韵、杨振雄、张鉴庭、周云瑞、张鸿声等一批造诣精深的一流评弹艺术家共事,朝夕相处三十余年,探讨切磋书艺,整旧创新,编演现代书目。他长期浸润于排练演出的现场,得到他人所无法企及的体验,与他们结下了难以忘却的深厚友谊。

经过"文革"的磨难,吴宗锡对这批杰出的评弹艺术家的感情发生了质的变化,彼此之间不再是单纯的领导与被领导关系,而是上升到精神层面的交流沟通。在他离开评弹团乃至退休之后,褪去了名利纷争与个人私欲的羁绊,原先领导与被领导的关系,一变为同志(朋友)间平等的心灵碰撞,爆发出更为绚丽的火花。

昔日结下的友谊,随时间推移,历久弥坚。

在这批技艺卓绝的书坛大家还活跃在书台,艺术成就处于巅峰阶段时,吴宗锡执笔撰文,发自内心地对他们的表演艺术及特色,作实事求是的介绍与评析。

如《情动于中刘天韵》,以刘天韵表演艺术的代表作,《玄都求雨》中的钱志节和《老地保》中的洪奎良为例,称"创造人物,表演脚色是刘天韵的一大特长"。之所以会形成此"特长",是"他从深切理解书情、人物出发,结合自己的生活体验,在人物身上倾注了热烈的爱憎。所谓'情动而言形','因内而符外',使表演的人物鲜活生动,具有着强烈的感染力,令人难忘"。

接着,在对钱志节、洪奎良在书中精彩片段活灵活现的说、演,作抽丝剥茧般的详细介绍后,文章写道:"正是这样深入人物内心的表演,刘天韵发展了融说演于一体,化表叙语调为人物口吻的表演特色,使说也如演,演也如说,加强了说表中的主观成分和感情色彩。"

在此基础上，吴宗锡深挖刘天韵创造、表演脚色成功的内在奥秘，那是"由于他有着对民族戏曲、曲艺表演艺术的深厚功底和娴熟身手，也由于他对社会生活的丰富体验积累，更是由于他的表演方法是真情实感，心入于境的现实主义的表演方法。他以自己的生活感受、情感记忆、人文情怀、道德取向融入所表演的人物。他在人物的哀乐中寓寄了自己的哀乐，在人物的爱憎中融入了自己的爱憎"。

至此文章本可以收尾停笔，然吴宗锡仍感到意犹未尽，又写了如下一段文字："刘天韵正是以他的真性情、真人格、真感受来反映生活、塑造人物的。他以这种主客观相契合的物我同化的表演，体现了评弹表演艺术所达到的新的高度，也带动了其进一步发展和提高。"所以，他说、演的人物活了，理所当然受到听众的欢迎。

弹词名家张鉴庭

又如《劲神情清张鉴庭》，文章一开笔就写道："在响档中，名气更大，影响更大，人气更旺的是为'大响档'。从 20 世纪 40 年代以来，张鉴庭就是位大响档。"

在多档演出的书场里,最后一档演出称"送客",如京剧演出的"大轴"。张鉴庭是"送客"的最佳人选。评弹长篇演出,听客排日来听。遇有冗务杂事,不等演出结束就提前离去。而张鉴庭演出,总能吸引住听众,听到终场。借用今日的用词,足见其"人气之旺","粉丝"之多。

抓住张鉴庭的"劲""神""情""清"卓然的艺术特点,吴宗锡逐一作了精准扼要的评述。

所谓"劲"者,指张的说功高超,具有苍劲的音色、精准的语气语调,具有更强的表现力、感染力。"劲"的特点产生于内在的力。他以这股力,随着书情人物思想感情的自然起伏,将语音语调,或高或低,或重或轻,有张有弛地送到听众的耳际与心头。在他们心头引起阵阵涟漪与激荡。其低沉是凝厚的,而高扬又是激昂的,中间的顿歇更给人以力量内敛、蓄势待发之感。在他平稳的说表和道白中,常会爆发出激情澎湃的亢奋强音,也就是人们所称的"一拎头",是其"劲"的一种表现,犹如平野上突起的座座峰峦,轻波中推起的层层浪涌。正是这股强劲的力,加强了其说功的张力和震慑力,使听众受其感染、动情的同时,更感到爽畅,快意,"刹渴"(十分解渴),"扎劲"(浑身得力),增加了审美的愉悦。

所谓"神"者,指张的表演,即一种专注、凝聚、全身心投入的精神状态。从踏上书台的那一刻起,他便进入这种表演的状态之中。如往昔一位名叫莫后光的说过,说书时"要忘己事,忘己貌,忘座有显要,忘身在今日,忘己何姓名"。张鉴庭在表演时,就是以这种忘我的精神状态,深入于书情和人物内心的。他忘却了自己与所起脚色在性别、年龄等方面的差别,不计外在的形貌,着重表现出人物的精神。他凝神、贯神的表演,神满而气足,自能在听众中形成一个气场,产生一种定力。听众受其感应,无不聚精会神,屏息静听,乃至心醉神迷。

所谓"情"者,指张鉴庭说演以情动人。他演出的书目里,一些主要人物都处于忠奸、善恶、是非、美丑的矛盾之中。在这些人物身上,他倾注了自己自幼浪荡江湖、坎坷杌陧的生活体验所产生的强烈爱憎。由此点燃心中感情的火苗,燃烧起熊熊的激情,但他表现的感情是深沉、凝练的。如他表演的张勇(《林冲》)、朱恒(《花厅评理》)、陈平(《迷功名》)等脚色,多以醇厚、遒劲的道白、说表,表达出强烈的感情。

所谓"清"者,指说表清脱,表演清醇,书情书理,清楚明白。进入老年的张鉴庭,不讳老,不藏老。团里人称他"老老",他亦漫应,不以为忤。演出时,他缓步登台,举止稳健,说表不紧不慢,动作不温不火,显示了老年艺人的老成、老练、老到,透出一股炉火纯青的清越之气,使受众很觉亲切,也更喜爱他的演唱。

"劲""神""情""清"的艺术特点,融注于张鉴庭的演唱,构成了他创始的流派唱腔"张调",其行腔刚柔并济,委婉中见雄浑、峻拔,对比强烈,激情充沛,突发高腔,声如裂帛,石破天惊。在抒情性外,加强了戏剧性,使听众往往情不自禁,鼓掌叫好。

再如《活胡大海张鸿声》,张鸿声是 20 世纪中期深受听众喜爱的评话艺术家。评话主要由演员一人表演众多脚色,演说长篇故事情节。张鸿声凭借一番刻苦的磨炼,对艺术执着坚韧的追求,才从众多评话艺人中脱颖而出,成为个中翘楚。

张鸿声演出照

文章从张鸿声拜师学艺到开码头说书,再到一部《大明英烈传》扬名书台,不徐不疾,娓娓道来。

张鸿声年少丧父,被迫辍学。为了谋生,拜名师学传统评话《大明英烈传》,17 岁满师,跑码头说书。19 岁踏入上海,几经去而复返,27 岁时在激烈的竞争中迎难而上,站稳了脚跟,不仅在多家书场演出,而且在电台广播,日渐成为上海书坛的一员主将。

《大明英烈传》人物生动,书情起伏跌宕,结构严谨,素有"小三国"(演义)之称。要说好这部传统书目,需要有深厚的说表和脚色表演的功力,才能刻画好书中的各种人物。在众多人物中,胡大海是贯穿全书的深受听众喜爱的一个,有"书中之胆"之誉。为塑造好这个人物,张鸿声穷尽毕生心血,凸显他"憨直"的可爱性格,着力和人物达到人格、气质甚至好尚的融合,达到"他中有我,我中有他"的境界。

张鸿声表演的胡大海,从青年、壮年到老年,都有所不同。青年胡大海,憨腔多些,动作比较火爆;壮年胡大海,声调中调皮、狡黠的成分增加了。他往两边捋须,炯炯的眼神中透露出憨厚和机智;到了老年,胡须就往下直理了,憨腔中增添了几分稳重,自负中又带有一点矜持。

由于对人物的充分熟悉和理解,张鸿声演胡大海,可说演来处处皆活,无人能及。

类似文章还有《醇酒酽茶蒋月泉》《绘声绘色严雪亭》《倾心古典杨振雄》《巧嘴妙笔姚荫梅》《精诚奉献周云瑞》《纯真正宗朱慧珍》和《手眼心到吴子安》等。

此外,吴宗锡还为结合自身特点、发展创造流派唱腔的女弹词艺人朱雪琴和徐丽仙撰写了《琴调小论》和《丽调小论》。

"琴调"和"丽调",属于评弹唱腔中两种迥然不同的唱调系统——"马调"和"俞调",代表了两种迥然不同的风格——"雄健"和"婉约"。尽管"琴调"也吸收了"俞调"系统唱调纤丽、委婉的长处,而"丽调"也吸收过"马调"系统唱调爽朗、流畅的特色,总体上"琴调"属于阳刚之美,"丽调"则以阴柔之美见胜。

同时,"琴调"更多地发展了弹词唱调中吟诵体的特色,旋律中的语调因素较强,灵活生动。在演唱时初无定谱,往往根据唱词内容、演唱时的情感要求及听众反应,即兴发挥,又不离总的风格。"丽调"则更多地发展了弹词腔调中咏叹体式,基本定腔定谱,定过门。也可以说,"丽调"着重于台下的琢磨、推敲,创作过程全部完成于上台之前;"琴调"虽也同样着重于上台前的磨炼,创作过程一直延伸到上台以后,还和听众一起创造。如以作画来打比方,"丽调"可称是工笔细绘,"琴调"则是泼墨大写。

继总体解析比较之后,两文分别对"琴调""丽调"的唱腔、节奏、音乐与感染力作了细致深入的评说,使人们在对两位女艺人鲜明个性风格总体把握的基础上，对她们各自的精妙之处，有进一步了解和认识。

一篇篇文章，文情并茂，从中传递的是书写者对被写者的了解之深，远非一般人所能为之。字里行间，外溢的是满满的深情厚谊。

因评弹而结缘，又因评弹并肩前行，共创繁荣，对吴宗锡来说，与老一代评弹艺术大家结下的友谊，毕生难忘。在他们健在时，他撰文推介他们卓越精湛的艺术与成就；他们离世远行，绵绵的思念萦绕心头，转而化作文字，写下相识相知的点点滴滴，以寄托哀思。

周云瑞，上海评弹团建团首批加入的十八位演员之一。建团后，他编演新书，继承传统，培育新人，革新评弹音乐，为评弹艺术二度登上"巅峰"，做出了他人无可替代的贡献。这样一位德艺俱佳的弹词名家，"文革"中遭受迫害，加之因病，未到"天命"之年，戴着"特嫌"的帽子含恨去世。

复出后重当团长，吴宗锡为周云瑞举行追思会，告慰亡灵，一解怀念之情。多年后，为纪念周云瑞为评弹事业做出的贡献，上海市曲艺家协会、上海评弹团、上海广播电视台文艺台，联合在上海市作协大厅召开周云瑞艺术研讨会，吴宗锡写了《纪念周云瑞同志》的发言稿。其中写道：

> 人民的艺术家是属于人民的。今天参加纪念会的还只是和周云瑞同志有过直接接触的部分同志。这还是小范围的。相信凡是听过周云瑞同志演出的广大听众和评弹爱好者们，文艺界的同行们都会从自己的认识和感受来纪念这位杰出的有着优秀品德和卓越造诣的评弹艺术家的。周云瑞同志对待艺术、对待集体、对待同志、对待青年一代的许多美德，在今天更觉可贵。我们应该在曲艺界、文艺界，特别是青年中间，更广泛地宣传他的优秀品德，发扬他的高尚精神；也还要很好地研究、继承他的许多宝贵的艺术经验。因此，在这次纪念会之后，我们还有很多工作要做，只有把这些工作做好了，才是对云瑞同志最好的纪念。

如此充满感情的发言，周云瑞若是泉下有知，定会安心瞑目而感激不尽的。

以"学无止境，艺无止境"为座右铭的杨振雄，出身艺人家庭，因家境贫寒，6岁时跟父亲杨斌奎学唱弹词。学会了乐器，能唱开篇，便跟着父亲上台"插边花"。后离开父亲，独自学艺磨砺，放单档，跑码头。

杨振雄生来具有诗人气质,喜爱古典文学中的诗情画意和高雅的艺术情趣,在有了艺术功底后,为能独立书台,遂致力于古典名著的改编,先后说唱长篇弹词《长生殿》《武松》和《西厢记》。弹唱原以"俞调"为主,演唱《西厢记》时结合人物性格、感情,对"俞调"有所发展,唱表委婉动情,人称"杨俞调"。及至单档演唱《长生殿》,在"夏调"基础上发展成流派唱腔"杨调"。声名鹊起,形成了卓尔不群、独树一帜的杨派书艺。有人甚至称他演唱的《西厢记》为"杨西厢"。志存高远的说书人,锻岁炼年,倾心倾力,完成了名世的精品杰作,成蜚声宇内的一代评弹名家。

弹词名家杨振雄

　　1998年,因罹患癌症,杨振雄依依不舍地告别书坛,辞世而去。
　　数十年同团共事,吴宗锡目睹了杨振雄呕心沥血、含辛茹苦编演古典名著的感人画面,如过电影般常在他脑际浮现。因挥之不去的思念之情,在杨振雄逝世跨入第十个年头的2017年1月,吴宗锡把自己在杨振雄在世时写下的《倾心古典杨振雄》一文,润色修改,改名《杨振雄情系古典》,投给《新民晚报》副刊《夜光杯》。1月3日、4日,《夜光杯·阅读/连载》分两天刊发。文章以"《武松》遒劲大气""陈云赞《西厢》'极好'""《长生殿》一炮走红"三个醒目小标题,盛赞杨振雄编演古典文学三部长篇书目所付出的不懈努力。

文章收尾,吴宗锡特别加了前稿所没有的一段文字:"杨振雄注力于编演古典文学名著,发展提高了评弹的表演艺术。他精湛的书艺并没有得到全面的传承,但是他为评弹艺术的高雅化,及其表现力的提高,是功不可没的,必将永远留存在评弹发展史上。"寥寥数语,惋惜与怀念之情尽显其中。

与从评弹艺术发展的角度追思故人不同,对"评弹皇帝"严雪亭的怀念,落笔于顺境与逆境的日常交往,在细微琐碎的小事中,洞悉人性的闪光可贵之处。

严雪亭,学名仁初,14岁拜徐云志学弹词《三笑》,取"程门立雪"之意,定艺名"雪庭",后改为"雪亭"。20世纪30年代进入上海,见说《三笑》的人多,改说新书《杨乃武与小白菜》,潜心钻研,刻苦揣摩,一鸣惊人,成江浙沪的一大"响档",拥有大量"书迷"。在江浙水乡演出时,听众划着木船来听书,附近港汊为之拥塞。也有乘小火轮来的,满满一班客轮,乘坐的都是来听书的听众,乡人戏称为"雪亭号"。

20世纪40年代后期,沪上商家及小报业选评弹名家,严雪亭在男演员中得票最多,荣获"评弹皇帝"之誉。

上海解放后评弹团成立,严雪亭出码头说书,人不在上海,没有赶上头一批入团,1952年加入评弹团,又因薪金收入与入团前差距过大而退出,于1956年再次进团。二次进团,吴宗锡担心他有思想负担,产生心理隔阂,每次下生活或搞新创作,都与他结伴而行。从20世纪50年代中期开始,严雪亭一直在与"帕金森综合征"抗争,直至1983年,无法逆转的"帕金森综合征"引发多种并发症,严雪亭在华东医院病逝。

长达三十余年的相处交往,留下许多值得留恋、追忆的往事。不久,吴宗锡写了《与"评弹皇帝"严雪亭相处的点滴回忆》一文,以寄托哀思。

近五千字的长文,记叙的却是"点滴"小事。如在江南造船厂参加劳动,听工会介绍,医务室一位年轻厂医放不下架子,不安心在工厂工作,后看到工人们在技术革新中的热情,受到教育和鼓舞,便积极认真地为工人服务。这在当时有积极意义,两人一合计,由吴宗锡写初稿,严雪亭二度创作,排练成短篇评弹,取名《厂医的烦恼》。由于严雪亭表演清脱,说表生动,又有生活气息,演出效果不错。劳动结束后带回团内,成下工厂(基层)的保留节目,广播电台还特地录了音。

严雪亭登台演出

参加"四清"在农村劳动,田间的大喇叭每天下午四时左右转播上海人民广播电台对农村广播,播放的是严雪亭演唱宣传节约粮食的开篇《一粒米》。每次听到,吴宗锡总是笑着说:"老严,又碰头了。"严雪亭听了露出得意的笑容,旋即借用开篇唱词,一语双关地唱道:"一粒米,啥稀奇……"引得一起劳动的人开怀大笑。

"文革"风暴骤然掀起,吴宗锡和严雪亭同时被打入"牛棚",造反派批判吴宗锡推行文艺黑线,搞资本主义复辟,指责他把团长室放在二楼朝南的大房间,是搞享乐的修正主义。批斗结束,造反派双手一甩,趾高气昂地走了。满肚子的委屈气愤,吴宗锡呆若木鸡般地站着。

一旁的严雪亭悄然低声说:"你下转(以后)团长室就不要再放在朝南房间了。"

非常时刻,同是天涯沦落人的严雪亭说出这样一句话,说明他把吴宗锡看成是不会垮台的干部,低沉消极已久的吴宗锡受到极大鼓舞,精神为之一振。

最让吴宗锡难忘的是,严雪亭患病在家休养,他上门探望。严雪亭没有卧床休息，反穿着整齐地端坐在沿窗的方桌旁，拿着三弦拨弄着。交谈中他反复说"要能，勿能"四个字。吴宗锡理解其言有所指，"要能"者，表达的是想再登台演唱的强烈愿望；"勿能"者，吐露的是身患重病、力不从心的痛苦绝望。面对一位评弹老艺术家如此纠结无奈的心态，说再多宽慰的话都无济于事，吴宗锡默然无语，心中翻腾起一阵阵隐痛。

一桩桩、一件件都是"点滴"小事，透过现象看本质，则是对人、对事及对艺术的善良坦诚、执着正直与孜孜以求，唯其如此，虽斯人已去，吴宗锡仍铭记于心，久久难忘。

与众多艺术家结下的诚挚友谊，特别感人的是吴宗锡与一代评弹宗师蒋月泉的倾心相交与心灵碰撞。

吴宗锡认为，评弹有众多风格流派，照理很难说专归一派，专宗一人。但是，评弹的艺术手段不离说噱弹唱演。评弹叙事、塑造人物、结构情节有着共同的方法、规律。对其表现手段之造诣高、修养深者，对其特性规律之掌握娴熟精湛者，就能为各式各派引为楷模，景仰宗法。正因为如此，蒋月泉才众望所归地被誉为"一代宗师"。

评弹团成立，吴宗锡当团长，围绕实验、示范、革新、辅导的建团宗旨，无论下生活编说现代新书，整理革新传统书目，开发新的历史题材，还是规范强化内部管理，造就良好艺术氛围，培养锻炼新生力量，蒋月泉无不全身心投入，鼎力相助。十余年共事吃饭，互相心心相印，惺惺相惜，视对方为知音。

20世纪60年代初，以进万人广场、奉命晋京、受邀赴香港演出为标志，上海评弹艺术进入俊采星驰、彪炳灿烂的时期，翻开了自评弹有史以来的崭新一页。吴宗锡认为，这一切的取得，离不开蒋月泉的卓越贡献："蒋月泉受着深厚的传统艺术沃土的培壅滋养和新时代光照的煦妪覆育，经过刻苦勤奋的磨砺和长期不懈的创作演出实践，成为际会于风起云涌的评弹艺术鼎盛时期的一位代表人物。"

而在蒋月泉的心目中，作为评弹团的主要领导，吴宗锡在主持工作期间，在特定的历史条件下，或多或少会受"左"的思想影响和干扰，在接受来自上级部门的指示，贯彻落实各项政策的过程中有缺点和错误，是在所难免的。但看人要看主流，看对评弹事业的贡献，从这一点上说，吴宗锡是懂行的好领导。

《皓月涌泉·蒋月泉传》一书中有一段蒋月泉对吴宗锡的评介文字："在蒋月

在北京参加全国第四届文代会时与蒋月泉合影

泉看来,吴宗锡无论在组建上海人民评弹团、提高从旧社会过来的说书人的思想觉悟、整理传统书目、编创适应新社会的新书目,还是在演出体制上实行优化组合,激发创新活力,构建竞争机制等方面都做出了贡献,所以他说吴宗锡是党的好干部。"

一句"党的好干部",足见吴宗锡在蒋月泉心目中的地位——被领导者对领导者的最高评价。

彼此欣赏,互相信赖,由评弹艺术结下的以心换心的无私友谊,一直延续到两人分别离岗退休之后。如陈年佳酿,珍藏年代越久,酒香(味)越发绵长醇厚。20世纪80年代末至90年代,二人沪、港两地的书信往来,诚挚友谊与心灵碰撞,读之令人动容,成为评弹界一段佳话。

晚年,蒋月泉定居香港,开始了一段漫长寂寞的书斋生活。往来书信成了他与亲朋好友、同事与学生联系沟通的主要手段。

在诸多通信中,与吴宗锡的往来飞鸿占了很大比重,内容主要是谈艺术,特别是关于长篇弹词《玉蜻蜓》的整理与加工。

《玉蜻蜓》的整理与加工,称得上是一个浩繁的系统工程。新中国成立前,张云亭、周玉泉等前辈艺人对该书有过丰富和润色;新中国成立后,蒋月泉与陈灵犀、朱慧珍等合作,从1954年至1963年提出"大写十三年"期间,对该书的整理时断时续;"文革"十年,没条件再作整理,在结构上《玉蜻蜓》仍然是有缺陷的。直至定居香港后,他才有时间和精力,重新考虑对该书目作进一步的整理与改进,体现了一位老艺术家对优秀传统书目的高度负责与尊重,其情其志不由不让人击节赞叹。

1988年9月1日,蒋月泉给吴宗锡写了一封一万三千字的长信,以回复吴宗锡20天前的去信,提出让他谈谈对《玉蜻蜓》书目剪裁、结构方面的经验看法及对噱的艺术的运用,以便对蒋月泉的书艺作深入研究,并望"能多谈一些","能举一点例子"。下笔伊始,蒋月泉由衷地写道:"你要我写我的书艺问题,我当遵命。水平有限,但在你面前我不怕说错,因为你对我们都十分了解,所以会原谅的。"恭敬、真诚、谦虚,完全是发自内心的,毫无矫揉造作之感,显现出两人关系非同一般。

回复的长信分两部分,前半部分谈《玉蜻蜓》的叙事结构、语言运用及风格上的特点,是蒋月泉长期演出实践的深切体会,精辟而又独到。吴宗锡认为,"这不但对我们研究《玉蜻蜓》这部书,而且对创作评弹书目都有很大的指导作用"。后半部分主要谈对评弹噱的艺术的发挥,也包括说书开场白和穿插等的设计安排。吴宗锡认为,噱是评弹受到听众欢迎的主要手段之一,蒋月泉"善于吸收,善于学习,也善于思考,善于创造","其中也有不少深奥的学问,是值得我们研究的"。

此前一个月的8月1日,在致吴宗锡的信中,蒋月泉曾谈到,只有认识到《玉蜻蜓》的独特书情、风格与表演艺术的特点,对它进行探讨和分析,领会了它的真髓,才能懂得继承什么、改造什么。此说可谓抓住了问题的要害,有点石成金之妙。在有关整理该书的构想中,既充分保存了几代说书艺人用心血创作的精华,又去掉了色情、陈腐的糟粕,凸显了作为艺术大师正确的价值取向和高尚的审美情趣。

1992 年 8 月 19 日,在再次致吴宗锡的信中,蒋月泉写道:"我虽然 76 岁了,人又在香港,但数十年党的教育培养,使我成为一个有用的人。我的知识和艺术、社会地位、荣誉,无一不是党给的。过去我说过,没有共产党就没有我蒋月泉,我们评弹艺术绝不会升华到高峰……不管世界怎么变,'没有共产党就没有蒋月泉',这个认识是永远不会变的。"

在上海评弹团,吴宗锡始终是团长兼党支部书记,蒋月泉始终是评弹团的艺术中坚与领头人,在两人都离开工作岗位多年后,蒋月泉的深情表白,除表达对党的拥护、感激之外,也暗含了一份对吴宗锡个人所给予的理解、支持与帮助的感谢之情。

1992 年下半年,蒋月泉因病住进香港立顿士医院,该院属于公立医院,设施并不好,一个病房住二十多个病人,空间逼仄,同室病人用粤语交流,蒋月泉听不懂,心情不佳,一个人躺在病床上,寂寞寡欢,整天沉默无语。消息传到上海,急坏了蒋门弟子。私淑弟子吴越人、爱徒秦建国等聚而商量,认为应该动员蒋老师回上海定居治疗。为此,他们向评弹团老领导吴宗锡求助。吴宗锡认为这是件好事,全力支持。后经多方努力,同年 12 月 10 日,蒋月泉叶落归根,回到上海,住进了华东医院,受到悉心治疗和周全的护理。

2001 年 8 月 29 日,蒋月泉突发脑梗,医护人员全力抢救,终因回天乏术,不幸逝世,享年 84 岁。

2017 年是蒋月泉诞辰 100 周年纪念,为寄托思念之情,10 月 15 日,吴宗锡在《新民晚报·星期天夜光杯》发表《百年月泉》,文末写道:

> 蒋月泉创始的流派唱腔——"蒋调",20 世纪二三十年代就风靡了江浙沪大小码头。建国后,结合上述书目的创新与整旧,"蒋调"又有了进一步的发展,仍是各流派唱腔中传唱最广的……他还善于吸收其他音乐元素,广采博纳,并提高了其咬字、运腔等诸种演唱方法,使之有了划时代的提高和发展。他在评弹唱腔发展史上的地位,几与谭鑫培对京剧老腔老生唱腔发展的地位相提并论……新中国成立后,他在党的领导下,成为一位全心全意为评弹艺术传承、发展、提高倾心倾力的艺术家。新中国的评弹艺术在 20 世纪五六十年代有了空前的发展和繁

荣,蒋月泉是为其做出伟大贡献的一员。

知根知底、精当到位的评价,描述了蒋月泉在新中国评弹艺术繁荣发展过程中的应有地位。

相知相交,两人结下的诚挚友谊跨越了世纪。

第十九章

出人出书走正路

"老听客""老首长",在评弹界,凡提起陈云同志,从大小领导到普通演员都这样称呼他。亲切、自然又不乏崇敬的口吻,像是一家人。

究其原因,是陈云同志对评弹情有独钟,作为党和国家的领导人,在繁忙工作之余,对评弹艺术的发展繁荣倾注了巨大热情和心血,他以科学辩证的思想方法,经过深思熟虑,对评弹工作作出许多及时而高瞻远瞩的指导意见,发表了一系列精辟见解,被评弹人视为"知音"。

受党安排,吴宗锡从事评弹工作,担任上海评弹团团长,数十年间他亲聆謦欬,受到陈云同志耳提面命的教导,经久难忘。陈云同志关于评弹是一门既有历史传统,又有广泛群众基础的艺术,要充分发挥其特点,使之更好地为人民服务,为社会主义服务的思想,成为他全部工作的出发点。

2015 年是陈云同志逝世 20 周年,过往的汇报座谈、书信往来及面对面的谆谆教诲,一一再现眼前,吴宗锡信笔写下《陈云同志,评弹知音》一文,一泻怀念之情。

众所周知,陈云同志出生于上海青浦练塘(原属江苏省)。幼年父母双亡,先随外婆生活,外婆去世后,由经营小酒店的舅父收养。

江南水乡小镇,唯一的业余文娱生活就是听说书(评弹)。在念私塾及小学期间,陈云常随舅父到镇上书场听评弹,有时也独自去听"戤壁书"(不用买书筹,戤立在书场墙边"听白书"),如此时间一长,幼年的陈云从书场(包括"听白书")学到不少民间文艺和史地常识,培养起对评弹的爱好。

离开家乡,从事革命活动后,受条件和时间所限,很长一段时间陈云没有接触评弹。直到 1958 年患心脏疾病,需要休养一段时间,遵照医生建议,陈云想起了幼年时期喜爱的评弹,重新开始聆听评弹,疗养身心。

陈云同志一贯的思想作风,凡事认真细致,注重调查研究。重拾旧好,他不仅仅是为听而听,而是对评弹艺术的历史和现状做深入的调查研究,关心评弹艺术的传承和发展。出于这样的目的,听书之余,他广泛接触评弹界干部和编演人员,偶尔还会在书场茶馆中接触一些老听客,听取他们对书目和演员表演的看法和意见。

陈云接触的干部涉及从领导机关到基层单位的各个层次,接触的演员涉及各年龄段和不同业务水平,接触较多的是江浙沪三地主管评弹工作的干部以及具有代表性的老艺人和青年演员,尤以上海评弹团为重点。一则上海评弹团是国家剧团,当年评弹演员参加国家剧团视同参加革命,进入国家编制,陈云视编演人员为国家干部;二则上海评弹团集中了不少评弹界的代表性人物,是一个高素质的艺术群体。

1959 年 9 月,吴宗锡首次在上海见到了陈云,扼要报告上海评弹团的演出情况,安排陈云到书场听书,两个月后随上海文化局局长李太成一起赴杭州向陈云汇报上海评弹团书目建设及演出情况。听完汇报,陈云谈了"关于评弹工作中的几个问题"的看法,内容涉及"新书和老书""长篇和中篇、短篇""专业队伍和业余队伍""苏州话和非苏州话""组织领导和管理工作"等问题。这是吴宗锡第一次面对面地接受陈云同志调查,也是他第一次面对面地聆听陈云的教诲,大有茅塞顿开之感。陈云所谈的几个问题,正是他在团长岗位所碰到、琢磨如何解决的问题。譬如如何正确对待、处理传统书目(旧书)与现代题材(新书)及长篇书目和中篇、短篇书目的关系问题,经陈云高屋建瓴般地一点拨,他心中有了底,明确了解决这些问题的努力方向。

第一次成功汇报,给陈云同志留下了较好印象,从此陈云每次来上海,或到苏州、杭州休养,都要把吴宗锡找去,或听取汇报,了解情况;或发表意见,作重要指示,由吴宗锡首先在上海评弹界传达贯彻。如 1961 年 7 月 25 日,陈云写了《目前关于噱头、轻松节目、传统书回的处理的意见》,就是当天晚上在上海文化俱乐部一次晚会上,亲手交给吴宗锡去传达贯彻的。

一次次地接触交流,吴宗锡发觉,陈云同志几乎无一日不听书,听过所有的传统长篇书目,大量新编历史书和现代题材的长、中、短篇书目。有时听不同系脉、不同风格的演员对同一书目的演出,有时为了研究,对同一档演员演出的同一书目听多遍。中篇评弹《真情假意》,他反复听过二三十遍。毫不夸张,他听过的书目和演出,远远超过绝大多数专门从事评弹工作的演员和干部。

作为调查研究,陈云在听书时,会对其中的说表、唱篇及至噱头,作细致的统计、分析,将唱词抄录下来。他研究的不单纯是内容情节和文本,还注重演员的说、噱、弹、唱的表演艺术。在听的基础上,经过深思熟虑,借用通信(主要是对干部)和谈话的方式,对干部和艺人发表精辟的见解,指导书目的整理和建设,艺术的提高和革新。正因为如此,无论是对传统长篇还是新编现代书目,陈云所发表的意见,总是那样有的放矢,切中肯綮,让编创人员眼睛一亮,心悦诚服地付诸执行。

根据陈云同志的意见和指示,吴宗锡依靠团内骨干力量,对《白蛇传》《玉蜻蜓》《珍珠塔》等传统长篇弹词整旧创新,编演《青春之歌》《铁道游击队》《夺印》等现代题材新书目,取得不俗成绩,为兄弟评弹团提供可资借鉴的做法和经验,多次受到陈云同志的表扬与夸赞。

伴随认识与了解的日益加深,信任随之加深。有时陈云同志会直接布置代办一些具体事情。

1960年1月6日,陈云给吴宗锡和副团长李庆福写信,提出"请你们帮我办这样两件事":

一、把上海、苏州、常熟全部评弹艺人开列一张名单,注明各人所说的书目,并且说明是单档还是与谁搭档。其中苏州、常熟两地的艺人,如果你们不很熟悉,请代托有关人员办一下。

二、去年国庆节,在上海见过上海评弹协会出版有一种铅印的广告单,每月一张,把全上海各书场当月说书艺人和所说书目统统列到上面。这种印刷品据说是出卖的,请代找一下,可否把过去几年的广告单找一份给我,想从这里看看上海书场近几年说唱的书目。

这是结合听书,进一步做调查研究。不长的信函,多次出现"请""不限时间""谢谢""敬礼"等词,体现了陈云同志对普通文艺团体干部的平等姿态与尊重。

收到陈云的信后,吴宗锡和李庆福认真办理,以最快的速度把相关演员名单、广告资料反馈给陈云同志。

频繁的往来接触,吴宗锡目睹了陈云同志对评弹艺人的关心与爱护。

青年演员赵开生将长篇小说《青春之歌》改编为长篇弹词,陈云多次约见他谈话,写了书面意见,给予辅助指导。得知刘天韵、朱慧珍、周云瑞等患病,他写信关怀问候,叮嘱要好好休息。徐丽仙患舌底癌赴北京求医,住在文化部招待所,陈云亲赴招待所探望,给徐丽仙很大的精神安慰,鼓舞了她与疾病斗争的勇气。

"文革"后,评弹界再次开展整旧创新工作,陈云提出要张鸿声这样的老艺人当顾问,"扳错头",进行检验和辅导。

细致入微的关心与爱护,不仅是体现在对演员的身体健康与创作演出上,还延伸到演员的政治学习、文化修养和艺术思想。

1960年6月,陈云同志将自己用过的一册《简明中国通史》、一本《中国分省地图》和一部《辞源》赠送给上海市人民评弹团,附送一封给吴宗锡的亲笔信。信中说:"送这几本书的意思,是想引起朋友们对于历史和地理进行考查核对的兴趣。当然,考查核对历史和地理,需要大量书籍,需要借助于图书馆,靠这三本书是起不了大作用的。不过我希望因此而引起朋友们对这一方面的兴趣而已。"

一封短信,两次提及送书的目的,是"想引起朋友们对历史和地理进行考查核对的兴趣",或许在听书时,陈云同志曾发现说书人在"历史和地理"上发生过差错,因而用正面引导、循循善诱的方法,激励演员("朋友们")要重视政治思想与文化知识的学习。

在吴宗锡的印象中,作为一个艺术欣赏者,陈云自有他的好恶。他比较喜欢典雅而又诙谐风趣的书目,也欣赏一些声情并茂、艺术高精的说唱表演。一般情况下,在和编演人员谈话时,他不轻易流露个人好恶,只是为指导艺术的提高,在和吴宗锡谈话中,发表过如"刘天韵是个好脚色""朱雪琴唱的《思想上插上大红旗》有气势""杨振雄的单档《西厢记》极好""徐丽仙在评弹音乐是有她的地位的",等等。再如他喜欢徐文萍唱的"祁调"《秋思》,亲笔抄录了该开篇的词句,将录音保留了下来。后听说上海广播电台没有"祁调"《秋思》的录音,就把自己的录音送给了电台,以飨广大听众。

吴宗锡感到,在不经意的谈话中,陈云对名家名作的点评,折射出"老听客""老首长"的高雅审美取向、极高艺术鉴赏水平和宽广胸怀,从中他深受教育,获益匪浅。

更让吴宗锡时刻铭记在心的,是陈云同志对他耳提面命的亲切教导。

陈云听评弹不纯粹是为了满足个人爱好,他耳听评弹,心中怀着的是整个评弹事业,想着的是拥有众多爱好者的祖国宝贵文化遗产,他围绕评弹的讲话、信函和指示,出发点是为了推动新中国评弹艺术的繁荣与发展。

"不要忘记,整个评弹艺术都是我们国家的。"陈云多次教导吴宗锡说,"在江浙沪乃至全国,有着广大的评弹听众。评弹从业人员的队伍也是不小的,我们应该想到他们。"

在杭州开"评弹座谈会",陈云特地安排与会人员到浙江图书馆看《四库全书》,以示要注意保存和传承祖国的文化遗产。又曾语重心长地对吴宗锡说:"不能让评弹艺术在我们手中消失啊!"

所以,准确地说,陈云并非只关心爱护上海评弹团和吴宗锡,而是所有江浙沪的评弹艺人、评弹工作者都在他的关注重视之下。

在吴宗锡看来,把个人爱好上升到评弹事业层面,继而上升到文化遗产保护的高度,两者有机结合,陈云同志是一个光辉典范。因此,以陈云同志为榜样,按陈云同志的讲话、指示去做,成了他全部工作的努力方向。虽无法企及,总不改初心,坚持不懈。

在吴宗锡的记忆中,陈云同志与人交谈,一向和颜悦色,平易近人,没有领导人的盛气,充满着长辈的慈祥和智者的幽默风趣,使人感到温馨鼓舞;而一旦涉及原则问题便"一脸正色",容不得有丝毫差错。为此,吴宗锡曾两次受到陈云同志的严厉"批评"。

一次是1959年5月最初见陈云,不知该如何称呼,请教同去的一位文化局领导。那位领导也是初见陈云,没有经验,随口说:"叫陈总理吧。"等到见到陈云同志,吴宗锡轻声叫了一声"陈总理"。

"总理是周恩来同志,我是副总理。"陈云纠正说。

吴宗锡一脸窘相,忙改口叫"陈副总理"。陈云淡然一笑,算是原谅了称呼叫法的失当。此后,吴宗锡和陈云身边人员一样,叫陈云"首长"。

再一次,吴宗锡和几位拜访陈云同志的上海市领导一起聊天闲谈,说到长篇评弹《描金凤》中的人物董武昌,一时口误,把董武昌说成"董必武"。

话音刚落,陈云立刻脸色一板,大声纠正说:"错了,错了!"

吴宗锡意识到自己口误,马上虚心接受:"我说错了,是董武昌。"陈云同志听后点了点头,表示认可。

"和颜悦色"与"一脸正色",一体两面,恰到好处地凸显出陈云同志一派"老首长"的风范。

时光飞逝,跨过十年"内乱",时代的车轮驶入20世纪80年代,不知不觉中,吴宗锡与陈云同志相识相知已逾二十年。民间有语,路遥知马力,日久见人心。

吴宗锡敢说敢为的领导魄力、超强干练的组织能力、知行懂行的业务水平，以及上海评弹团在继承传统、推陈出新中取得有目共睹的成绩，使他深得陈云同志的器重，一些事关整个评弹事业发展重大问题的酝酿，他总是先找吴宗锡商量，顺带听取吴宗锡的看法和意见。

1982 年 3 月 18 日，陈云与吴宗锡在苏州南园饭店

　　1981 年初，陈云同志看到，由于十年动乱的后遗症，评弹界产生了思想与书目的混乱，必须采取有力措施，及时加以引导和扭转。4 月 5 日在上海，他约见吴宗锡谈话，有的放矢地谈了对保存和发展评弹艺术的重要看法和意见，即后来广为人们所熟知的"出人出书走正路"方针。

　　谈话中，陈云开门见山，直奔主题。"对于你们（指评弹界）来说，出人、出书、走正路，保存和发展评弹艺术，这是第一位的，钱的问题是第二位的。"

　　80 年代，在当时的经济环境下，"钱"成了许多人追求的终极目标。要办事，先讲（给）钱。评弹界也不例外，出现了许多有害倾向。本末倒置的思维方式，致使"人""书""路"与"钱"的关系，"钱"成为第一位的，"书""人"与"路"成了第二位的。为拨乱反正，陈云同志旗帜鲜明地指出，保存和发展评弹艺术，"出人、出书、

1981年5月12日，陈云在杭州云栖会见上海、浙江评弹界人士。前排左起：江文兰、刘韵若、唐耿良、施振眉、史行、陈云、吴宗锡、李仲才、庄凤珠、周映红；后排左起：张振华、饶一尘、孙珏亭、赵开生、苏似荫、张如君、蒋希均、马来法

走正路是第一位的，钱的问题是第二位的"。

接下来的谈话，陈云分别就如何"出人""出书""走正路"逐一谈了自己的看法。

关于出人，陈云认为："出人，不一定要求一下子出十几个，能先出三五个人就很好，逐步提高、增加。"因为艺人大都是千方百计钻研艺术的，勤奋才能出人才。与此同时，"还要有竞争"。

关于出书，陈云主张："可以根据小说、电影、话剧等改编成新弹词。""改编不能只讲书情，还要组织'关子'。对原著要进行改组，把'关子'安排好。为了组织'关子'，必要时，可以把原著前后的情节移动、变换。组织好了'关子'，才能吸引人。"陈云强调："不要让青年就评弹，而要让评弹就青年。"

道理显而易见。四季轮换，岁月更替，评弹听众日益更新。因为各种原因，

1987 年 3 月 26 日，陈云与吴宗锡在杭州西子宾馆

老一代听众渐渐远离了书场,要使评弹艺术一代接一代永远流传,听众必须补充新鲜血。是故,"评弹就青年",吸引年轻人,是评弹人必须正视、考虑的问题。

"出人""出书"固然重要,"走正路"同样不能掉以轻心。

陈云格外强调,只有走正路才能发展评弹艺术。"我们要用走正路的艺术去打掉歪门邪道,去引导和提高听众。要保持主力,保存书艺,提高书艺。"

陈云同志谈的所谓"歪门邪道",指的是在当时的经济环境下,评弹书目和表演上出现了迎合低级趣味、单纯追求票房价值的商品化和自由化有害倾向。

谈话尾声,陈云极其严肃地指出,坚持"出人、出书、走正路,评弹是可以振兴的"。

这次谈话,仅陈云和吴宗锡两个人,没有秘书做记录。谈话中,怕不礼貌,吴宗锡没有边听边做记录。谈话结束回到家中,他回顾陈云的讲话,感到意义非比寻常,便根据回忆整理成文,送交陈云审定,在 5 月召开的苏州东山评弹工作会议上,由他向全体与会者传达陈云同志的讲话精神。

时隔不久,有感于陈云同志讲话的丰富内容和普遍指导意义,吴宗锡写了《出人、出书、走正路》一文,表达自己的学习、理解体会,其中写道:

> 陈云同志对评弹工作的意见,历来都是在深入调查研究之后提出的,因此往往既有原则,又很具体。这次的指示也是这样,陈云同志不但从方针上提出了要出人、出书的要求,而且还为我们指出了具体的方法……出人、出书、走正路,这三者是统一的,是紧密相关的。因为,有了优秀人才,才能编说优秀的书目,发展优秀的艺术;而坚持走正路,有着坚定、正确的政治方向,正派的思想作风和艺术风格,也才能培养出有用的人才和有质量的书目。

陈云同志的这次重要指示,不仅为保存和发展评弹艺术指明了方向,而且成为繁荣发展整个文化艺术的指导方针,有着重要和深远的历史意义。

在陈云同志人格魅力的感召下,吴宗锡并不是完全被动地接受陈云同志提出的问题,贯彻落实相关指示,有时也会主动向陈云同志提出一些积极有益的建议。

1984 年 4 月 1 日,陈云同志和吴宗锡在杭州谈话。考虑到评弹主要流行于长江三角洲一带,解放前江浙沪三地的行会组织是统一的。谈话中,吴宗锡向陈

吴宗锡出席庆祝中国共产党成立 100 周年暨纪念陈云同志"出人、出书、走正路"谈话
发表 40 周年大会

云提出建立江浙沪两省一市的文化厅（局）评弹工作领导小组的建议，以便三地评弹工作在行政管理、艺术领导上能加强交流，做到步调一致，措施统一。

"这个办法好。"陈云同志一听，当即表示赞同，并同时提出，文艺团体可以经过试点，逐步扩大些自主权。应该奖勤罚懒。

陈云在杭州与吴宗锡的谈话，很快反馈到了文化部。一个月后的 5 月 10 日，文化部将陈云同志的谈话要点转发给江浙沪文化厅（局）。二十余天后的 6 月 7 日，文化部召集江浙沪两省一市文化厅（局）和中国曲协在北京开会，讨论成立江浙沪评弹工作领导小组。会议由朱穆之、周巍峙主持。吴宗锡、李云翔代表上海市文化局参加。

10 月，文化部正式发文（批准）成立江苏、浙江、上海评弹工作领导小组，吴宗锡任组长，成员为江、浙、沪、苏州市文化厅（局）及曲协领导。首次会议在苏州举行，吴宗锡走马上任，主持会议。

江浙沪评弹工作领导小组成立后，每年举行会议，在两省一市文化主管部门的共同努力下，对评弹艺术的生存发展发挥了应有作用。

这并非绝无仅有的一次。

周巍峙、吴宗锡(1988 年 4 月)

1991 年 4 月,吴宗锡听说京剧有了发展基金,举办了大奖赛,办了研究班,对京剧艺术的传承发展很有成效。一星期后,陈云到上海,吴宗锡在汇报评弹界近况时提出,能否由国家拨款,成立评弹基金,仿效京剧办研究班的形式,排一点书目,培养评弹人才。

陈云听后表示同意。

1992 年上半年,吴宗锡以江浙沪评弹工作领导小组名义正式向上打报告,经陈云办公室交财政部研究,6 月 20 日,财政部给江苏省财政厅发文称:根据陈云同志的批示,同意一次性补助你省文化事业费 50 万元,专项用于江浙沪评弹工作领导小组建立"评弹发展基金"。

财政部的 50 万专项拨款到位后,江苏、浙江、上海两省一市各自追加 10 万元,合计 80 万元,用于培养评弹新人,鼓励演员编演现代长篇书目。

多年后谈起"评弹发展基金",吴宗锡感到有点遗憾。因为缺乏经验,基金会成立,没有及时建立操作运用的规章制度,致使来之不易的这笔资金,在保存和发展评弹艺术方面,没有发挥最初设想的促进作用,有负于陈云同志的厚望。

20世纪80年代中期,吴宗锡离开了评弹一线工作领导岗位,不再担任上海评弹团团长,他人虽不在岗,心却不离评弹,不忘陈云同志"不能让评弹艺术在我们手中消失"的嘱托,一边做好文联工作,一边深入宣传、研究评弹艺术的实践和理论,以另一种形式服务评弹艺术。

1993年4月,应美国加利福尼亚州大学伯克利分校、俄亥俄州立大学等高校邀请,吴宗锡作为访问学者赴美讲述评弹艺术。

事情起因于两年前上海市曲艺家协会准备召开一次评弹理论研讨会,苏州大学的孙景尧副教授知晓后,表示与他的两位外籍高级进修生,美国的马克·本特尔和日本的铃木健之,希望能参加这次理论研讨会。孙景尧毕业于复旦大学中文系,从事文艺评论及比较文学研究,与著名教授贾植芳熟悉,转向贾植芳求助,贾植芳辗转通过上海市宣传部副部长徐俊西,联系上时任上海市曲艺家协会主席的吴宗锡。

颇具戏剧性的是,20世纪50年代初,贾植芳与吴宗锡相识,曾多次欢聚,谈文论艺。贾植芳只知道吴宗锡的笔名"左絃",不知其真名。一场"反胡风运动",贾植芳成了"胡风分子",被打入另册,断绝了与所有朋友的联系。

当电话联系上吴宗锡,吴宗锡说:"我是左絃。"

电话那一头,贾植芳一下子激动起来:"哦,左絃啊。老朋友喽! 你好吗? 你好吗?"

几天后,贾植芳写信给吴宗锡,无限感慨地说:"光阴似箭催人老。我们竟有几十个春秋断了来往了,以致才有托徐俊西帮忙与你联系的事,说来竟是一场'误会'了。但愿我们有机会一起畅叙旧谊,真是人生何处不相逢啊!"

吴宗锡由此结识了新朋友美国人马克·本特尔。马克·本特尔爱好中国民间文艺,能听懂苏州话。正是经他牵线搭桥,吴宗锡方得以应邀赴美,在大学课堂讲授评弹艺术。

向海外介绍中国特有的说唱艺术,是吴宗锡多年的愿望。经过几百年来民间艺人的创造积累,评弹发展成为一门全面、成熟的说唱艺术。其丰富的表现手段,精湛的艺术成就,在世界各国的说唱艺术中比较突出,很多来华访问的海外学者或文艺界人士接触了评弹后,无不表示惊异与钦佩。

1986年,世界性的布莱希特戏剧体系讨论会在香港举行,上海与会代表带去蒋云仙单档参加演出,引起强烈反响。

来自异国人士的这些反应,让吴宗锡觉得应该向更多海外学者和人士推广、介绍评弹艺术,扩大评弹艺术的影响。

1993 年 4 月,吴宗锡在美国加州大学伯克利分校讲学

讲课先在加州大学伯克利分校进行,吴宗锡拟定的题目是:《评弹,中国特有的受到广泛欢迎的说唱艺术》,他想以此题目引起人们的兴趣和注意。对这一题目美国人会不会欢迎,正式上课前,吴宗锡和马克·本特尔都心中无底。该校人类学系主任也事先告诫说,评弹比较冷门,听者可能不多,要有思想准备。

临到上课的那天,马克·本特尔领着吴宗锡去教室,进门一看,教室内空无一人。两人大吃一惊。后来发觉是走错了,等找到指定的教室,听课的人已坐了八成左右,吴宗锡为此精神一振。

听课的人中,一部分是上了年纪的华侨,一口上海乡音。通过交谈,吴宗锡才知道他们原来都是评弹爱好者,不少人特地赶来听课,也是来看他的。一位"发烧友"介绍,他已积攒了六百多盒评弹音带。讲课时,吴宗锡特意以他为例,说"他的来临,证明了评弹艺术的魅力和有众多'书迷'的存在"。一对操北方口音的老夫妻,老先生自我介绍在清华与万家宝(曹禺)是同学,过去没听过评弹,旅美多年,对介绍中国文化感兴趣,赶来听课。此外,来听课的有研究中国及东亚文化语言的学者,还有来自中国香港和台湾地区的留学生,相当一部分人从没听过评弹,听了讲课才知道中国有一门说唱艺术叫评弹。

考虑到来听课的人大部分既不熟悉中国戏曲曲艺,也从未听过评弹,讲课中吴宗锡尽量避免引用评弹或曲艺术语。英文中没有"评弹"这个名词,"评弹"和"曲艺"被翻译为"说故事"或"唱歌谣"。一般人听到"说故事",容易理解为形式简单,没有多少艺术性可言。讲课时吴宗锡从译名讲起,阐明评弹并不是一般性的"说故事",而是一种精细、成熟的表演艺术,然后介绍这一艺术丰富的艺术手段和特点。

为帮助听课人的理解,吴宗锡尽量运用一些书目内容,多举实例。外国朋友不熟悉评弹的传统书目,包括像《三国》《水浒》《三笑》这样在国内家喻户晓的故事,他尽量简化,集中讲解内容精彩的部分。

讲到评弹的特殊手段"噱"时,吴宗锡列举了长短大小不同的"噱头"及其在听众中的反应,课堂内气氛活跃,不时爆发出阵阵笑声。

讲课结束,留下一段时间,由主办方组织听者与讲者互动。举手提问的人很多,问题涉及表演的方方面面,这说明听讲的人听懂了,对所讲内容很感兴趣。

在俄亥俄州立大学讲课,适逢暑期学期,范围相对小一些。听讲者大多是研究比较文学、民俗学及东亚语文的学者。根据听课对象,吴宗锡把题目定为《评弹中体现的中国传统美学思想》,内容更具学术性,受到普遍欢迎与好评。一位职业说故事的美国女士,对评弹的艺术特点表现出浓厚的兴趣。

讲课之余,吴宗锡访问了洛杉矶的戏剧中心,参观了大学图书馆。交流中得知美国有一种"一人秀"表演,也是一人多角,辅以必要的叙述,与评弹颇有相似之处。吴宗锡借机介绍评弹的表演形式,引起了对方的兴趣,希望能看到评弹的演出录像。因是首次赴美讲课,经验不足,没带录像或幻灯片,只带了一些弹词唱腔,吴宗锡感到有点惋惜。

俄亥俄州立大学和伯克利大学图书馆藏书甚丰,有一定数量的中文图书。伯克利大学所藏图书中民俗学部分比较完备,参观时吴宗锡询问有没有评弹方面的书,陪同参观的校方人员试着从电脑中检索,屏幕上显示只有两本。一本是吴宗锡参与编辑、中国曲艺出版社出版的《陈云同志关于评弹的谈话和通信》,另一本是中国台湾出版,显示的是罗马拼音文字,内容难以理解。吴宗锡怀疑不是有关评弹的专著,这愈发促使他感到向海外宣传介绍评弹的紧迫性与必要性。

首次赴美讲学参观访问,历时三个多月,总体是成功的。吴宗锡回国后,中国驻旧金山领事馆将他在美讲课情况,专门给上海文化部门发了个电传简报,予以表彰。

三年后的 1996 年,马克·本特尔升任讲师,在他的疏通联络下,应加州大学伯克利分校和俄亥俄州立大学之邀,吴宗锡再次赴美讲学,宣传介绍评弹艺术。

……

从 1959 年到 1994 年,长达 35 年,除去"文革"十年,陈云每到南方(上海、苏州、杭州)都会约吴宗锡见面,平均每年超过两次,有时陪同听书,有时在住处谈话。

谈话内容大多与评弹有关,又不限于评弹,有时会对吴宗锡说些心里话。如 80 年代末,社会出现一股出国潮,陈云说:"我的子女不会出国。"有些时候,陈云谈话会提及一些人事变动。每当这种时候,吴宗锡大多点头听,不多插话。

有几次见面,吴宗锡先趋前问候:"首长,身体好吗?"

陈云摇摇头说:"不好,脚肿啊。"边说边拉起裤脚管,给吴宗锡看他的脚背。

吴宗锡曾冒昧地问道:"听评弹能调剂紧张的工作,有利休息,可评弹就这几部书目,为什么不能听听音乐呢?"弦外之音,反复听几部书,没有新鲜感,会不会厌烦。

陈云回答说:"评弹有故事情节,听进去后,可以不想其他的事。听音乐时仍会想到其他的事情。所以,听评弹更适合休息。"

陈云温文尔雅,吴宗锡无拘无束,一问一答,有来有去,像是长辈与小辈之间的亲切对话,又像是知音与知音间的倾心交谈。

如今,一切都已成为过去,留下的是抹不去的记忆与深深的思念。年近百岁,独坐静思,吴宗锡常忽发奇想:那逝去的时光如能再现一遍,该有多好啊!

第二十章

别开生面评弹观

2011年，吴宗锡86岁，按中国传统的年龄段划分，已是一位耄耋老人。

这年的1月，由"评弹谈综""名家品评""审美五说""唱词赏析"四辑共四十二篇文章结集的《走进评弹》一书，由上海文艺出版社出版，合计22万余字。这是"文革"后，尤其是1994年4月离休后，吴宗锡对评弹艺术特性、美学特征进行系统探索研究的一部理论评论专著。

3月21日，上海市文学艺术界联合会、上海市曲艺家协会联合召开《走进评弹》研讨会。

中国曲艺家协会分党组书记董耀鹏专程从北京来沪参加研讨会。他在发言中说：吴宗锡身兼艺术创作、理论评论和行政管理，创作经验丰富，学术功力深厚，以符合文艺特点和规律的方式领导文化工作。他的学术思想、理论观点扎根社会生活，对艺术实践起着引领作用，无论在上海还是全国，在评弹界还是曲艺界，都产生了很大的影响，是全国曲艺界的代表性人物和领军人物。

中共上海市委宣传部原副部长尹继佐在发言中指出，《走进评弹》是一本艺术概论，形成了吴宗锡的评弹观，做理论研究的同志应该认真加以研究。

2013年，《走进评弹》荣获2012年度上海文艺创作优品奖和中国文联第八届文艺评论奖著作类一等奖。

从20世纪50年代初，作为评弹的"门外汉"，奉命走"近"评弹，到21世纪初的走"进"评弹，一字之差，凸显吴宗锡对评弹艺术的探索研究，在前人已有成就的基础上，取得丰硕成果，被誉为当代评弹艺术的"顶级专家"。

探索之路艰难而漫长，起步之作是《怎样欣赏评弹》。

1955年，吴宗锡到评弹团已近五年，当团长一年有余。与当代评弹艺术家朝夕过从，切磋艺术，革新创造，进行书目建设，开阔了眼界，原本写诗、写歌词、写散文兼及翻译、评论的他，放下新文学工作者的架子，渐渐发现由无数民间艺人辛勤创造、发展起来的评弹，是那样的绚丽多彩，无论在文学、音乐、表演等方面都有着精深的学问，是祖国文学艺术宝库中的一个组成部分，开始以学生的身份向评弹艺术家虚心学艺。

新中国成立后，在毛泽东同志提出的"百花齐放，推陈出新"方针号召下，评弹着手编演新作品，推出许多适宜于为工人、农民服务的新形式，使工人、农民乃至知识分子越来越欢迎它。加上生活状况的好转，评弹听众一天天增加。不少第一次听书的听众就成了"书迷"。双重因素的推动，促使吴宗锡萌生写一本推介这一艺术形式的小册子的想法。巧合的是，恰在此时，《新民晚报》记者姚苏凤向吴宗锡约稿，请他撰文，向新听众介绍评弹艺术。

一方有意，一方需要，两下一拍即合，吴宗锡旋即握笔写了《怎样欣赏评弹》的长文。收到稿件后，同年上半年，《新民晚报》安排连载，每天千余字，连载约一个月。

这是吴宗锡第一次为评弹撰写介绍、赏析性文字，由此一步步"走进"评弹，直至离休后仍笔耕不辍，成为终生的追求。

《怎样欣赏评弹》约 3.5 万余字，全文分"形式与书目""说表""赋赞与唱篇""角色与手面""口技与音响""穿插与噱头""说功与唱调""书品与书忌""开篇与开词""灵活性与局限性"10 个小节，以通俗易懂的语言，结合书情、书例娓娓道来，引导听众入门听书。

从各小节题目看，《怎样欣赏评弹》并非逻辑严密的理论性之作，而是属于评弹艺术 ABC 常识的普及性宣传。当时，类似这样的文章比较鲜见，《新民晚报》的连载受读者欢迎，说明客观效果不错。

由于新华书店缺少介绍评弹的图书，也由于群众对评弹的喜爱，1957 年 12 月，上海文化出版社出版以文章名《怎样欣赏评弹》作书名的 32 开本小册子。初版很快售罄，再版过一次。出版前，吴宗锡加写了一篇《前言》，陈述写作此文的初衷，文末特别写道："愿以这本小册子献给'土风清且嘉'的故乡。"

评弹又称苏州说书，是一种比较发达的说书形式。一句"愿以这本小册子献给'土风清且嘉'的故乡"，表达的是对"故乡"与"评弹"的双重热爱。

一篇 3.5 万字的文章，先在报纸连载，继由出版社编成小册子发行，一版再版，这在当时同样比较鲜见。面对这样的社会反响，吴宗锡是高兴的，高兴之后的认识是清醒的，"总觉得自己对评弹的知识还是太浅薄，更主要的是限于理论水平,不能作深刻的阐述和剖析",有许多需要修改、补充的地方。未来"以马克思主义的科学观点,来为评弹作有系统的理论建设",路还很长,任务还很艰巨。

出于这样的考虑,1962 年,《曲艺》杂志想转载《怎样欣赏评弹》,吴宗锡婉言谢绝了。

系统的理论建设一时无力进行,但因与一批在评弹界享有威望的代表性艺术家合作共事,能经常欣赏他们的精彩表演,聆听他们具有独到见地的艺术经验表白,吴宗锡转而写起了名家流派唱腔的赏析文字,先后发表了《丽调小论》《琴调小论》《张调浅说》,想借此迂回曲折,回归理论建设的本途。

岂料平地一声惊雷,一场"史无前例",也是建国以来最大的"运动",打乱了一切正常秩序,吴宗锡的美丽梦想跟着破灭了。

终于熬到了 1976 年 10 月,粉碎"四人帮"消息传出,那弃之已久的愿望像火苗一样,在吴宗锡心头重新升腾而起。

年底,一位在出版社工作的老同志找到吴宗锡,提出在已出版的《怎样欣赏评弹》小册子的基础上,再写一本关于评弹艺术特性的新作,进一步向广大群众介绍推广评弹。吴宗锡欣然接受。

十年浩劫,听够了"四人帮"及其爪牙摧残、丑化、污蔑评弹艺术的种种歪理谬论,吴宗锡心中有了"靶子",自信重新再写,能相对清晰、系统地阐述评弹艺术的特点,有助于这一艺术形式的恢复和发展。

只是重新工作不久,又挑起了团长重担,繁忙的行政工作使吴宗锡少有大块时间写作,只能今天五百、明日一千字地挤出时间写,间或还要插写其他文章,如《评弹流派唱腔和"一曲百唱"》便是其中之一。

评弹唱腔和书法、绘画等由个体从事的艺术一样,个人风格易于显示。一种风格为较多人接受而流传,形成流派。流传中,根据各人不同个性及艺术造诣,增加新的特色,又有新的风格、新的流派出现。评弹流派由此而逐渐增多。是故,"师承"与"创造"使评弹艺术充满活力,不断繁荣发展。

中国的戏曲、曲艺,都有其代表本剧(曲)种的基本曲调,以此体现出剧(曲)种的基本特色,承继着剧(曲)种的唱腔传统。它们或用曲牌填词,或用相同的调式演唱多种不同的唱词,这是很普遍的现象。正因为有了传统特色,有了基本曲调,演员根据自身条件,结合所唱内容,形成具有鲜明风格特征的流派唱腔。评弹老艺人习惯称这一特点为"一曲百唱"。

"文革"中,"四人帮"污蔑评弹是"靡靡之音",叫嚣"评弹没有调式",勒逼评弹曲调进行所谓的"改革",每唱一段唱词,必须重谱一段新的曲调唱腔,结果新谱的曲调不像评弹,更谈不上"流派",听众讥讽是"评歌""评戏"。拨乱反正,评弹必须姓"评",必须恢复被评弹老艺人称为"一曲百唱"的具有鲜明的个性风格特征的流派唱腔。所谓"百唱"即"多唱",即同一种调式,同一段唱词,历史悠久的"陈调""俞调""蒋调""薛调",乃至建国后兴起的"丽调""琴调"等多种多样的流派唱腔都可唱。这正是评弹魅力所在的原因之一。

　　《评弹流派唱腔和"一曲百唱"》批判"四人帮"对评弹曲调和流派唱腔的摧残,以"改革"之名强推每词一曲,实质是割断了传统,否定了基本特色,压制了风格、流派,违反艺术发展的规律,导致评弹艺术迈向危险的绝境。在吴宗锡诸多的单篇文章中,这篇声讨、批判"四人帮"谬论的重磅之作,发表后广受好评,产生较大影响。

　　断断续续,写写停停,重写的《怎样欣赏评弹》用了一年多时间方告完成。1981年8月由中国曲艺出版社出版,书名由《怎样欣赏评弹》改为《评弹艺术浅谈》,内容由10小节增至12小节,文字由3.5万扩至11万,增加7.5万,增加部分为原文字量的两倍。从《怎样欣赏评弹》到《评弹艺术浅谈》,时隔二十四年,近乎两代人的岁月演变,认识和学养不断提高加深,因此从书名到容量,后者不再局限于评弹艺术常识的简单介绍,开始触及评弹艺术的本体。

　　仅仅半年多一点时间,由38篇长短不一,内容涉及评弹形式、唱腔流派、表演艺术、演员介绍、工作研究等文章合集而成的《评弹散论》,合计21万余字,由上海文艺出版社出版。

　　书名冠以"散论"二字,"散"者非散乱之散,是从多角度、多层面提出问题,分析问题;"论"者非泛泛而谈,是上升到理论高度发表看法,尤其是书中以"说"字当头的五篇文章,已涉猎评弹艺术理论建设的思考与探索。读之耳目一新,有醍醐灌顶之效。

　　清代评弹艺人陆瑞庭把评弹的艺术特色概括为理、味、趣、细、技"五字艺诀"。结合评弹团的创作实践、探索研究及工作中的心得体会,吴宗锡对"五字艺诀"做了新解,分别撰写了《说理——评弹的现实主义传统》《说细——评弹的细节描写》《说趣——评弹对文娱作用的重视》《说奇——评弹的浪漫主义因素》《说味——评弹给人的一种审美感受》五篇文章。原"五字艺诀"的"技",吴宗锡改为

"奇",他认为"奇"是指传奇性,寓有浪漫主义的意思。评弹除了"理"——现实主义,还有浪漫主义的成分,不少传统书目就是现实主义和浪漫主义相结合的。有关"五说"的要义,书前的"访谈对话"已有概述,此处不再展开。

"五说"一篇一篇地写,长者万余字,短者七八千,总计5万余字的理论性文章,前后共两三个月时间,称得上是一气呵成。首次收入《评弹散论》,各自独立成篇,无总题也无额外说明。

该书出版后,有读者读了"五说",一语中的地评价道:这是从美学的角度审视评弹。受此启发,2013年4月,《绒内绒外——吴宗锡评弹艺文选》一书由中国文联出版社出版,"五说"被收入其中,吴宗锡特别加了一个总题:《审美五说》,直白明了地道出了"五说"的核心要义——评弹艺术的美学特征,揭示了评弹之所以受到不同年龄、不同文化层次、不同职业身份听众共同喜爱的魅力之所在。

2000年10月,吴宗锡把从20世纪80年代初至新千年间写的单篇文章,结集《听书论艺集》,由大众文艺出版社出版。该书由"代表性评弹书目赏析""杰出评弹名家表演艺术评说"及"评弹理论思索"三方面内容组成,上海市文联为该书召开研讨会。研讨会上,朋友们希望吴宗锡能在此书基础上写一本评弹通论。为不辜负朋友们的盛情厚望,研讨会后,对评弹艺术的探索研究,吴宗锡开始了新的起步:从评弹艺术的美学特征向评弹的艺术实质(特性)延伸。与过往的思考探索相比,新的目标任务艰巨而繁重。好在有多年积累的成果垫底,卸下领导重担后,时间与精力上有了保证,吴宗锡多了一份底气与自信。

1994年4月,跨入古稀之年的吴宗锡离休了,摆脱冗杂事务的缠绕,吴宗锡重拾打桥牌、练书法、听音乐、学外语等业余爱好,优哉游哉的岁月,日子过得充实而快乐。

在诸多爱好中,吴宗锡尤钟情于音乐。早在圣约翰大学求学时他就是上海交响乐队的发烧友,他像淘书、集邮票一样收集各种唱片。

吴宗锡最喜欢门德尔松的作品,认为门德尔松的音乐比较温和,与自己的性格情趣相似。他特别爱听门德尔松的E小调小提琴协奏曲,希望自己的后人将来能以此曲缅怀、纪念他。

因为有了时间,吴宗锡除了自己欣赏音乐,还和音乐人与音乐爱好者往来交流。一次,上海音乐学院原院长桑桐收集到一些好唱片,招呼吴宗锡说:有空一起来听。

间或,吴宗锡会携夫人徜徉于山水之间。在国内,夫妇俩访名胜、探古迹;在异国他乡,夫妇俩瞻仰世界级文学艺术巨匠们的故居、墓地。如在法国巴黎,参观拉雪兹神父公墓,找到了波兰音乐家"钢琴诗人"肖邦、一代文豪巴尔扎克的墓;在意大利罗马著名的西班牙阶梯正下方,找到了雪莱和济慈的纪念馆;在奥地利萨尔斯堡、维也纳,丹麦哥本哈根,芬兰赫尔辛基,英国斯特拉福德,参观莎士比亚故居、湖畔诗人纪念地、安徒生铜像、小美人鱼铜像、西贝柳斯墓地。

吴宗锡从小接受读万卷书行万里路思想的灌输,成年后作为文化人,他向往奇山异水,仰慕文艺先贤,发思古之幽情。在职在岗时出差或出访,虽有机会解馋消渴,终不能尽兴。一旦时间允许,他便放足远行,饱览自然人文精华,蓄聚激发创作灵感。

除此而外,吴宗锡把主要时间与精力都投入探索研究的新的起步,握笔耕耘,一字一字地从笔下流泻而出,耗时五年,写下了总名《评弹谈综》的评弹艺术"15谈"。每"谈"7千至1万字,"15谈"计11万余字。

吴宗锡认为,在有文字之前,每个民族先有口头说唱。其民族文学的叙事艺术便由此胚生而衍殖。说唱艺术本身只有在深厚的文化沃土上,受其他文学艺术的反哺,才得以发展成熟。

他还认为,发源于苏州的评弹,从简朴的说唱发展成精深的表演艺术,将其表现力、艺术性发挥到极致,正是因为它有中华民族数千年的文化积淀为基础,更是由于苏州钟灵毓秀,人文荟萃。评弹禀其灵气,扬其文采,承其艺林流风,蓄聚既多,造诣自深。"15谈"的宗旨正是为揭示评弹"蓄聚既多,造诣自深"的内在奥秘。

细察"15谈":结构谈、关子谈、叙事谈、语言谈、表演谈、趣味谈、曲调谈、唱篇谈、弹唱谈、风格谈、综合性谈、传承谈、样式谈、美术谈、听众谈,每一"谈"均论点鲜明,论证严密,以常情应用"论"而非"谈"。考虑到评弹艺人谈书论艺曰"谈道",套用这一行界术语,吴宗锡弃"论"用"谈"。总题"谈综","综"乃"综合"之意,即"15谈"分则各自独立成篇,合则成为联系紧密的整体。古诗汇集成册,也有以"××诗综"为书名的先例。

不再赘述,认真读几"谈"吧,以感其风采,受其教益,认识评弹艺术的本质特征。

其一,结构谈。

弦内弦外两相辉 ◆ 艺术评传 ◆

评弹称说书，它不是单纯的讲故事，且是早已脱离了讲故事的雏形阶段，形成了特有的叙述手段和叙述方法。落实到演出脚本，有较高的文学性，可称之为评弹文学。

在总的结构上，评弹更接近戏曲。它与戏曲一样，通过人物形象的塑造生发情节。人物及戏剧性的矛盾冲突是构成评弹书目的内核，评弹的结构主要就是根据人物性格与情节，由在矛盾冲突中纵向发展的主线形成的。有人称戏曲的结构是"自由时空的线状结构"，评弹的结构也是如此。不同的是，评弹的时空转化更为自由。它通过运用灵活的说表，表现多重时空。所谓"嘴一张，书并行"；"话分两头，再行关照"，就是用来表现多种时空的。

与苏州园林建筑、现代小说、电影相比，评弹采取一线到底的单一线状结构，这线并不都是直线，它的主线有时是回旋曲折，婉转变化的。评弹结构从全局看，不仅有其起、承、转、合，即便是每一回书，经过整理的"分回""选回"，也各以戏剧性矛盾冲突为核心形成中心事件，也有其起、承、转、合。

此外，评弹结构的另一特色是，它保留着一个说书人与听众之间的交流世界，一个帮助和调动听众审美想象、联想和理解的间离世界，或者说，这是一个由说书人与听众共同构成的解读（听）世界。

其二，表演谈。

前辈艺人把评弹的手段归纳为"说、噱、弹、唱"四个字，但评弹还有"起脚色"的表演，脚色表演离不开说唱，所以表演也被纳入这四个字之中。后来有人为了强调评弹中的表演，四字中又加了一个"演"字。的确，评弹的表演从艺术创作角度看，具有独特的品格和美学追求，值得单独标示出来，加以理性的探索研究。

伴随评弹艺术的不断发展、成熟，人们对评弹的本质认识越来越透彻清晰，评弹是一门以说唱为基本手段的综合性的表演艺术，是诉诸视听的艺术。

表演,评弹的表演指的是角色的表演。说书人登台,无论是以说书人身份还是"起脚色"扮演书中脚色的身份,其说、其唱、其做都是一种表演。

大凡艺术,总是采用特定的素材(材料、手段)来表现生活的。这些特定的"素材"决定了艺术的"质"的特性。譬如,石章要有金石气,水墨画要见墨色、水晕、纸质,泥塑要显示泥质,似真非真。评弹的"说表"加上"表演",形成了评弹的特有表现手法(技巧),产生了评弹艺术的特性。

有人并不认同评弹是"视听艺术"的提法,认为"评弹的艺术特征之一是想象的艺术"。吴宗锡对此持不同观点,在《表演谈》之外,他另写文章表达了自己的看法。

吴宗锡认为,从广义上讲任何艺术都诉诸想象,"艺术"与"想象"的天然联姻,使得"想象艺术"一词同义反复。想象、联想是人们从事艺术创造和文艺欣赏需要的心理活动,即使人们在欣赏具象的绘画,如齐白石的虾、徐悲鸿的奔马,也需要运用想象;欣赏抽象性较强的现代派绘画,就更需要想象了。因此"想象艺术"的提法有牵强之处。

从狭义的审美感受分类而言,评弹更不能简单归结为借助语词去传达和感受一定审美经验的艺术之列。评弹虽也涉及"语词",却是结合了形体动作、表情的表演,是作为直接塑造形象的手段的一部分,这与文学借语词引起的意象来传达或感受审美经验是不同的。

所以,"想象"不能揭示评弹艺术的本质,真正能代表评弹艺术属性的是"视听","视听"说到底又是表演,这种"表演"因为是以说唱为主要手段,它比戏曲又多了发挥的艺术空间。

无疑,不同看法的碰撞交流,对评弹艺术的理论探索研究是必须而有益的。

其三,关子谈。

"关子",是评弹结构的主要组成部分。前辈艺人根据长期演出的经验,提出"没有'关子'便没有书"。

评弹的俗称叫"书",听评弹称为"听书"。在评弹的俗语中,称情节的发展线路为"书路"。艺谚有云："有书即做，无书即表。"其中的"书"字，指的是具有戏剧性的矛盾冲突的情节内容。"关子"，实质就是戏剧性的矛盾冲突。

社会生活充满复杂错综的矛盾，"关子"正是生活中人与人之间性格、意志、思想等复杂错综矛盾冲突的反映。要编说好关子书，首先必须要能从生活中发现、把握、开掘那些能表现生活本质的戏剧性矛盾，要熟谙铺排、展开、激化矛盾，把矛盾推向高潮的表现技法。

生活中的事件有大有小，矛盾冲突也有烈有缓一样，评弹中的"关子"也有大小之分。一部长篇书目，戏剧性矛盾冲突的发展，往往有几个层次，层层推进。其间还有曲折反复，多种变化。这样，书中就会出现一连串的大小"关子"，其激烈与震撼程度，远比现实生活来得抓人。

艺谚有"关子毒如砒，关子快如刀，关子甜如蜜，关子贵如金"之说。所谓"毒如砒，快如刀，甜如蜜"，是针对听众而言的。一旦听众为"关子"所感染，真会犯了瘾，着了魔，要了命，又充满了甜美的审美愉快。至于"贵如金"是对艺人说的，意思是组织好了"关子"，是博取听众，提高卖座的法宝。

由此及彼的一番阐述，吴宗锡最后写道："没有关子就没有评弹。有了关子，既培育了不少优秀的评弹演员，给他们以创造和发挥技艺的用武之地，更是培养起了听众更浓更大的听书兴味，培植了更多更广的评弹'书迷'队伍。"

"关子"之于评弹，其地位与重要性由此可见一斑。

所举三谈，从原文摘录。原文结构紧凑，逻辑性强，难以取舍。已有转述，或有挂一漏万及曲解之嫌，建议找原文一读。

"15 谈"，每一谈均立论清晰，分析透彻，论述严密，合则系统全面地表达了对评弹艺术本质（特性）的认识，这无论在前辈艺人还是当下评弹与文艺理论研究者中，实不多见。毫不夸张地说，它属于吴宗锡对评弹艺术理论探索研究的一大贡献。

吴宗锡是谦虚的，他认为《评弹谈综》不是通论，不是艺术论，而是他的一家之言，一得之见，希望能抛砖引玉，以此促进评弹理论探索研究的深入。

2004 年 12 月，《评弹谈综》由内蒙古呼和浩特市远方出版社出版，彼时包括评弹在内的传统民族戏曲(曲艺)日渐式微,出版发行行业也不景气,这本理论专著未能在江浙沪等评弹流行地区书店发行。2011年1月,《走进评弹》出版时,吴宗锡将其收入,列为头篇之作,方产生较大影响,获得应有的荣誉。

鉴于吴宗锡以符合文艺特点和规律的方式领导文化工作,在评弹书目创作、理论研究、行政管理等方面所做出的卓越贡献,1994年10月获国务院颁发的政府特殊津贴;2012年9月,获第七届中国曲艺牡丹奖终身成就奖。

2013年2月27日,一年一度的上海市文艺工作会议暨2012年度上海文艺创作和重大文化活动颁奖仪式在锦江小礼堂举行,吴宗锡荣获"上海文艺家终身荣誉奖",并发表获奖感言:

> 我在地下党时期是从事新文艺工作的,对评弹接触不多,所知很少,是党为我创造了条件,使我得与当代最杰出的评弹艺术家们朝夕相处,共同从事新评弹的书目创作,艺术的革新创造,评弹理论的研究建设,由此建立了我的评弹观,推动了评弹事业的发展、繁荣。如果说,今天我在评弹艺术的开拓和建设上做出了成果,那是在党的领导下,我和一批优秀的评弹艺术家共同做出的成果,那么其荣誉也应是属于我们的共同荣誉。这一切都应该归功于党对我的培养。荣誉也应该归功我们伟大的党。……我今年(癸巳年)已虚岁88岁了,但只要我身体和脑力还可以,我当为党的文艺和评弹事业,继续做出力所能及的贡献。

从尝试写《怎样欣赏评弹》,到评论理论集《走进评弹》,五十余年间的探索研究,积百余万字的理论成果,构成吴宗锡别开生面的评弹观。在原上海城市管理学院院长(上海评弹国际票房副会长)王其康的提议策划下,上海交通大学夏锦乾教授对这一理论成果解剖阐述,写成长达两万余字的《吴宗锡评弹观述评》(以下简称《述评》),文化部《艺述通讯》全文刊登。2013年4月26日,《文汇报》以《吴宗锡评弹观》为题,发表删节稿。

开宗明义,《述评》写道:"吴宗锡的'评弹观'是指吴宗锡对评弹艺术的理论认识,即在探索实践的基础上,经过总结和提升后形成的关于评弹艺术的理论表述。它涉及评弹艺术的本质、渊源、规律等的基本观点,以及对于评弹艺术作品进行审美鉴赏的基本理论。"

弦内弦外两相辉 ◆ 艺术评传

"破题"之后,《述评》从"评弹艺术的本质论"——说唱、综合性、表演艺术;"评弹艺术的创作论"——关于现实主义的叙事观,关于现实主义的表演观、语言观、音乐观;"评弹艺术的鉴赏论"——评弹鉴赏的原理论、评弹艺术风格论、评弹作品的鉴赏论三方面,逐条逐点地解读评述,清晰、准确、透彻地介绍吴宗锡评弹观所涵盖的内容,读之一目了然。

结笔收尾,《述评》直言指出吴宗锡评弹观对繁荣评弹艺术所具有的引导与推动意义:"吴宗锡评弹观是一个评弹艺术的理论富矿,是目前为止评弹界最系统、全面、完整地对评弹艺术的理论梳理和理论认识,是当代评弹艺术实践的一份宝贵的理论总结,值得引起理论界的重视,并开展深入的研究。"

为进一步探讨吴宗锡的评论理论,总结评弹艺术的艺术特性和艺术规律,2013 年 6 月 7 日,上海市文学艺术界联合会、上海市曲艺家协会,邀请文学、戏曲、曲艺、音乐界四十余位专家学者,共同举行"吴宗锡评弹观研讨会",与会者高度评价吴宗锡"倾尽全力从事评弹事业,取得了了不起的成就",称赞他是"中国评弹艺术的顶级专家"。

这样的"评价"与"称赞",吴宗锡当之无愧。

2019 年 1 月,上、下两卷,厚达 1200 余页的《吴宗锡评弹文集》由上海人民出版社出版。文集收入了除书目创作之外的全部鉴赏、理论性文字,是吴宗锡系统、全面对评弹艺术进行理论研究和理论认识取得成果的结晶。

新中国评弹的开拓与发展——《吴宗锡评弹文集》出版座谈会

《文集》出版后,吴宗锡寄赠一套给评弹爱好者,原国务委员、外交部部长,时任中央外事工作委员会办公室主任的杨洁篪,杨洁篪收到书后,繁忙公务之余,给吴宗锡写了回函:

尊敬的吴老:

十分感谢您惠赠《吴宗锡评弹文集》,使我有机会系统学习了解评弹艺术历史发展和传承与创新进程,受益匪浅。您为评弹艺术的不断实践探索和综合理论研究作出了重大贡献,谨致以崇高敬意。恭祝身体健康,节日快乐。

杨洁篪

2020 年 10 月 1 日

信用毛笔书写,公正的楷体,直行繁体字,谦恭的用词,从中折射的是作为国家领导人之一的杨洁篪对一位老文艺工作者的尊重,和自身深厚的传统文化学养。

尤值得一提的是,《评弹谈综》"15 谈"写毕,出了单行本,收入《走进评弹》后补写的"脚色谈"也被收入文集。这样,《评弹谈综》合并成"16 谈",比原来的"15 谈"更加全面系统。时间上,"脚色谈"与其余各"谈"相距近十年,从中可见吴宗锡对评弹艺术本质特性探索研究的韧性与不懈。

毫不夸张,从"走进"评弹的那一天起,吴宗锡就把自己的毕生精力与聪明才智,毫无保留地献给了新中国的评弹事业!

如今,吴宗锡已年届百岁,虽垂垂老去,仍不忘评弹,心中所想——亟盼评弹从人才到创作再度繁荣。

注:吴宗锡一直以"左絃"笔名写诗歌、歌词、散文和翻译,从未更改。所出专著也以"絃内絃外⋯⋯"为书名。"絃"者,《礼记》上有"絃,谓以丝播诗"和"絃歌诗颂"之句,偶合了他想成为诗人的理想愿望。而"左絃",更有做一个革命诗人之意。后来因从事评弹,"絃"被认为是絃索之"絃",似乎是个谶兆。"絃"有简、繁体之分,根据出版规定,不能用"纟"旁之"絃",只能用"弓"旁之"弦"。故本书名《弦内弦外两相辉·吴宗锡》改用手写繁体之"絃",正文中除涉及笔名外,一律采用简体之"弦"。特此说明。

从艺大事记

1925 年	3 月 20 日（农历乙丑二月十六日），出生于上海梅白克路（今新昌路）鸿庆里，后回到苏州老宅。
1928 至 1929 年	母亲汪葆柔教识字，讲述解（缙）学士故事，读《杨家将》等连环画，灌输爱国主义思想。
1930 年	延请塾师上门授课。
1931 年	考入苏州纯一小学，直接读二年级。
1932 年	"一·二八"事变爆发，避难到上海。
1933 年	全家迁居上海，进华龙小学读三年级。
1936 年	小学毕业，考入上海工部局格致公学。
1937 年	"八一三"淞沪抗战爆发，随母到杭州探望父亲，转道宁波返沪。
1942 年	秋，中学毕业，和同学编印"级刊"——《三一秋》（民国三十一年秋季），撰写前言和散文。
1943 年	春，考入上海圣约翰大学经济系。对文学兴趣浓厚，大量阅读中外文学作品。参加校内各种座谈会、助学义卖等社会活动。
1945 年	8 月，抗战胜利前夕，在进步同学影响下，参加中共地下党组织主办的《时代学生》刊物的筹备、印刷、发行、通联等工作（活动）。
	11 月，用笔名"唐墨"创作小说《夭殇》，发表在文艺刊物《麦籽》上。小说描述欧美侨民在集中营受日军残酷迫害的情景。
	冬，大学毕业，向俄国侨民学习俄语。
	同年底，与卢世光、屠岸、成幼殊（金沙）、王殊（林莽）、陈鲁直（谢庸）、何溶（何舍里）、潘慧慈、钱春海等组织诗歌团体"野火诗歌会"，出版会刊《野火》。在第一期

发表《我写诗》《无题》,笔名"左絃"。

1946 年	从事文艺创作,在上海《时代日报》等报刊发表诗歌、散文。
	2 月,进舟山轮船公司任会计。
	3 月,经成幼殊介绍加入中国共产党。
1947 年	夏,创作歌词《山那边哟好地方》,经罗忠镕谱曲,成为进步学生运动广为传唱的歌曲。1950 年选为电影《江南春晓》插曲,被收入多部革命历史歌曲集。
1947 年冬	在靳以主编的《大公报·星期文艺》发表《关于桑德堡》《我看奥格登·纳许》《发光的火柱》等外国诗人作品译介及评论文章,步入文学翻译领域。和袁鹰、徐益等编辑出版进步刊物《新文丛》。
1949 年	2 月,为迎接上海解放,受中共地下党组织委派联系评弹界,收集评弹小报、演员阵容表,到书场了解演出情况。
	5 月,上海解放,任上海市军管会文艺处剧艺室苏南组组长。联系评弹界,组织评弹艺人学习,鼓励说新书。
1950 年	3 月,任上海市文化局戏曲改进处编审科副科长兼编审股股长。
	7 月 24 日,参加上海市第一届文学艺术工作者代表大会。
	8 月,任上海市文化局举办的第二届戏曲研究班编导系副主任。
	10 月,应屠岸之约,翻译莫洛佐夫文章《马尔夏克译莎氏十四行诗集后记》,附《莎士比亚十四行诗集》一书之后。创作报告文学《旧艺人翻身记》,在《戏曲报》连载,由新华书店出版。
1951 年	兼任《大众戏曲》副主编(主编梅朵),任上海戏曲评介人联谊会副主任委员(主任委员赵景琛)。
	7 至 8 月,任上海市文化局举办的第三届戏曲研究班

编导系副主任。

11 月，上海市文化局和上海市文联成立上海市文艺界治淮工作队，任副队长。21 日，上海人民评弹工作团成立第二天，开赴治淮工地，边宣传边劳动，历时 3 个月 20 天。回沪后集体创作中篇评弹《一定要把淮河修好》。

1952 年　　5 月，任上海市人民评弹工作团教导员。

7 月，作为领队之一，带领华东文化部组织的戏剧专家赴合肥观摩严凤英的《打猪草》，潘景琍、王少舫的《夫妻灯》，李宝琴的泗州戏《拾棉花》等。

11 月，安徽省黄梅戏、泗州戏受邀在上海大众剧院演出，在《解放日报》发表评论文章，宣传介绍黄梅戏的魅力，引起各界人士浓厚兴趣。

1953 年　　春，参与创作现代中篇评弹《海上英雄》；根据同名沪剧，改编成中篇评弹《罗汉钱》。

3 月，上海评弹团开展"民主改革"运动。

夏，率领上海评弹团赴中南海军部队慰问演出。

10 月，任第三届赴朝慰问团华东总分团第一分团副团长，率上海淮剧团及部分杂技、评弹演员赴朝鲜慰问演出。回程按文化部指示，率黄梅戏及部分评弹演员从沈阳直接赴北京演出。

12 月底回到上海。

同年，根据李准同名小说，改编成短篇评弹《不能走那条路》，姚荫梅润色加工，张鉴庭、张鉴国演出。

1954 年　　初，着手传统书目整理工作，俗称"整旧"。《白蛇传》是第一部被整理的弹词传统书目。

同年，任上海市人民评弹团团长。

7 月，和徐德棣在上海结婚。

同年，根据峻青同名短篇小说，改编成短篇评弹《党员登记表》。朱慧珍、江文兰演唱。作品获奖并灌制成唱片。

11月,上海评弹团成立三周年,策划并组织纪念展览和座谈会。

1955 年	1月,与柯兰、唐耿良合作,改编创作现代中篇评弹《王孝和》,撰写《党的叮咛》《写遗书》唱篇。 4至5月,率上海评弹团赴京津等地巡回演出,回程到安徽梅山水库体验生活。 6月,受胡风事件牵连受审查,定性为"胡风影响分子"。 夏,利用暑期休整,组织、参与整理改编《庵堂认母》《玉翠赠凤》《大闹辕门》《花厅评理》《玄都求雨》等选回。为指导《庵堂认母》整理,从整理意图、主题思想、书目内容、人物性格等方面作辅导报告。
1956 年	经上海市委领导批准,团内实行盈余分红、演员自由结合(收支自理),后回归原体制。
1957 年	1月,儿子吴知来出生。 7月,《怎样欣赏评弹》由上海文化出版社出版。
1958 年	上半年,创作开篇《新木兰辞》,徐丽仙谱唱,成"丽调"代表作。 下半年,和唐耿良、苏似荫、江文兰到苏州光福农村蹲点,收集素材,根据太湖游击队事迹,创作中篇评弹《冲山之围》。
1959 年	根据绍剧《孙悟空三打白骨精》,参考小说《西游记》,和陈灵犀编写中篇评弹《白虎岭》。 9月22日,在上海瑞金宾馆首次见到陈云同志。 同年,策划整理改编《老地保》《厅堂夺子》《三约牡丹亭》等中篇评弹,参与创作现代中篇评弹《江南春潮》,和韩士良整理改编中篇评弹《黑驴告状》。 11月25至27日,和李太成、何占春、李庆福到杭州向陈云汇报上海评弹界创作演出情况。 冬至下一年上半年,根据陈云同志指示,组织上海评弹

弦内弦外两相辉 ◆ 艺术评传 ◆

团主要演员赴杭州大华、三元等书场演出传统长篇。

1960 年

4 月 18 日，与颜仁翰一起听取陈云同志谈关于青年演员要学习文化，熟悉历史、地理知识，要有集中、有分散地培养训练青年演员，把培养人才作为评弹界共同财富的指示讲话。

5 月 4 日，在杭州听陈云同志谈有关评话的问题。

6 月中旬，为中共中央政治局在上海召开的扩大会议开辟小型书场，安排评弹节目。刘天韵、刘韵若等为中央领导演唱《林冲踏雪》等选曲，余红仙演唱毛主席诗词《蝶恋花·答李淑一》。

7 月 1 日，与何占春在瑞金宾馆听陈云谈评弹说表艺术和录音问题。

同年，上海评弹团举办上海评弹界青年演员培训班和第一届学馆班。

7 月 22 日，赴北京参加中国文学艺术工作者第三次代表大会。毛主席等党和国家领导人接见全体代表，创作开篇《见到了毛主席》，徐丽仙尝试用"3/4"拍（三拍子）谱唱。

12 月 7 日，与李太成、何占春、周良和陈云同志讨论长篇弹词《珍珠塔》的整理及新长篇的改编问题。

同年，整理改编中篇评弹《大生堂》。

1961 年

1 月，上海评弹团、上海交响乐团、上海合唱团联合在上海音乐厅演出交响合唱毛泽东词作《蝶恋花·答李淑一》。余红仙领唱，合唱团伴唱，交响乐团伴奏，黄贻钧配器，司徒汉指挥。

2 月，在上海音乐厅举行评弹曲调流派会演，首创"流派唱腔演唱会"形式，受到评弹爱好者欢迎。

4 月，率上海评弹团部分演员赴京演出。回程到安徽蚌埠、合肥、芜湖、马鞍山等地巡演。

同年创作开篇《昭君出塞》，由杨振雄演唱。

7月25日，在上海文化俱乐部，收到陈云同志《目前关于噱头、轻松节目、传统书回处理的意见》手稿，在评弹界传达。

11月，策划组织上海评弹团成立十周年纪念活动。

冬，率部分演员到湖南、广西、广东巡演。

1962年　1月23日，在广州军区内部招待会演出。

5月8日，参加上海市第二届文学艺术工作者代表大会，当选为文联委员。

5月14日，听陈云谈上海市评弹团赴香港演出。继之，与何占豪、陈灵犀听陈云谈《玉蜻蜓》改编意见。

7月6日，上海评弹团赴香港演出，任副团长。演员有刘天韵、蒋月泉等12人，在港演出20场，观众18800人次。

同年，向陈云建议，由上海、江苏、苏州三方合办苏州评弹学校，参加筹建工作。

1963年　6月27日，在苏州听陈云谈话，希望上海评弹团创作一部像样的现代长篇书目，在评弹界起带头作用。要学施耐庵写《水浒》的方法，把许多"关子"衔接起来，由短到长。

同年，为纪念曹雪芹逝世200周年，根据古典名著《红楼梦》，和陈灵犀改编创作中篇评弹《晴雯》。

同年，改编创作中篇评弹《夺印》，后发展为长篇，受到陈云夸赞：该书"达到了可以使人复听的程度……"

1964年　和饶一尘合作，根据李准电影文学剧本《龙马精神》，改编创作中篇评弹《人强马壮》。

同年，将张客新诗改编成开篇《饮马乌江河》。

10月，率领由严雪亭、吴子安、周云瑞、徐丽仙等32位演创人员组成的社会主义教育工作队，到奉贤塘外公社参加农村"四清"运动。

1965年　创作开篇《红纸伞》。

1966 年	6 月,"文化大革命"开始,上海市委派工作组进驻评弹团,作为"当权派"靠边站,接受审查,至 1969 年 3 月。评弹团被诬为"文艺黑窝",人被列为"牛鬼蛇神",受冲击,挨批斗,遭隔离。
1969 年	4 月,解除隔离,工宣队宣布"解放"。
1970 年	参加文化局"尖刀连",与程十发、黄贻钧、王文娟、马承源到奉贤"五七"干校建造工房,留在干校劳动。
1973 年	被分配到评弹团文学组,在松江石湖塘农村下生活。
1974 年	6 月,接评弹团指令,参加慰问团到皖南山区小三线工厂慰问演出。回沪后到金山石化总厂化工二厂下生活。
1977 年	5 月,参加市委宣传部举办的纪念《在延安文艺座谈会上的讲话》座谈会,代表曲艺界发言。和巴金等各界代表人物的发言稿刊登在《解放日报》上。
	6 月 15 至 17 日,参加陈云在杭州召开的评弹座谈会,会后起草《评弹座谈会纪要》。
	7 月 7 日,根据陈云要求,组织评弹晚会,向上海新领导推介评弹艺术。
	同年,工宣队撤离,参加评弹团领导小组工作。不久,上海人民评弹团改名上海评弹团,经演员民主推举恢复职务,重新担任团长。
	11 月 5 日,接陈云来信,鼓励其把评弹团的担子挑起来。
1978 年	6 月,赴京参加第三届文联全委会扩大会议。
	7 月 8 日、7 月 22 日,陈云两次来信,谈传统书目开放问题。新华社转发了这两封来信。
	同年,评弹团开放传统书目,首先推出的是中篇评弹《双按院》。接着参加在苏州同里召开的江浙沪评弹界 50 多人出席的座谈会,作综合性发言。
1979 年	6 月初,与何占春向陈云汇报介绍上海评弹界情况。
	9 月 20 日,率杨振雄、杨振言、张振华一行 15 人赴香

港演出。

10 月 30 日,赴北京参加中国文学艺术工作者第四次代表大会,当选为主席团成员、中国文学艺术界联合会第三届委员。中国曲艺工作者第二次代表大会在北京召开,当选为中国曲艺家协会副主席。

1980 年

5 月上旬,安排姚荫梅在杭州为陈云演出弹词《双按院·智释马山》。演出结束,陈云谈培养接班人问题。

1981 年

4 月 5 日,与陈云单独谈话,陈云提出"出人出书走正路,保存发展评弹艺术"的著名论述。

5 月,率蒋月泉、陈希安、江文兰等赴香港演出。行前先到杭州演出,陈云接见座谈,合影留念。排演中篇评弹《真情假意》。

9 月,《真情假意》参加江浙沪评弹青年会书,获得大奖。

1982 年

3 月,全国曲艺(南方片)会演在苏州举办,《真情假意》获得优秀奖。在苏州南园饭店与周良听陈云谈话:中篇评弹《真情假意》有时代气息,符合适应青年、提高青年的要求,是成功的。提出《真情假意》要考虑改编为话剧等形式在各地演出,扩大影响。

4 月,率上海评弹团部分演员赴杭州演出。陈云在云栖接见,座谈并合影留念。

5 月 1 日,在杭州和周良、施振眉听陈云谈话:可以编一本评弹的书(《陈云同志关于评弹的谈话和通信》),你们去搞就是了,编好后叫梅行(中共中央书记处研究室副主任)他们做文字加工。

7 月,参加中国文联部分全委在庐山召开的学习休养会,创作《庐山四题》《小姑·彭郎》等诗作,在《诗刊》《文汇报·笔会》上发表。

9 月,率上海市曲艺家协会杨振雄、姚慕双、周柏春、杨华生等曲艺名家一行 9 人,到西安、成都、重庆、汉口等地交流访问。

1983 年	应中共中央书记处研究室之召,与周良同赴北京参加《陈云同志关于评弹的谈话和通信》的编辑,多次受到陈云接见并谈话。
	12 月,《陈云同志关于评弹的谈话和通信》由中国曲艺出版社出版发行。
1984 年	1 月,为《陈云同志关于评弹的谈话和通信》一书的发行,加强评弹书目、演出管理,上海市文化局在青浦召开 500 多人参加的评弹工作会议,作主旨发言。
	4 月 1 日,在杭州向陈云建议,由江、浙、沪两省一市文化厅(局)共同组成评弹工作领导小组,加强交流协作。陈云认为"这个办法好"。
	4 月,率青年队演员范林元、王惠凤等到杭州,为陈云演出现代中篇评弹《一往情深》,每天一回。
	6 月,参加文化部召集江、浙、沪两省一市文化厅(局)及中国曲协在北京召开的会议,讨论成立江浙沪评弹工作领导小组。朱穆之、周巍峙主持会议。
	8 月,参加上海市第三届文学艺术工作者代表大会,任副秘书长;当选上海市文学艺术界联合会委员、副主席。
	9 月,调离评弹团,任上海市文化局副局长。
	10 月,文化部(批准)成立江苏、浙江、上海评弹工作领导小组,任组长。
	11 月,任上海市文学艺术界联合会党组书记、上海市文学艺术界联合会常务副主席。
	同年,帮助成立全国第一个翻译家协会上海翻译家协会,成为上海文联团体会员。
1985 年	3 月 2 日,在北京听陈云谈话,要求江浙沪文艺领导部门组织水平较高的老艺人,集中精力在两三年内搞出几部现代题材的长篇书目。
	4 月,中国曲艺工作者第三次代表大会在北京召开,当选中国曲艺家协会副主席。

	5 月 23 日,与何占春在上海听陈云谈话:搞新长篇不容易,只要不是乱七八糟的东西,就要扶持一下,使之逐步提高。
1986 年	10 月 4 日,陈云委托秘书打电话,同意上海提出的评弹以档为主,开展竞争,提高艺术的意见。要在改革中进行试点,从试点取得好经验。
1987 年	3 月,参加上海市文化局文化考察团,与袁雪芬同赴香港。 5 月,免去兼任的上海市文化局副局长职务。 同年,与黄绍芬赴日本参加"上海·大阪摄影艺术交流展"开幕式。 年初,当选上海市第九届人民代表大会代表,当选主席团成员。
1988 年	4 月,参加中国文联组织的交流考察团,赴奥地利、波兰、匈牙利等国进行民俗文艺交流活动。 11 月 8 至 12 日,参加中国文学艺术界联合会第五次全国代表大会,当选主席团成员、全委会委员。
1989 年	卸任上海市文联党组书记。
1990 年	4 月 22 日,与周良、施振眉、何占春在杭州向陈云汇报评弹演出、书目、队伍及姚荫梅、张鸿声、杨振雄、汪雄飞、魏含英等老艺人情况。
1991 年	撰写的刘天韵、周云瑞、徐丽仙三艺人评传,收入陈云题写书名的《评弹艺术家评传录》,由上海文艺出版社出版发行。 4 月 10 日,和何占春听陈云谈话,汇报评弹界情况及安排录音问题。 12 月 2 日,在上海向陈云建议由政府拨款建立评弹基金,用于举办评奖、培训活动,培养青年人才。陈云当场同意拨给 50 万元。
1992 年	12 月 25 日,在上海西郊宾馆听陈云谈话,商量安排下一年录音问题。

1993 年	4 至 7 月,应美国加利福尼亚州立大学伯克利分校、俄亥俄州立大学东西亚语言系邀请,赴美讲学,介绍中国特有的说唱艺术评弹。返回时由香港绕道回沪,探望在港居住的蒋月泉。
	同年,参加上海市第四届文学艺术工作者代表大会,当选上海市文学艺术界联合会委员、副主席。
1994 年	4 月,参加中国曲艺家协会代表团访问日本东京、名古屋、富士、大阪等城市,与日本曲艺界交流。回国后离休。
	10 月,缘于为发展文化艺术事业做出特殊贡献,获国务院颁发的政府特殊津贴。
1995 年	获中国艺术研究院全国曲艺理论优秀研究成果荣誉奖。
1996 年	9 月,主编并由陈云题签的《评弹文化词典》,由汉语大词典出版社出版发行。主编并撰写"综述"的《曲艺音乐集成·上海卷》出版发行。
	同年,再次应邀赴美,在加州大学伯克利分校、俄亥俄州立大学讲学,介绍评弹艺术。
	12 月,参加中国文学艺术界联合会第六次全国代表大会。
1998 年	参加上海市第五届文学艺术工作者代表大会。
1999 年	应上海电视台有线戏曲频道之邀,参加"谈天说地"节目,漫谈京昆、评弹等戏曲曲艺。
2000 年	6 月,《听书论艺集》由大众文艺出版社出版,上海市曲艺家协会为该书召开研讨会。
2001 年	11 月,出席上海评弹团成立五十周年纪念活动。
2002 年	4 月,率领上海市曲艺家协会代表团赴香港交流演出。
	6 月,为吴江盛泽刘天韵铜像撰写铭文,参加揭幕剪彩并致辞。
2004 年	《评弹谈综》由呼和浩特远方出版社出版发行,上海市曲艺家协会召开专题研讨会。
2006 年	4 月,参加上海市第六届文学艺术工作者代表大会。

2009 年	应沪港国际咨询集团有限公司、上海城市管理学院等单位之邀,策划"薪火相传——评弹经典展演"活动。
2011 年	1 月,《走进评弹》由上海文艺出版社出版发行。
	3 月,上海市曲艺家协会召开《走进评弹》研讨会。
	4 月,陈云纪念馆召开"出人出书走正路"发表三十周年纪念会,作主旨发言。
	8 月,主编的《评弹小辞典》,由上海辞书出版社出版发行。
	11 月,上海评弹团成立六十周年纪念,在《纪念论集》发表《纪念感言》及论文《上海评弹团的群体风格》。
2012 年	7 月,参加上海市文学艺术界联合会第七次代表大会,获聘荣誉委员。
	9 月 15 日,获"第七届中国曲艺牡丹奖终身成就奖",赴南京领奖。
	10 月,《走进评弹》获第八届中国文联文艺评论奖著作一等奖。
2013 年	4 月,《绞内绞外·吴宗锡评弹艺文选》由中国文联出版社出版。
2014 年	1 月,上海广播电视台《七彩戏剧》频道播出《绞内绞外·吴宗锡访谈录》上、下集。
2019 年	1 月,百余万字的《吴宗锡评弹文集》,由上海人民出版社出版发行。

后记

　　虎年 11 月底,写毕最后一章的收尾结句:"如今,吴宗锡已年届百岁(97 岁),虽垂垂老矣,仍不忘评弹,心中所想——呕盼评弹从人才到创作再度繁荣。"放下笔,凝视厚厚一摞初稿,总觉得言犹未尽,还应说点什么。稍作沉思,加写了一句:"崇敬之情,无以言表,谨祝健康长寿!"然后,起身嘘出一口长气,顿觉一身轻松快意。

　　寥寥十余字,并非矫揉作态,而是发自内心的真诚祝福。近乎一年时间,始终沉浸在吴宗锡老师的评弹人生之中。毫不夸张,从受命"走近"评弹的那一天起,他把毕生心血与聪明才智,一无保留地献给了新中国的评弹事业。对他而言,戴上"新中国评弹的开拓者和建设者"桂冠,当之无愧。他的博学多才、尽职敬业、成就贡献,值得人们敬仰,并深深为之祝福。

　　第二天,我打电话给吴宗锡老师,告之全书初稿已杀青,稍作修改润色,即可送给他委托的审稿人、评弹团艺术室主任姚勇先生审读。因年事已高,他目力不济,无法阅看长达二十余万字的书稿。

　　疫情三年,吴宗锡老师的大部分时间是在医院度过的。这段时间,他唯一牵挂的就是这本书稿,渴望能早日付梓出版。他常常从医院打电话,询问写作进度,何时脱稿。为一些细节,我也不时在电话中向他请教。如此,一星期我和他总要通上两三通电话。听说全书脱稿,他十分高兴,连说"谢谢,谢谢,你辛苦了"。

　　兔年春节前,因身体不适,致使书稿延至春节后才送出。元宵节前一天,我给吴宗锡老师打电话,告知书稿已全部送给姚勇先生,一待审读意见出来,会及时转告于他。他听了,一再说"谢谢,谢谢"!

　　然而,一个星期后的 2 月 11 日中午,接到噩耗:吴宗锡老师于当日上午 10 时驾鹤仙去。

　　刹那间,惊讶,错愕! 太意外,太突然了! 悲痛之情迅即涌上心头,我轻轻翻开原稿,划去加写的那句"崇敬之情,无以言表,谨祝健康长寿"。

　　遗憾,无法弥补的遗憾。

　　吴宗锡老师再也无法看到记录他为新中国评弹事业所做贡献的《弦内弦外两相辉·吴宗锡》了。此书名从他 2013 年 4 月出版的《绲内绲外——吴宗锡评弹艺文选》演化而来。稍可安慰的是，生前他知道全书初稿已完成，姚勇先生审看三分之一书稿后给他打电话，说写得"认真仔细，非常好"，"准备借用一个文本转语音的软件，让文字稿转成音频"，用微信发给他，让他能亲耳听到叙写评说他的一生。他听后格外高兴。只是此事尚未付诸实施，他却悄无声息地走了，让人不胜叹息唏嘘。

吴宗锡老师是我的老领导，20 世纪 80 年代后期，我从外系统调至文联，到组织处报到。恰巧那天他也在，组织处干部向他介绍"这是调到《文学报》的唐明生"（当时《文学报》属文联主管）。他亲切地说"欢迎，欢迎"。这以后，他是文联领导，我是一名普通记者编辑，没有更多的交集。我知道他曾是上海评弹团团长，大名鼎鼎的评弹理论家；他也大体了解我的特长爱好。仅此而已。

2000 年 6 月，吴宗锡老师的《听书论艺集》出版，全书分三辑，分别是名篇佳作赏析、评弹艺术实质和美学特征探索及杰出评弹艺术家表演艺术介绍。上海市曲艺家协会为此书举办研讨会，我受邀参加。发言中我建议，可在此书基础上，写一本"评弹学"。有关此点，吴宗锡老师记住了。

2013 年初，上海交通大学夏锦乾教授根据吴宗锡老师的研究成果，撰写了长达两万余字的《吴宗锡评弹观综述》，内部征求意见时，吴宗锡老师打电话给我，希望我参加。盛情难却，我去了。在诸多专家学者面前，我泛泛而谈，说不出什么真知灼见。

尽管如此，当文联决定为吴宗锡老师编写出版带有传记性质的谈艺录，物色作者时，鉴于他对我的了解，又看过我写的《跨越世纪的美丽·秦怡传》，他提出由我执笔。

得知这一消息，我不胜惶恐。以个人阅历和功力，要为一位建国前投身革命，在诗歌、散文、翻译，尤其在评弹理论探索研究等多个领域卓有建树的文学艺术大家写传，恐力有不逮。

对评弹，初、高中时从邻居家"无线电"中蹭听过一些佳作名篇，20 世纪 80 年代初中期也进过若干次书场，属略知些皮毛一辈。之后，工作性质是办报纸、编刊物，重点关注的是影视，与评弹渐行渐远了。但几经考虑，既然老领导信任，却之不恭，权当练笔学习，我接受了。

困难比预想的要多。

第一次随文联驻会副主席、秘书长沈文忠去吴宗锡老师家中拜访，他坦言：年纪大了，要从头到尾把过去的经历再说一遍，说不动了。要写只能听过去的采访录音，或者看根据采访录音整理的书面材料。

众所周知，大凡传记一类的文字，没有深入采访，没有写者与被写者的充分交流沟通，仅凭二手材料，很难写好。可要一位年近期颐的老人，絮絮叨叨，从头至尾把过往的人生再述说一遍，未免太过苛刻，甚至近乎残忍了。

一切只好也只能如此了。

于是，为不辜负老领导的信任，看完厚厚两大本根据采访录音整理的书面材料，继而一本本阅看包括"总序""自序""前言"在内的吴宗锡老师公开出版的所有著作，从中梳理、感受他从"走近"到"走进"评弹的脉络轨迹、亲身参与的大小事件。在此基础上，接着拜读唐耿良的《别梦依稀——我的评弹生涯》、唐燕能的《皓月涌泉·蒋月泉传》、张盛满和史明生的《埙篪合鸣度关山·张鉴庭、张鉴国传》、费三金的《坐看云起时·周云瑞传》、陶春敏的《飞珠泻玉韵连风·朱雪琴传》、周锡山的《余音绕梁红仙歌·余红仙》。数十年来，这些评弹艺术家与吴宗锡老师朝夕相处，共同为评弹的繁荣发展呕心沥血，并肩奋斗。从这些传记中，选取与吴宗锡老师密切相关的生动细节。

此外，另拜读了何其亮的《个体与集体之间：二十世纪五六十年代的评弹事业》和王亮的《盛衰之间：上海评弹界的组织化（1951—1960）》等学术专著。

至此，经过约半年时间的资料收集与案头准备，我列出了详细写作提纲，各章节所写中心事件、时间节点、相关人与事，一一点明，然后逐章逐节读给吴宗锡老师听，征求他的意见，获得他点头认可，签字同意。

后续写作过程艰苦而愉快，限于篇幅，不再赘述。写作中，对相关传记与学术著作，举凡直接引用的，均注明具体出处。

在本书出版之际，谨向所有给予支持帮助过的人，表示由衷的感谢。特别是姚勇先生受吴宗锡老师委托，负责审稿，认真、负责、专业，发现从多种出版物中引用的材料，多有以讹传讹、与事实不符之处，使我得以勘误纠正；王其康先生为本书如期顺利出版，多方联络疏通，尽心尽力；祖忠人先生为本书提供他所拍摄的照片，在此一并表示真诚的谢意。

书出版了，作为作者，真诚希望能听到来自读者们的评判！

祝远行的吴宗锡老师一路走好！

唐明生

2023.5.3